期货可以这样做

解密我的稳健交易系统

唐星 著

中国经济出版社
CHINA ECONOMIC PUBLISHING HOUSE
北京

图书在版编目（CIP）数据

期货可以这样做：解密我的稳健交易系统／唐星著
. -- 北京：中国经济出版社，2024.3
ISBN 978-7-5136-7681-6

Ⅰ.①期… Ⅱ.①唐… Ⅲ.①期货交易 Ⅳ.
① F830.93

中国国家版本馆 CIP 数据核字（2024）第 051189 号

责任编辑　叶亲忠
责任印制　马小宾
封面设计　久品轩

出版发行	中国经济出版社
印 刷 者	北京富泰印刷有限责任公司
经 销 者	各地新华书店
开　　本	710mm×1000mm　1/16
印　　张	16.75
字　　数	270 千字
版　　次	2024 年 3 月第 1 版
印　　次	2024 年 3 月第 1 次
定　　价	68.00 元

广告经营许可证　京西工商广字第 8179 号

中国经济出版社 网址 www.economyph.com 社址 北京市东城区安定门外大街 58 号 邮编 100011
本版图书如存在印装质量问题，请与本社销售中心联系调换（联系电话：010-57512564）

版权所有　盗版必究（举报电话：010-57512600）
国家版权局反盗版举报中心（举报电话：12390）　服务热线：010-57512564

序

我和唐星是大学时的同窗。在那段时光，我对他的专业能力感到非常钦佩。作为会计系的学生，大多数同学都以学习会计知识为主，为将来的就业做好准备。然而，唐星却展现了对金融市场的浓厚兴趣，经常看他和专业课老师讨论市场动态和板块热点。

虽然大学毕业后我走上了海外的求学道路，但我们一直保持着联系。每年年底，我都会收到唐星寄来的《星云交易系统X周年》的年报，一直关注着"星云交易系统"的发展。

现在，和唐星一样，我也没有选择从事会计相关的工作，攻读经济学博士以后，在英国一所大学担任经济学讲师，同时也从事着经济金融领域的相关研究工作。因此，我们常就国内和全球金融市场的动态交流讨论，也经常讨论宏观经济对金融市场的影响。但在市场实践层面，我对唐星的交易系统和具体策略应用了解有限。所以这本书也给了我一次系统学习了解这套交易系统的机会。

当我在2023年夏天听说唐星已将自己在金融领域多年来的见解和市场的实战经验总结成一本书时，我感到非常震惊。看着他的这本著作，我不禁想到了时间的力量，他用实际行动证明了聚沙成塔的道理。我还记得，他曾在2020年表示希望在36岁左右出版一本书，将多年来的市场洞见和经验系统化地总结出来。自2018年起，他每个月坚持撰写2000~3000字的月报，分析市场，复盘行情，总结规律，提升盈利和风控的手段，不断积累经验。

如今，他的梦想变为现实，给了我极大的鼓舞。作为全球经济学方向的研究员，我们的最终目标都是将自己领域的研究成果系统化地呈现出来。以前，我总觉得这是一个遥不可及的梦想，但现在，唐星同学用实际行动告诉我，只要有决心、有方向，按照自己的步调前进，总有一天可以实现目标。这也是这本书所要传达的精神所在：在制定好原则的前提下，遵守原则进行操作，大概率会得到你所期望的结果。因此，我认为这本书不仅是一本教授理财技巧的金融类著作，更是一个分享作者成长经验的智慧锦囊。每一个"行"的背后都诠释了"知"的智慧，作者用一个个生动的故事告诉读者制定这些原则的重要性，以及这些原则背后的逻辑。知行合一，在这本书中得到了最好的诠释。

  无论是人生还是投资，只要明确原则，坚定行动，就能让我们逐步前进。尽管生活中会有坎坷，但不断总结和反思，我们就会不断成长。不论身处哪个行业，都能从这本书中获得一些启发。作者像是一位多年的老朋友，在见证金融市场的起起伏伏中总结出了一套自己的成长逻辑和交易逻辑，然后毫不吝啬地分享给所有人。成长的底层逻辑总是相似的，即使身处学术圈的我，对书中的很多观点和市场故事，也有着感同身受的共鸣。

  在这个信息涌流的时代，与其碎片化地获取信息，不如静下心来，在一个阳光明媚的午后，泡上一杯咖啡或一壶茶，听作者系统性地讲述如何构建一个稳健的交易系统以及最近这些年投资市场或振奋或惊险或叹息的故事。我相信，每一位读者都将会有独特而丰富的收获。

盖越 英国斯旺西大学助理教授
2023 年秋

前言

透过商品市场，如何穿越牛熊市？

在过去的二十多年里，我们已经习惯了科技进步、金融创新、贸易往来所带来的经济繁荣，习惯了家庭财富在这个蓬勃发展的时代中不断增值。然而，自 2017 年以来，伴随着 P2P 爆雷、A 股市场疲软、银行持续降息、楼市深度调整，站在这个巨变时代的节点，越来越多的家庭和个人陷入了迷茫。

在人类社会发展的历史长河中，有两条主线一直贯穿其中：科技进步推动了生产力的提升和产业的发展；贸易的兴起带动了商品的价值交换和财富流动。围绕这两条主线，我们能否找到一条穿越牛熊市、跨越时代变革的财富增长之路？

过去 10 年的投资经历让我确信，这条路是存在的。

2014 年，我在一家国有上市公司财务部工作，需要代表企业完成碳市场的履约工作。作为财务部的一员，研究碳市场价格的变动规律和碳会计便成为我的日常工作。

2018 年 9 月，我们完成了当年湖北碳市场的履约工作，两个月碳排放权账户收益率达到了惊人的 80%。这个结果不禁让我开始思考：为什么我从 2008 年开始投资 A 股市场，未能实现连续盈利，而从 2014 年开始参与湖北碳市场以后，却能每年实现 30%~80% 的收益？

在对比 A 股市场和湖北碳市场的特征后，我发现了答案。碳市场属于商品市场，只需准确分析碳配额指标的供求关系，便可推导出碳市场的涨跌趋势和力量。而 A 股所涉及的变量因素却复杂得多，因此，其运行逻辑并不如碳市场那般纯粹。

2018 年，我开始尝试将影响碳市场涨跌的各种变量因子进行归纳总结，形成了我们的商品投研框架雏形。接着，我将这套框架应用到国内商品市场，验证其有效性。当我将这个想法告诉爱人时,她的担忧与大多数人一样:期货市场充满风险,如果失败了怎么办?最终我们达成了一个共识:投入初始本金30万元,若亏损超过10万元,我们就停止期货交易。于是,我的期货之旅就从30万元正式起航了。

从2018年算起,已在期货市场经历了5个春秋;叠加2014年以来的碳市场的投资经历,按年度计算,我参与商品市场正好10年。

这些年能够实现较为稳定的盈利,我认为离不开外部环境因素和个人经验的共同作用。

外部因素包括:

1. 互联网的发展,降低了普通人参与全球贸易的门槛。全球贸易有着至少六千年的历史,从马车、骆驼、帆船和人力等传统运输方式,到工业革命以后的火车和轮船。伴随着互联网技术的出现,全球贸易的空间壁垒被不断降低。互联网不仅使电商市场得以繁荣,也让普通人有了参与农产品、能源、金属等全球大宗商品交易的机会。

2. 信息产业的发展,降低了非产业从业人员获取产业信息的门槛。与十年或二十年前相比,现在的信息产业已经发展得相当成熟。普通上班族可以轻易获取南美地区的大豆产量和播种面积信息,也能随时了解欧佩克组织未来半年的石油生产计划。

3. 贸易商和生产商对期货市场的认知不断攀升。二十年前,由于商品期货市场容量小、挂牌品种不足等原因,商品的生产者和贸易商对市场的渗透程度远远不及现在。2008年金融海啸以后,越来越多的全球贸易商和生产者参与到期货市场。随着他们的加入,使得期货市场与现货市场的联系也更加紧密,推动了基本面分析在期货市场的发展,使期货市场成为一个有规律可寻的金融商品市场。

不难看出,这些外部因素都紧密围绕着"科技进步带来生产力的提升;贸易兴起带动财富的流动"这两大规律。

那么,又是什么内在因素和思维方式,让我们得以保持比较稳健的盈利能力呢?

或许,通过本书,大家将能找到答案!

推荐语

通过总结期货市场亏损的各种因素，作者努力站在胜率较高的一侧，专注于低估值商品，倚仗良好的资金管理机制，实行长期布局，同时遵循一些既定的交易原则，使交易获得了较大的容错率，从而在市场的起伏中实现较大的盈利可能。

（七禾网　沈良）

作为一名期货分析师，从研究分析到投资交易，近十年的时间里，我在这个市场上感悟颇多。而唐老师的这本书，仿佛是一个出口，书写了期货之道。本书穿越牛熊去看投资的本质，归纳与演绎市场，利用期货和期权工具形成具体的方法。对于普通投资者而言，可以说，这本书是一本非常好的投资操作宝典，从理念到方法，从规律到模式，我从中感悟到了期货的博弈与期权的魅力；从计划到执行，从建仓到止盈，也让我重新审视了自己的投研体系，反思自己是否做到了"知行合一"。

期货市场真的能够稳定盈利吗？答案尽在书中。真心希望，每一位即将要踏入期货市场的投资者都能摆正理念，正视期货；希望每一位读者都能从书中体会一个期货从业者在投研道路上的努力与坚持；希望每一位热爱这个行业的同道中人，都能够以体系为船，以工具为桨，在期货市场的大海中游向财富自由的彼岸。

（化公子　徐婧）

唐星是第一个在中国碳市场运用期货思维实践的人，由他负责的所在企业的碳交易也是极少数作为控制排放企业在碳市场中通过市场化交易获益的成功案例。早就听闻他在期货方面一直在实践，今日终有幸拜读，对我们的碳交易实操有很大的启发，相信对期货和碳市场有兴趣的投资者都会有很大的帮助。

（太铭碳管理　孔晴熙）

伴随实体经济和人民币国际化进程的快速发展，未来十年中国的金融市场必将产生巨大的变革，而期货期权等各种金融衍生工具极有可能成为下一个财富风口。本书以作者的亲身经历，将一个个投资故事娓娓道来，告诉我们普通人只要做好资金管理，也可以在保证资金安全的前提下通过衍生品市场获得更大的财富增值。

（武汉工程大学　杨娟）

本书作者，从企业的财务人员到碳排放权市场交易专家，再到持续盈利的私募基金经理，"持续学习、知行合一"是作者给本人最深的印象，本书也见证了唐星的成长和蜕变。书里有许多生动的交易案例和成长故事，同时通俗易懂地介绍了一套适合小白的期货投资交易体系，用既犀利又温柔的随笔道出了持续盈利的投资之道。相信只要读完这本书，您一定有这样的感叹：其实交易就是这么简单！

（华登投资　朱巨发）

"知行合一，笃行致远"，本书作者是一位成功的期货职业投资人、资金管理实践专家。全书讲述了建立一套有效的期货投资交易体系的历程，阐述了资金管理就是投资持续盈利的投资之道，相信广大读者都可以在这本书中找到投资灵感与方向。

（广信科教集团　刘呈）

交易之道，殊途同归。无论是碳市场还是商品市场，皆是资金、商品在时间和空间两个维度的价值转化。本书作者以碳市场的实践经验进行归纳演绎，构建了一套以资金管理为核心的交易体系。围绕商品本身价值运行规律，用"无限"现金流的思维方式，在时空上验证了左侧交易"永不亏损"的交易模式。

（中国葛洲坝集团水泥有限公司　夏枫）

把看似危险且令人闻风丧胆的期货投资，演化成一种基于价格围绕价值波动，成功锚定标的物并合理管理的投资方式。通过精准而可持续的资金管理方式，佐以期权等先进管理工具，实现了长期稳定可持续性盈利。更令人值得称赞的是，无论标的物上涨还是下跌，都有适配的工具可以获取利润，真正地做到了无论风吹雨打，胜似闲庭信步。

（安琪酵母　梁秋元）

目录

认知篇

第1章 期货为什么成了洪水猛兽　　003

> 无论是2018年刚刚涉足商品期货，还是2021年我们学习期权交易，深入挖掘和分析各类亏损原因，不仅可以帮助我们规避常见的市场陷阱，还可以提醒我们不要在同一个陷阱摔倒两次。

1.1 我亲历的一些悲伤故事　　003
　　1.1.1 一个期现部门的诞生与消失　　003
　　1.1.2 愿你归来，依然是少年　　005
1.2 从一次穿仓事件说起　　007
　　1.2.1 白银抄底，账户穿仓　　009
　　1.2.2 一位叔叔的穿仓和离散　　011
1.3 期货风险大，究竟大在哪儿　　014
　　1.3.1 保证金制度和杠杆效应　　014
　　1.3.2 内心欲望的无限放大　　015
1.4 期货亏钱的六个原因，各个击破　　016
　　1.4.1 高杠杆交易，是敌是友　　017
　　1.4.2 多空自如，放飞自我　　018
　　1.4.3 "T+0"，美丽的陷阱　　018
　　1.4.4 品种选择，熟悉与陌生的平衡术　　021

	1.4.5 预期越高，失望越多	021
	1.4.6 缺乏耐心，财富难留	022
1.5	期货，暴利工具还是复利工具	023
	1.5.1 一棵韭菜的自述	024
	1.5.2 期货小白，如何在一个季度实现30%的收益	025

第2章 让期货成为我们家庭财富的雪球　　029

> "做期货，按照年度计算，我还没有亏过！"
>
> 听到我的开场白，使她更加确定见面之前的猜想：这人大概率是一个忽悠！然而，通过两年多的观察与合作，我们的策略被验证确实能够实现稳定盈利，这也改变了她之前先入为主的想法。

2.1	从电力员工到会计，我和朋友的期货之路	029
	2.1.1 我的第一个徒弟来自电力系统	029
	2.1.2 会计师也能成为基金经理	032
	2.1.3 解锁期货理财的财富密码	034
2.2	期货市场真的可以实现稳定盈利吗	035
	2.2.1 四个理念，让我们持续5年盈利	036
	2.2.2 期货账户：我们的贸易仓库	037
2.3	期货为什么比股票好赚钱	039
	2.3.1 "好赚钱"的三个标准	039
	2.3.2 一言难尽的A股市场	041
	2.3.3 商品期货市场的盈利之道	043
2.4	"第一性思维原理"看期货	044
	2.4.1 普通人如何开启期货之旅	045
	2.4.2 量化分析、技术分析、基本面分析的"三国演义"	046
	2.4.3 一位证券公司部门负责人的期货思考	048
	2.4.4 现货与期货背离之谜（上）	050
	2.4.5 现货与期货背离之谜（中）	052
	2.4.6 现货与期货背离之谜（下）	055

目 录

第3章 这些原则，让你在期货市场轻松实现复利增长　　060

> 交易员为什么需要建立自己的原则？
> 因为金融市场充满了变数，这些变数源于市场中存在着复杂的变量因子、实时更新的行情数据、不断变化的市场情绪等因素。这些因素共同塑造了行情走势，并反过来影响交易员的情绪，从而改变他们的交易行为。

- 3.1 期货交易，原则先行　　060
  - 3.1.1 为什么交易员不能没有原则　　060
  - 3.1.2 构建你的成功交易原则清单　　062
- 3.2 金融思维：期货、期权交易的成功关键　　063
  - 3.2.1 完美主义陷阱：稳定盈利的绊脚石　　063
  - 3.2.2 过于勤奋，不一定能带来好结果　　064
  - 3.2.3 从失败中学习，通向期货成功的第一步　　065
  - 3.2.4 期货非实业，追加本金需谨慎　　066
- 3.3 放弃重仓，做期货也能睡安稳　　067
  - 3.3.1 担心错过赚钱的好机会　　067
  - 3.3.2 高估自己的分析能力　　067
  - 3.3.3 从数学角度理解杠杆交易　　068
  - 3.3.4 期货不加杠杆，那还不如做股票　　068
  - 3.3.5 大资金才需要资金管理　　068
- 3.4 放弃做空，万事轻松　　069
  - 3.4.1 散户做空的劣势　　069
  - 3.4.2 为什么我放弃了做空策略　　070
- 3.5 概率思维，从感性到理性的必经之路　　071
- 3.6 交易原则和能量守恒的共通之处　　073
  - 3.6.1 有进有出，运势平稳　　073
  - 3.6.2 触摸土壤，播种希望　　074
  - 3.6.3 惊悚电影，脱敏训练　　075
  - 3.6.4 人物传记，积累阅历　　076
  - 3.6.5 博物馆之旅，历史对投资的回响　　077
  - 3.6.6 山川之美，投资之道　　078

行动篇

第 4 章 期货盈利之门的金钥匙：交易系统   081

> 在交易系统设计之初，我们的出发点是"提高容错率，实现可持续盈利"。市场参与者的初衷都希望入场就盈利，但现实常常与我们的期望相悖。如果换一种思考方式：当我们分析错了，是否可以通过交易系统提高容错率，最终反败为胜？

4.1　交易系统和炒股软件是什么关系　　　　　　　　　　081
4.2　打造交易系统：向分析押宝说再见　　　　　　　　　082
4.3　左侧还是右侧，谁说了算　　　　　　　　　　　　　083
4.4　磨刀不误砍柴工：建立交易系统前的准备工作　　　　084
　　4.4.1　性格决定风格　　　　　　　　　　　　　　　084
　　4.4.2　精力决定频率　　　　　　　　　　　　　　　086
　　4.4.3　从 0 到 1，我们交易系统的起源、演变和进化　087
　　4.4.4　"知"与"行"：我们交易系统的构成　　　　091
4.5　"知行合一"，知易行难　　　　　　　　　　　　　　093
　　4.5.1　"知行合一"，为什么这么难　　　　　　　　094
　　4.5.2　思维复杂，内心简单　　　　　　　　　　　　095
　　4.5.3　交易中的一种抉择方式　　　　　　　　　　　098
　　4.5.4　《道德经》和投资　　　　　　　　　　　　　102
　　4.5.5　期货"老白"的再思考　　　　　　　　　　　103

第 5 章 资金管理，不能说的财富秘密   105

> NBA 中有一句著名的谚语"进攻赢得比赛，防守赢得总冠军"。
> 在证券市场也是如此。如果把重仓押注比喻为犀利的进攻，那么科学的资金管理体系则是扎实的防守。

5.1　资金管理，投资成功的不二法则　　　　　　　　　　105
　　5.1.1　人生第一只股票，亏损超过 65%　　　　　　 105

5.1.2　牛市没有融资额度，熊市因祸得福　　107
　　5.1.3　资金管理为什么如此关键　　108
　　5.1.4　什么原因，让我们在2018年成功抄底商品市场和A股市场　　111
5.2　专业资金管理的书籍，为何寥寥无几　　113
　　5.2.1　什么是资金管理　　113
　　5.2.2　书海茫茫：为何专业资金管理书籍如此罕见　　114
　　5.2.3　金融智慧的宝藏：市场上的投资书籍分类解析　　116
5.3　抛开资金管理比较收益率，犹如竹篮打水　　118
　　5.3.1　几个指标项下的收益率思考　　118
　　5.3.2　盈利出金，真的会拖累收益率吗　　120
5.4　如何建立家庭的资产负债表　　121
　　5.4.1　期货投资和家庭理财的奇妙结合　　121
　　5.4.2　解密家庭资产负债表　　122
　　5.4.3　如何建立家庭资产负债表　　123
　　5.4.4　人到中年，危中有机　　125
　　5.4.5　家庭财富中那条长长的坡　　127

第6章　期货盈利的起点：建仓　　130

> 交易之前需要理解期货账户中的三个要素：合约价值、保证金制度、资金使用率。这三个要素不仅连接了期货实盘中的资金管理和建仓这两个重要环节，而且在我们制订和执行交易计划过程中，也扮演着重要角色。

6.1　杠杆力量：为何杠杆是你的盟友　　130
　　6.1.1　合理负债，企业壮大的必经之路　　130
　　6.1.2　杠杆的艺术：时机与方法　　131
6.2　期货账户的三要素：合约价值、保证金制度、资金使用率　　131
　　6.2.1　合约价值解析　　131
　　6.2.2　保证金制度和杠杆　　134
　　6.2.3　资金使用率，误导芸芸众生　　134

6.3 期货的建仓之道 135
6.3.1 了解各个品种的合约价值 135
6.3.2 选择适合你资金规模的交易品种 137
6.3.3 掌控杠杆：为何保持在 1.5 倍以内 138

6.4 资金未动，计划先行 139
6.4.1 2020 年，我们如何成功抄底"负数原油" 139
6.4.2 手把手教你制订交易计划 148
6.4.3 极端行情，如何应对 150

6.5 选择大于努力：哪些品种更容易盈利 152
6.5.1 大品种的魅力，小品种的陷阱 152
6.5.2 股票市场的多头机会 154
6.5.3 商品市场的多头机会 157

6.6 如何寻找底部区域 160
6.6.1 克服左侧建仓的恐惧 160
6.6.2 基本面分析下的底部追踪 163
6.6.3 我们如何抄底 2016 年的湖北碳市场 171
6.6.4 白银抄底计划 175

第 7 章 期货盈利的终极之道：止盈与止损 178

> 在我看来止盈不仅比止损更重要，也比止损更具挑战性。几乎所有经历过严重亏损的交易员，都曾有过辉煌的业绩，哪怕只是短短一个季度甚至一个月。然而，将巨大的账面浮盈转化为实际收益，不仅需要止盈的行为，更需要智慧。

7.1 止盈：期货交易的黄金法则 178
7.1.1 止盈比止损更重要 178
7.1.2 止盈，克服人性的弱点 179
7.1.3 止盈的境界 180
7.1.4 为何必须掌握止盈技巧 181

7.2 止盈中的六脉神剑 182
7.2.1 第一式：目标止盈法 182

目　录

7.2.2　第二式：回调比例止盈法　　　　　　　　　　185
7.2.3　第三式：通道止盈法　　　　　　　　　　　　187
7.2.4　第四式：恐慌指数 VIX 止盈法　　　　　　　　190
7.2.5　第五式：历史止盈法　　　　　　　　　　　　192
7.2.6　第六式：板块联动止盈法　　　　　　　　　　194

7.3　均线系统，放飞利润　　　　　　　　　　　　　　　196
7.3.1　什么是均线系统　　　　　　　　　　　　　　196
7.3.2　为什么引入了均线止盈法　　　　　　　　　　197
7.3.3　均线系统在止盈中的妙用　　　　　　　　　　200
7.3.4　止盈和仓位管理的协同作用　　　　　　　　　206

7.4　如何提前规避止损　　　　　　　　　　　　　　　　207
7.4.1　为什么我们很少止损　　　　　　　　　　　　207
7.4.2　我们的止损故事　　　　　　　　　　　　　　207
7.4.3　止损的本质：自由与掌控　　　　　　　　　　211
7.4.4　减少止损频率的秘诀　　　　　　　　　　　　212

7.5　止盈与止损之后：前进之道　　　　　　　　　　　　212

第 8 章　巧用期权，让理财更轻松　　　　　　　　　　214

> 从做期权开始，身边很多参与过期权交易的朋友都有过类似的叮嘱：期权卖方容易赚小钱、亏大钱。所以我也在反思，是什么原因导致这样的现象？应该如何尽量避免这样的问题？我总结了三个原因。

8.1　巴菲特的期权智慧　　　　　　　　　　　　　　　　214
8.1.1　巴菲特与可口可乐期权　　　　　　　　　　　214
8.1.2　巴菲特和股指看跌期权的故事　　　　　　　　216
8.1.3　巴菲特是表里不一的投资人吗　　　　　　　　217

8.2　期权本复杂，如何简化它　　　　　　　　　　　　　218
8.2.1　期权的类型和命名规则　　　　　　　　　　　219
8.2.2　期权方向的认定　　　　　　　　　　　　　　221
8.2.3　波动率：期权交易的关键　　　　　　　　　　222

007

8.2
- 8.2.4 期权和标的物价格的微妙关系 … 223
- 8.2.5 到期日：期权交易的时限 … 224
- 8.2.6 期权的流动性考量 … 225

8.3 期货期权一相逢，便胜却单打独斗 … 226
- 8.3.1 卖出看跌期权，"汉堡"结构建仓 … 226
- 8.3.2 卖出看涨期权，备兑比例控制好 … 229
- 8.3.3 构建多样化持仓组合的必要性 … 231

8.4 卖期权是门好生意 … 233
- 8.4.1 卖方策略，概率为伴 … 233
- 8.4.2 用期权打造固收理财产品 … 235

8.5 让好生意能持续 … 237
- 8.5.1 期权交易"赚小钱、亏大钱"的三个原因 … 237
- 8.5.2 不要轻易裸卖看涨期权 … 239
- 8.5.3 难忘的期权止损之棕榈油 … 242
- 8.5.4 难忘的期权止损之橡胶 … 245
- 8.5.5 期权策略引入后的反思与完善 … 247

参考文献 … 249

后　记 … 250

认知篇

第1章

期货为什么成了洪水猛兽

"正常人,没几个会选择去做期货!"

"你在做期货呀?风险很大,可要小心!"

"做了几年期货,居然还能安然无恙!"

每当介绍自己的职业,或者有团队成员跟家人谈论最近的投资品种时,听到我们参与期货交易,上面的惊讶和感慨便是对方最常见也是最真实的反应!

有朋友自2020年起已经连续3年盈利,仍不敢告诉自己的父亲他正在做期货——即便他父亲的股票账户已经接近腰斩,却不相信自己的儿子能在期货市场实现稳定盈利。

是什么原因导致期货成了洪水猛兽,令人谈"期"色变,避之不及?

先从自己身边的几个故事讲起。

1.1 我亲历的一些悲伤故事

1.1.1 一个期现部门的诞生与消失

"期货的名声之所以不太好,和一些实体企业的大佬在期货市场折戟沉沙的经历不无关系。"

这是一家期货公司负责人,在某次产业交流会议的茶歇时跟我发出的感叹。

"这些企业大佬,在实体企业经过二三十年的摸爬滚打,经历了很多的坎坷和考验,能把企业做大,一定拥有异于常人的能力和胆识。但也正是这些经历,让他们在期货市场失去了敬畏之心,尤其刚刚进入市场就开始盈利。"

期货市场建立之初是为了服务实体企业,提供相关商品的套期保值,给企业的资产管理多一个选择。通过在期货市场开立和现货方向相反的头寸，通过此消彼长的效应，锁定现货价格下跌的风险，是套期保值最主要的应用之一。

但是，很多负责企业期现板块的领导或交易员，在尝试开展期货业务的初期，还能保持开立与现货方向相反的期货合约头寸，以达成套期保值的目的。但由于各种原因，他们在坚持了一段时间的套期保值原则后就放弃了入市初心和操作原则，开始在期货市场进行单边投机交易。即使前面几次的方向都做对了，一旦某次下注错误，很容易就造成企业的巨额亏损。

2012年，湖北的一家化工上市公司注意到，企业经营覆盖的很多贸易产品已经在商品期货交易所挂牌。考虑到利用期货工具协助企业进行风险管理的模式在海外大型化工集团已经比较成熟，该公司成立了由贸易副总牵头的期现业务部，选择的第一个套期保值产品是PVC。PVC，即聚氯乙烯，在工业、建筑、农业和日常生活中有着广泛的应用。

根据以往的经验，第一季度通常是房地产的开工旺季。春节以后，全国房地产工地的大面积开工将会对PVC的需求形成有力支撑，所以，该企业在2012年底对PVC实施冬储，为来年开春的市场需求提前做好准备。当时华中地区的PVC现货采购成本约为7200元。

为了锁定这批存货价格的下跌风险，他们在期货市场以6800点的价位开立了PVC 05的空头合约，头寸的名义价值大约占整个冬储贸易存货体量的七成仓位（见图1-1）。

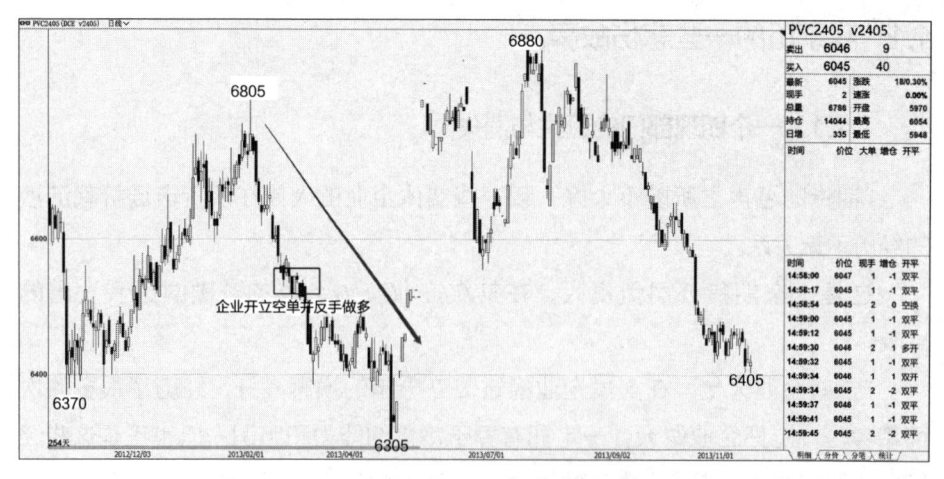

图1-1　PVC 05合约2013年第一季度走势

2012年春节后，由于地产开工面积低于预期，PVC现货价格出现单边下跌，之前冬储存货已经出现亏损。现货价格从7200元下跌至6800元，然后又跌至6600元。

在期货市场，PVC价格从6805的高点下跌至6600点，之前开立的期货头寸每手浮盈200点。打开期货账户，看到之前空单合约已经浮盈不少，业务部门的领导"心生一计"：如果当初没有开立期货账户，就没有期货账户这部分的浮盈。如果我们现在平掉期货的空单头寸反手做多，不就可以摊薄现货端的采购成本了吗？如此操作相当于利用期货账户进行抄底，而且不怎么占用贸易资金。一旦PVC行情回暖，价格涨起来，期货账户的多单可以赚钱，现货端的存货也可以回本，这样看来期货真是一个不错的金融工具！

于是，负责PVC贸易业务的领导下令平掉期货账户的PVC 05合约空单，将账面浮盈落袋为安。同时，反手做多，开立了与之前冬储存货的货值相近的期货多单，价格在6550点附近。

然而，市场并没有按照负责人的预期发展。3月，PVC 05期货的价格跌破6500点后继续下行，最低跌至6300点。

这时，集团领导已经注意到期货账户的头寸和冬储存货同时陷入被动的局面，出于风控考虑，总经理决定止损期货多单并停止贸易公司的期现业务。从2011年9月部门成立到2012年6月业务终止，期现业务的探索时间不到一年。

相比这家企业的及时止损，更多公司因为期货业务亏损和后续的持续投入，不仅拖累了当期利润，甚至直接影响到公司的正常经营。

所以，当我们看到一些上市公司发布公告，因为参与衍生品市场导致当期利润受到影响时，很多股民对期货市场充满了警惕和敌意也就不足为奇了。

除了大型集团企业，身边的朋友也不乏在期货市场遭遇巨大挫折，哪怕是金融科班出身。

1.1.2 愿你归来，依然是少年

有位朋友，无论从亏损总额还是单次亏损的幅度来看，都不能算作惊心动魄。但如果按照持续稳定的亏损能力来评判，他可以当之无愧地名列前茅。为了方便叙述，我们就将他简称为"小Z"。

小Z是一个有着不错金融背景的阳光小伙子，1994年出生，毕业于国内一所211大学，毕业后在一家大型证券公司的营业部工作了4年，做过投资顾问

和部门负责人，接触过形形色色不同交易风格的客户，也算是见多识广了。因为热爱投研，喜欢钻研，传统的投顾和经纪业务已经没有办法满足小Z的后续职业发展。他选择辞职创业，创办了一家咨询公司。

由于前期在证券公司积累了良好的人脉和口碑，新公司做得有声有色，两年时间就在细分行业站稳了脚跟，公司净利润在第二年顺利突破了7位数。

一次偶然的机会，小Z进入了期货市场。其实在证券公司的时候，就有客户和他探讨过一些期货市场的交易策略，不过由于当时主要精力在股票投研领域，所以对期货市场关注不多。当卸下金融从业人员的包袱可以深入学习研究期货市场并且入场实战的时候，"T+0"和"高杠杆"的操作模式让小Z不自觉地深陷其中。投顾时期的风控意识和交易初心也似乎渐行渐远，小Z的投资风格渐渐变得激进起来。

在他投身期货交易后不久，我们有过一次交流。小Z脸上洋溢着兴奋的神情，不无得意地向我介绍了最近几天的操作：精准的入场和出场点位、奇高的交易胜率，并且信心满满地分享了对后期行情走势的预判。

上一次见到如此兴奋和喜悦的小Z，还是在他婚礼上。

作为朋友，我当然愿意相信他的判断能演变成真实的行情，也为他的学习和工作热情感到欣慰。但见过资本市场太多的风云变幻，我对他的观点和策略还是持有几分保留态度。毕竟高胜率固然可以提升盈利能力，但是分析错误以后的处理方式才是许多成功交易员的立足之本。

小Z选择了通过"高频、时间、空间、主观"四个维度参与市场：在广阔的期货策略赛道上，他选择了最为艰难的独木桥。

我曾试图劝他调整策略，和他分享了一些稳定的策略和实操案例，但小Z对利润3年翻一番的策略似乎兴趣不大。他坚信，凭借他的专业知识和洞察力，可以在一年之内实现收益翻倍。见状，我也只能送他一些交易心理学方面的书籍，包括自己过往撰写的关于资金管理方面的文章打印寄送给他，希望他能静下心来重新审视自己的行为。

成年人的世界，改变一个人很难，尤其是在金融领域对自己颇有信心的小Z。

曾经有人问美国价值投资大师拉里·海特为什么从事交易，他回答说："我从事交易并不是为了寻找刺激，而是为了求得胜利。当其他人谈论自己惊心动魄的交易经历时，我会沉默不言，因为对我而言，每笔交易都一样。"

我曾经两次在不同场合向小 Z 分享过这句话，然而他对此似乎并不感兴趣。

过了一段时间，我们共同的朋友请我去劝劝小 Z 放弃期货交易。再次相见，曾经神采奕奕的眼睛变得黯淡。然而，小 Z 依旧那么坦诚，风轻云淡地描述了在过去 10 个月的投资历程：每个月 50% 的本金亏损比例，然后再给账户注入新的资金，陆陆续续累计亏损了五倍的初始本金。

不过小 Z 并没有放弃的意思，反而变得更加坚定，坚信"千金散尽还复来"。他跟我叹息有好几次交易，行情若是能早点转向就能翻盘。同时还告诉我，他最近研究了许多成功的"交易大师"的案例，那些最后成为大佬的交易员，往往都经历过绝处逢生，只需要抓住一波大行情就能挽回之前所有的损失。

我指出来，这样的所谓翻盘只能依靠重仓抓对一个有大行情的品种，相当于选择了容错率较低的交易模式，用极小的概率争取暴利，更大的可能将会是一将功成万骨枯！

一年后，小 Z 终于还是离开了期货市场。他的创业资金由于期货市场的亏损几乎耗尽，甚至连车子也被迫低价转卖。尽管如此，他的妻子一直守护在他身边，给予他鼓励和建议。年轻就是资本，虽然这段投机经历令人遗憾，但好在他在 30 岁之前就意识到自己并不适合期货市场，没有抵押房产继续下注，而是选择停下来审视自己，放弃了对期货的执着。

相较于那些在 30 岁或 40 岁才开始涉足股票和期货市场付出惨重代价的朋友，小 Z 还有很多个 10 年去努力工作和奋斗，重新建立自我。

深切期盼，他能在咨询行业找回曾经的自我，重新成为那位阳光热情和充满朝气的小 Z。

小 Z 的经历属于温水煮青蛙的亏损模式，这一点和很多股民的亏损风格十分相似。而期货之所以成为很多人心中的"洪水猛兽"，是因为衍生品市场特有的"爆仓""穿仓"机制。当重仓遇到极端反向行情，账户本金可能在瞬间清零，投资人甚至成为期货公司的债务人。

1.2　从一次穿仓事件说起

"爆仓"和"穿仓"是期货交易中的常用术语。

期货交易需要投资者在开仓之前给账户预留一定的保证金，这就是所谓的"保证金账户"。在交易过程中，如果市场的变动使得保证金账户的余额低于交易所和期货公司要求的维持保证金的最低水平，账户就会"爆仓"。此时，期货公司会发出"追加保证金"的通知，要求投资者追加资金以满足账户保证金的最低要求。如果投资者不能在规定的时间内追加足够的资金，期货公司有权强制平仓，即卖出投资者的头寸以释放保证金。这就是所谓的"爆仓"（见图1-2）。

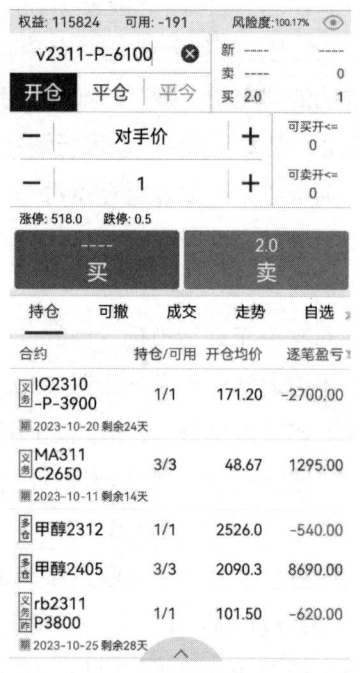

图 1-2　当"可用（资金）"这一栏出现负数时，
期货公司就会通知追加保证金或者平掉某些头寸用于释放保证金

在某些极端的市场条件下，例如市场价格大幅波动可能会导致投资者的保证金账户余额不仅低于维持保证金的水平，还有可能让账户权益低于0变成负数。在这种情况下即使期货公司强制平仓也无法收回足够的保证金，投资者需要补足亏空部分，这就是所谓的"穿仓"。

这两种情况都表明投资者承担了超过其初始投资金额的损失，体现了期货交易的高风险性。几乎每一位经历过爆仓和穿仓的朋友，都会对此有着刻骨铭心的记忆。从事衍生品交易之初，我就通过设定一系列资金管理的规则，避免此类风险发生在自己身上。但是当身边朋友发生穿仓事件时，依然对我产生了极大的触动。

1.2.1 白银抄底，账户穿仓

这篇文章写于 2020 年 3 月 21 日，全球新冠疫情重创金融市场之际。这位朋友重仓抄底白银，由于出手比较早，没有等到黎明到来就倒在了黑夜。不仅账户的可用资金变成负数，甚至连账户总权益也变成了负值。当他把自己的账户发截图给我时，我第一次真正见到了穿仓的账户。这样的案例发生在好朋友的身上，我感到震惊又难过。当天写下了这篇文章，记录和反思这段难忘的经历。

很不幸，身边的一位做期货的朋友 M，本周期货账户发生了穿仓事故。

上周五，全球市场的恐慌情绪进一步蔓延。考虑到周末会持续出现大量的新增病例，利空消息叠加，M 同学认为此次跌幅较小的白银也会有调整需求，所以赶在周末之前开立了 5 手白银 12 合约的空单。白银 12 合约当时点位大约在 4100 点，白银的合约乘数为 15，一手合约价值为 4100×15=61500 元，5 手合约对应的名义价值为 32 万元，保证金比例约为 12%，所以占用了大约 3.9 万元保证金（见图 1-3）。

而 M 同学此次操作的账户资金只有不到 5 万元，相当于账户的杠杆倍数为 6.4 倍（32/5）。

图 1-3　2020 年 3 月白银 12 合约走势

周末，全球新冠疫情进一步恶化。欧洲各国开始讨论边境封控政策的进一步升级，恐慌情绪也在向全球金融市场传导。

周一、周二两天，纽约商品交易所的白银合约出现累计12%的巨大跌幅。国内沪银12合约当时跌停板为5%，因此周一、周二连续出现两个跌停板。短短两个交易日这5手空单就给他带来了3.2万元的盈利，相比于账户5万元的初始本金，收益率达到了惊人的64%。

白银属于贵金属，作为全球硬通货在短时间内出现10%的跌幅确实非常惊人。平仓止盈后，M同学认为市场会出现一波超跌反弹行情。因此，M同学周二平掉白银空单后，迅速反手，在跌停价3598点开立了10手白银的多单，对应合约价值达到了53.97万元。噩梦就此开始。

周二晚上，全球商品和股票市场继续崩盘式下跌，白银合约的避险功能彻底消失。纽约交易所的白银合约当晚最大跌幅为16%，收盘时跌幅有所收窄，但是也超过了12%。

周三白天，国内黄金白银等合约的跌停板扩幅调整生效，由之前的6%调整至10%。即便如此，在外盘白银巨大的跌幅带动下，沪银开盘即跌停，并且死死地封在了跌停板。周三当天，M同学的期货账户可用资金已经变成了负数。之前10手空单对应大约6.3万元保证金，而持仓名义价值53.97万元出现10%的跌幅，导致账面亏损5.4万元。大约需要11.7万元资金才能维持最低保证金的持仓。期货公司强平了4手合约，这4手对应亏损金额为4×（3598-3244）×15=21240元。此时，账户还留有6手白银合约的多单。

周四在3050点的位置，M同学自己平掉了6手合约，对应亏损金额：6×（3598-3050）×15=49320元，合计亏损金额达到了7万元——比起账户初始本金的5万元，M同学还欠期货公司2万元。

周五，白银价格企稳回升，从11美元上涨，突破13美元，沪银价格也出现了触底回升的走势。但是由于账户已经穿仓，手里没有任何头寸，M失去了回本的机会。这也是很多朋友共同的体会：价格回来了，账户资金却没有了。

对于此次穿仓，以下几个问题值得我们思考：

（1）做投资，尤其带杠杆的交易，必须在下单前充分评估风险，常见的市场风险包括：

1）品种风险：农产品的自然灾害、矿山的垮塌、疫苗造假事件、食品卫生安全等，都会在短期影响商品或者个股的走势；

2）系统性风险：1929年（美国大萧条）、1987年（美股毫无预兆的崩盘）、2000年（互联网金融破灭）、2008年（全球金融危机）、2015年（A股的股灾）、

2020年（全球新冠疫情）等系统性风险事件总会毫无预兆或者以超出人们预期的方式进行衍变。

金融市场受到全球新冠疫情的影响，出现了惨烈的下跌。美股持续反复熔断，美油持续暴跌（50-45-42-33-27-20），作为大宗商品之王的原油不到一个月的时间达到了60%罕见跌幅（注：这篇文章写于2020年3月，4月20日美油05合约跌至-40.32美元，震惊全球）。

（2）交易员应该具备迅速应对市场变化的能力。在2018年底，我们做过一份原油抄底的方案，底部极限价格设定在35美元至42美元。如果那份方案放到当前美油24的价格，也将面临持仓权益被腰斩的风险。并非每一个参与者都可以根据当前的市场氛围和基本面及时调整策略，这需要时间和经验的积累。对于很多新手而言，科学的资金管理体系才是交易的生存资本。

（3）当市场出现剧烈震荡甚至史诗级别的暴跌时，非常有必要保持轻仓。在95%的时间段，商品底部都由现货成本支撑。但在剩下的5%的时间里，商品由于受到市场流动性和恐慌情绪的叠加影响，金融属性引起的异常波动会被恐慌情绪激活，将会使商品的期货价格低于生产成本——这其实是一个很好的建仓机会，历史底部往往都是伴随着市场的极度恐慌情绪而形成的。

然而，如果重仓买入类似的历史底部，可能会面临以下两个问题：底部横盘时间的不确定；随着恐慌情绪的进一步加剧，期货价格是否会进一步偏离成本。大多数时间，商品价格最终会回归其价值，所以底部做多策略基本可以化险为夷。但如果遇到十年级别，甚至百年级别的金融海啸，可能会由于仓位过重，没能坚持到价格回归到价值的那一刻，账户就因为极端行情的影响而被归零。

当前市场的很多品种，比如原油、白银、棉花或橡胶，其期货价格都明显低于现货生产成本，长期来看是多单布局的好机会。面对诱人的价格，我们依然需要评估市场进一步向下的可能性，然后结合自己的资金体量和风险承受能力，确定建仓价格和买入数量，不能盲目冲动地进行抄底。

在M同学穿仓以后，我把制作好的《白银抄底计划》发给身边的朋友，准备入场布局白银的抄底行动。在我看来，无论是目前的3000点位，还是更极端的2400点，都是很理想的白银抄底位置。

1.2.2　一位叔叔的穿仓和离散

有一位叔叔出生在1965年。

小时候，他在我的印象里一直都是勤奋好学的典范，字迹清晰漂亮。经常可以看到他的交易笔记，本子上密密麻麻地记录着各类数字、交易心得，以及一些当时看不太懂的特殊符号。工整有力的字迹，如同他的性格一般，沉稳包容。

中专毕业后，他进入了一家国企，工作稳定、家庭和谐美满，闺女聪明可爱很讨人喜欢。随着家里经济条件的改善，他开始尝试股票投资，小赚小亏，总体来说处于盈利的状态。经过几年的磨炼和考验，他对自己的交易体系信心渐增，开始寻求一些高杠杆的投资机会。

在证券公司客户经理的介绍下，这位叔叔开始了解并尝试权证投资。权证投资如同潘多拉的盒子，让他体会到了杠杆投资的快感与刺激。

一次，他的账户资产在上午的权证交易中翻了10倍！中午叔叔兴奋地请同事喝酒分享喜悦，然而下午始料未及的暴跌又使他账户的利润全部回吐。这样的经历虽然让他有些沮丧，但也让他看到了未来出现财富奇迹的可能，坚定了在权证之路走下去的决心。

权证到期形同废纸，所以这种风险收益不太对称的投资品种没有运行太久。半年过后，因市场低迷，发行权证的个股有的已经跌破配股价，权证变得一文不值。以湘中意为例，临近权证摘牌时该股配股价为 3.20 元，股价已经跌至 2.80 元，权证就成为一张废纸。由于权证价格的暴涨暴跌，投机极为严重，以致监管层在 1996 年 6 月底终止了权证交易。

1990 年 10 月 12 日，郑州粮食批发市场经国务院批准成立，以现货交易为基础引入期货交易机制，迈出了中国期货市场发展的第一步。随着商品期货市场的兴起，1995 年，这位叔叔开户成为一名期货市场的参与者。他凭借着比较敏锐的嗅觉以及在股票市场、权证市场所积累的交易知识和经验，在早期的期货投资中表现出色。期货市场的杠杆效应和双向交易机制使得叔叔十分看好期货市场的机会。30 岁时，他决定辞掉国企的工作成为职业投资者，开始全职进军农产品期货。叔叔坚信自己已经找到了财富的密码，何时爆发只是时间问题。

2004 年前后，他通过在期货市场赚取的一些利润，为家人换了一套大房子。购房后，叔叔的投资本金留存不多，所以他更加急切地寻求暴富的机会。但是后面的 10 余年，叔叔在资本市场的表现乏善可陈，没有太大的作为。

2014 年，随着 A 股市场的升温，牛市到来，股指期货品种投资热潮也在期货圈引发人们广泛的关注。作为期货市场的早期参与者，股指期货让他看到了

第 1 章 期货为什么成了洪水猛兽

新的机会，于是他开始投资海外市场和 A 股挂钩的迷你股指期货。

起初，他的投资金额不多，每天都能轻松赚取几千元。但是由于海外市场出入金不便利，并且担心资金安全的问题，所以他投入了更多的本金，同时拆借朋友的资金组成一个联合期货账户，直接投资国内中国金融期货交易所的沪深 300 指数期货。在一路上扬的行情下，这个账户很快就实现了资金翻倍，80 万的本金短短一个月便完成了 160 万元的利润积累。

2015 年股灾之前，叔叔的账户虽然已经减少了股指期货的多单持仓，但是在沪深 300 指数经过两周深度调整以后，叔叔认为此轮调整基本结束，重新开立了接近满仓的多单，准备做一波反弹。非常不幸的是，沪深 300 指数从 3900 点下跌至 3000 点的过程中叔叔穿仓了，大量的贷款无法偿还，因为穿仓亏钱，期货公司的保证金也一直拖欠着。为了保全家庭财产，他选择了和妻子离婚，独自去外地寻求新的投资机会（见图 1-4）。

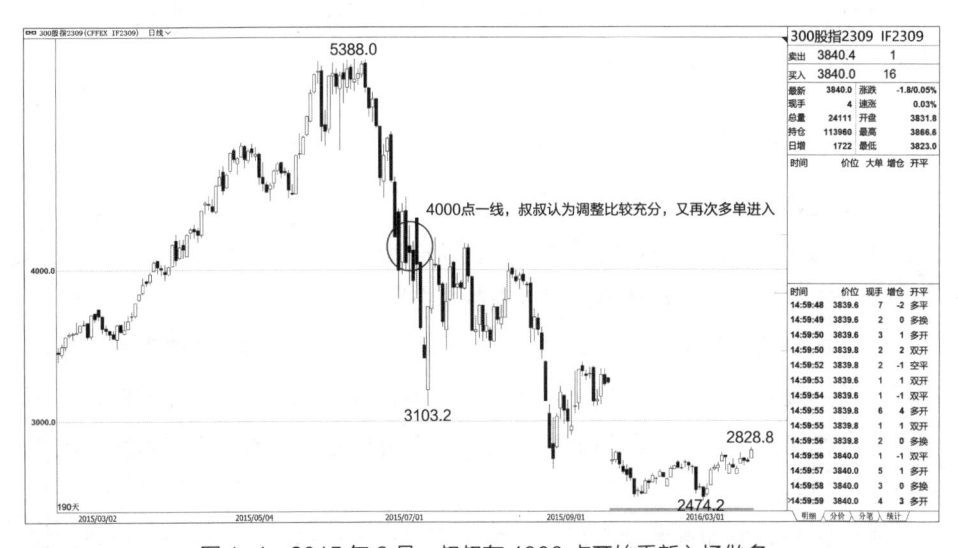

图 1-4　2015 年 6 月，叔叔在 4000 点开始重新入场做多

在朋友的帮助下，他得到了新的投资账户和资金，开始尝试期权交易。他的期权策略是基于期货的技术分析策略——寻找起爆点，然后进行期权买方交易。尽管有时能赚取大笔收益，但更多的时候都是权利金归零。

叔叔也曾经尝试学习过机构常用的期权卖方策略。但由于虚值和平值期权的卖方权利金十分有限，无法获得满意的期望，没坚持多久就放弃了。期权卖方的经历使他更加坚定地回到了期权买方的道路上。叔叔在期权交易的道路上磕磕碰碰挣扎了四五年，也未能寻觅到稳定获利的方法。

每次见到身边朋友通过浮盈加仓实现数倍盈利后喜形于色的样子，就想到 20 世纪 90 年代，当我还在读小学时，这样的表情也曾经出现在这位叔叔的脸上。

醉卧沙场君莫笑，古来征战几人回？

最后一次听到关于这位叔叔的消息已是 5 年之前。掐指一算，叔叔也快 60 岁了，我只能为他遥遥祝福，希望他好运吧！

1.3 期货风险大，究竟大在哪儿

看完前面四个期货市场失败的案例，我们可以停下来思考一个问题：为什么期货市场的风险比较大？

我认为有两个原因，期货市场的保证金制度和我们的本性。当贪婪的本性遇到了杠杆交易，风险也就随之而来了。

1.3.1 保证金制度和杠杆效应

不知道大家有没有思考过下面的问题：

为什么中国股民的数量要远多于期货参与者？

为什么期货市场的存活率，远低于股票市场？

股票的交易机制相较于期货的保证金制度来说更加简单，不带杠杆，只能做多。普通股票账户的结算机制是有多少资金就可以购买对应价值的股票，账面盈亏非常清晰。只要股票不退市，无论股票价格如何下跌，投资者账户的权益都不会归零。

期货市场容易被视为洪水猛兽，根本原因在于它的杠杆效应。在期货市场中，投资者可以用 1 万元买入价值 10 万元的商品。账户的盈亏变动是基于 10 万元的货物价值进行计算，而不是 1 万元的保证金。

所以，尽管股票市场中大部分个股的全年波动率可能会远大于商品期货，但由于期货账户的高杠杆效应，所以在满仓的情况下，一个小小的波动就可能导致账户较大幅度的亏损甚至出现爆仓。

许多人对杠杆机制有一个大致的了解，却没有一套量化的风控体系和资金管理工具去衡量持仓的轻重，导致他们无法有效地驾驭杠杆。

1.3.2 内心欲望的无限放大

除了无法自如驾驭杠杆，许多期货老手出局，是因为他们无法控制自己内心的欲望。

对于刚入市的朋友，我常说的观点是，如果你渴望一夜暴富，那也要做好爆仓的准备。很多人被媒体报道的期货致富故事吸引，带着美好的憧憬进入期货市场。入场之前，他们都琢磨如何利用杠杆和自己的精准判断，在一两年内实现 10 倍的收益。

2021 年春节，我在宜昌陪一位从深圳回来的朋友爬山散心。这位朋友就是前文提到的 M 同学。因为做空白银，账户穿仓以后他就基本停止了交易，一直专注地做着自己的主业。本以为他会远离这个市场，但是当我们走到山顶俯瞰着长江对岸的车水马龙，M 同学突然问我："你预估自己哪一年会实现 10 倍的收益？"

听到这个问题，我有点不知所措，一下子愣住了。

首先，我从来没有想过自己可以在一年内把自己的账户做到 10 倍的盈利，即使一个三五万元的小账户，我也没能力依靠奇迹完成这个目标！

其次，如果要在股票市场实现 10 倍的收益，需要连续 3 次买入涨幅超过 3 倍的股票；或者抓住 2 次涨幅超过 5 倍股票的机会。

那么，在带杠杆的期货市场，一年实现 10 倍的收益有多难？

打开 2023 年期货日报主办的"第十七届全国期货实盘交易大赛"的官网，可以看到 2023 年 6 月 5 日官网排名前 10 的账户，在短短一个季度不到的时间，都实现了 10~25 倍的惊人收益率（见图 1-5）！

这些表现卓越的账户具备两个共同特征：选对了趋势性的商品，并通过浮盈加仓策略不断提高仓位，由此创造了惊人的成就！

但这样的操作模式对于绝大多数普通人来说几乎不可复制。通过重仓交易并且选对了品种方向，连续一两年取得了极其优异的成绩，但是对于高收益的持续追求会让他们在重仓的道路上一路飞驰，最终倒下。

我身边有一位从 100 多万元本金做到十几亿规模的前辈，至今依然活跃在期货市场，然而这样的例子屈指可数。并且，当资产规模达到十几亿后，这位前辈就把大部分资产配置在了股票市场，放弃了之前的重仓交易手法。

反观，因为追求超额收益而选择重仓策略，最终导致倾家荡产、妻离子散的例子却是屡见不鲜。

排名	客户昵称	当日权益(元)	风险度(%)	净利润	净利润得分	回撤率(%)	回撤率得分	日净值	累计净值	累计净值得分	最大本金收益率(%)	最大本金收益率得分	综合得分	指定交易商	操作指导	交易日期
1	大道至碱	1,558,399.30	99.813	3,507,318.02	78.869	42.237	30.321	0.9707	14.5762	90.132	1661.59596	100	85.352	长江期货		2023-06-05
2	大道至碱	6,905,004.03	100.864	6,454,114.41	86.335	45.336	27.574	0.98193	15.31344	91.154	1431.41783	86.147	82.08	长江期货		2023-06-05
3	大道至碱	1,063,020.84	90.162	2,233,715.77	75.634	44.264	28.469	0.98313	14.16817	89.568	1547.91219	93.158	81.928	长江期货		2023-06-05
4	大道至碱	8,556,872.41	95.963	7,980,228.95	90.201	46.080	26.885	0.97573	14.83916	90.497	1383.91042	83.288	81.553	长江期货		2023-06-05
5	大道至碱	1,612,856.43	100.467	3,378,150.87	78.541	46.990	26.12	0.96932	12.24762	86.911	1440.96657	86.722	79.092	长江期货		2023-06-05
6	大道至碱	6,568,340.31	92.476	6,077,392.66	85.381	47.831	25.428	0.97483	13.37881	88.477	1237.89016	74.5	76.661	长江期货		2023-06-05
7	大道至碱	2,727,610.47	98.169	5,671,465.89	84.353	44.178	28.546	0.9771	12.30861	86.996	1243.3483	74.829	76.364	长江期货		2023-06-05
8	大道至碱	7,405,415.16	95.774	11,850,708.04	100	45.272	27.621	0.97782	10.87027	85.002	1123.60179	67.622	76.18	长江期货		2023-06-05
9	贾红亮	2,797,020.63	120.189	2,783,842.40	77.032	61.331	15.336	0.91969	14.64336	90.226	1305.87556	78.592	76.026	中衍期货		2023-06-05
10	大道至碱	5,236,684.73	0.000	6,603,380.28	86.714	27.934	45.887	1	12.2275	86.882	1042.86994	62.763	74.307	新湖期货		2023-06-05
11	大道至碱	1,319,642.88	80.087	1,209,477.64	73.022	36.005	36.749	0.9846	11.9787	86.536	1097.87592	66.074	71.693	长江期货		2023-06-05
12	大道至碱	2,921,724.17	81.495	2,758,061.40	76.965	44.796	28	0.97809	18.06281	94.953	826.60148	49.747	68.838	长江期货		2023-06-05
13	好好做	724,309.17	0.000	4,270,222.51	80.802	27.894	45.932	1	10.27136	84.173	807.09321	48.573	67.215	申银万国期货		2023-06-05
14	疾风劲草	18,888.88	0.000	11,071,767.88	98.027	25.961	48.333	1	10.17134	84.034	610.41295	36.737	66.709	一德期货	石金鹏	2023-06-05
15	大道至碱	6,236,716.78	69.327	5,559,064.96	84.067	36.485	36.23	0.98735	9.21628	82.712	820.34236	49.371	66.666	新湖期货		2023-06-05
16	靖葬	3,590,457.57	102.569	3,208,088.29	78.106	31.740	41.405	0.96855	9.1667	82.643	839.00262	50.494	66.36	华闻期货		2023-06-05
17	自由之旅	209,122.94	0.000	875,588.89	72.156	29.078	44.445	0.99568	11.71861	86.176	792.85416	47.716	65.738	方正中期期货		2023-06-05

图 1-5　2023 年 6 月初，"大道至碱"的系列账户稳居众多参赛账户的前列

因此，当交易进入到一定阶段，投资的难点不再是技术层面，而是约束交易员的欲望。

1.4　期货亏钱的六个原因，各个击破

2018 年秋天，我们在探索期货交易系统的过程中，阅读了大量投资类书籍，其中既包括交易层面的策略技巧类书籍，也包含投资哲学和投资心理方面的书籍。其中，对我们影响最大的两本书为《穷查理宝典》和《澄明之境》。

在《穷查理宝典》中，有这样的描述：

查理思考问题总是从逆向开始。如果要明白人生如何得到幸福，查理首先是研究人生如何才能变得痛苦；要研究企业如何做强做大，查理首先研究企业是如何衰败的；大部分人更关心如何在股市投资上成功，查理最关心的是为什么在股市投资上大部分人都失败了。

他的这种思考方法来源于下面这句农夫谚语中所蕴含的哲理："我只想知道将来我会死在什么地方，这样我就不去那儿了。"查理在他漫长的一生中，持续不断地研究收集关于各种各样的人物、各行各业的企业以及政府管治、学术研究等各领域中的人类失败之著名案例，并把那些失败的原因排列成正确决策

的检查清单，使他在人生、事业的决策上几乎从不犯重大错误。

这段话给了我们深刻的启示。无论是在 2018 年刚刚涉足商品期货，还是 2021 年我们学习期权交易，我们会把各种可能或者已经亏损的原因以及决策背景进行系统分析、归纳和总结。包括 2022 年夏天，因为期权卖方头寸持仓数量过多导致账户出现重大回撤时，我们也进行了深刻的反思。深入挖掘和记录各类亏损原因，不仅可以帮助我们规避常见的市场陷阱，还可以提醒我们不要在同一个陷阱里摔倒两次。

投资最重要的是什么？比起寻找和把握机会的能力，我认为避开陷阱、减少犯错的能力更为重要！无论在股票市场还是期货市场，当我们能做到这一点，离胜利也就不远了。

接下来，我们对期货交易常见的六个亏损原因逐一梳理，然后各个击破（见图 1-6）！

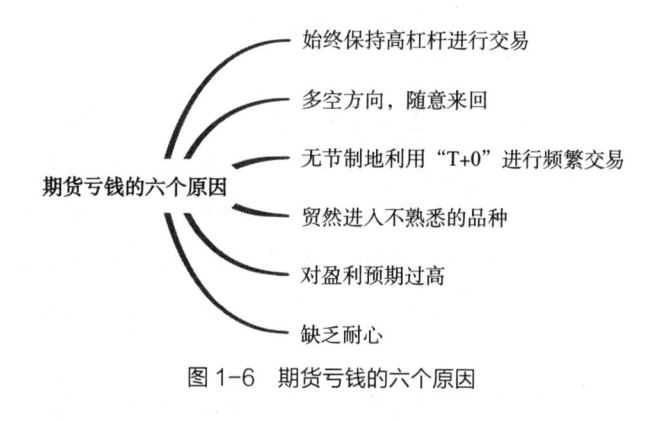

图 1-6　期货亏钱的六个原因

- 始终保持高杠杆进行交易
- 多空方向，随意来回
- 无节制地利用"T+0"进行频繁交易
- 贸然进入不熟悉的品种
- 对盈利预期过高
- 缺乏耐心

1.4.1　高杠杆交易，是敌是友

股票交易由于不带杠杆，除非遇到连续跌停，大多数情况下亏损速度都比较有限。如果股票的亏损像温水煮青蛙、慢刀割肉，那么在期货市场中高杠杆交易则像在高空走钢丝，随时都有可能发生高空坠落。

期货的保证金制度，给市场参与者提供了 1~9 倍的杠杆放大机会。很多参与者都是由于一直使用高杠杆进行交易而最终倒下。即使他们在某段时间做得很顺利，通过高杠杆攫取了丰厚的利润，一旦趋势逆转，甚至行情出现一个小的波折，都有可能因为杠杆过高而导致账户权益腰斩。

参与衍生品交易的这些年，不止一个朋友跟我讨论，高杠杆交易不就是期货应该有的样子吗？

面对类似问题，我都淡淡一笑：

"盘点这些年的股票账户总账，你在期货市场赚钱了吗？"

"赚钱后，守住了吗？"

"重仓的夜晚，能安心入眠吗？"

面对上面的灵魂三拷问，顿悟之人少有，不服气者甚多。

所以摒弃高杠杆是提高我们在期货市场存活率的第一步，关于这个话题，在后面的建仓环节，我们会做详细的论述！

1.4.2　多空自如，放飞自我

在传统的股票市场，往往只能依靠做多获利，即使开通了融资融券账户，通过融券的形式参与做空，也会受到融券数量不足的影响，常常会面临券源不足的情形。

在期货市场中，我们可以直接在账户开立空单，对商品或者指数进行做空。在市场下跌时候做空获利，是很多股票参与者梦寐以求的事情。

然而，凡事都有两面性。期货市场给我们提供做空机会的同时，也给我们开启了一种亏钱的可能性：做空时遇到行情上涨，做多的时候碰到行情下跌，两边被打脸。在市场涨跌的交替中，亏损了资金，迷失了方向，破坏了交易心态。

因此，对于大多数朋友，特别是那些没有足够经验和成熟策略的朋友来说，选择一个明确的投资方向，坚持自己的策略，往往是更好的决策。

当市场机会不明确，或者对行情没有足够把握的情况下，比起多空厮杀、随意开仓，选择对市场保持观望，或许是一种更加明智的策略。

毕竟，投资就像一场马拉松。未来风光无限好，不争朝夕胜负分。

1.4.3　"T+0"，美丽的陷阱

"T+0"的期货交易机制，给予了市场参与者无限次进出的机会，参与者获得了在现实生活中几乎不可能拥有的自由感。然而，每一次进出就是一次选择。和做空机制类似，"T+0"看似增加了盈利机会，同时也增加了犯错的机会。

在期货市场中我们的确能找到一些交易员，他们利用精准的短线技术在日

内交易中实现了稳定的盈利。我有一位朋友，他依靠自己打磨了3年的"15分钟均线系统"，通过日内手动交易实现了稳定的盈利，然而，他在提升交易技术的努力上，远远超过了我们的想象。

下面这篇文章是我在2022年9月和他交流以后的所思所感，在这里分享出来，希望带给大家一些启发。

下午在湖北碳交所讲完课，和夏老师一道赶去光谷，拜访了一位商品期货市场的短线交易员。

第一次见到这位交易员是在2021年5月，在夏老师的引荐下我们介绍了各自的策略以及扩大资管规模的一些想法。和我们的风格完全不同，他采用的是短线技术分析，人工盯盘交易。

对于这种模式，我起初不太看好。人工短线交易需要耗费很多精力，在持续一段时间的盈利后就容易获利回吐。2019年2月至6月，我曾亲眼见到一位交易员通过技术分析和反手操作，把一个40万元的账户在短短3个多月的时间内做到190万元，然后又用了半个月时间账户回到了40万元。在此之前，这位交易员已经爆仓了三次以上，负债接近200万元。

所以在2021年第一次见到这位交易员时，之前的一些经历让我先入为主。加上他的表述不太清晰，导致我更加不看好他的盈利模式，认为他只是一位思维比较跳跃的短线交易员。

然而，交易的成败终究是由长期业绩说话。一些交易团队在路演阶段往往会把自己的盈利模式和策略包装得天衣无缝，听起来无懈可击，但在基金产品实际运行中业绩却不甚理想。

通过15个月的持续跟踪，这位表述不清的朋友通过他的短线技术策略，走出了令人瞠目结舌的收益率曲线图。

15个月的时间，30万元的初始资金，扣除手续费以后产生了180万元的净利润！掐指一算，年化收益达到了惊人的400%！查看这个账户，账户收益率曲线一路陡峭向上，即使中途有些许回撤，也是在可以接受的范围内。

如果不是亲眼见证了这个账户的操作和成长，我甚至会主观地认为这是一条造假的收益率曲线。

惊人的业绩背后，我总结了这位朋友能够取得成功的几点原因：

（1）执行力和专注力。这位朋友交易时间一直坐在电脑前，跟随自己的技术指标做出买卖决策。无论是开仓还是止损，基本形成了机械化的决策流程，不会因为账面的盈亏而改变初衷。收盘以后，会用大量时间去复盘梳理当天的得失，日复一日，年复一年。虽然和我年纪相仿，腰椎已经有些轻微劳损，根据他自己的介绍可能是由于久坐导致，骨科医生也建议他每小时要活动至少三五分钟。但是短线高频手动交易，要求他全身心地投入到盘面的变化上，中途的活动可能导致专注力和思绪被干扰。

（2）制订交易计划。这位朋友在收盘以后也没有休息，而是花费两个钟头进行复盘工作。复盘的目的之一，就是对次日的行情走势进行预判，针对后市不同的走势，制订多套交易计划，把第二天各种可能的行情走势在脑海里预演一次，尽量减少开盘后面对跳空行情或者不利的走势出现后的茫然无措。

（3）总结得失的习惯。这些年，这位交易员已经积累了六本厚厚的手写交易笔记。每次有新的感悟或者策略灵感，他都会立即用笔和纸认真记录下来，而不是仅仅停留在脑海中的灵光一现。

（4）持续的学习提升。面对突变的市场，尤其2022年市场波动率明显上升以后，这位交易员也在不断调整相关的指标参数，但是这些调整并没有改变交易系统的底层逻辑。

（5）修炼内心，保持谨慎。人工的短线高频交易，对体能和情绪的要求极高。任何时候出现体能下降导致执行力下降，出现抗单等负面情绪，都有可能导致交易失败。所以他也在不断评估自己的体力、脑力状态是否能够胜任目前的工作，多反思，多自问，保持谨慎的心态，也是他能够长期进行人工短线交易的重要原因之一。

虽然交易风格完全不同，但这位交易员成功背后的许多特质都值得我们学习和模仿。

这位交易员自身不做资管业务，包括亲朋好友的资金都不承接。在近期也不会打算发行基金产品——毕竟这样的盈利能力似乎也不太需要外部资金去增厚收入了。只要能够坚持上面的这些原则，专注地管理好自己的账户，相信他一定可以继续实现稳定盈利！

从上面的案例不难看出，即使有人已经将日内交易做到了持续稳定的盈利水平，其背后必然是付出了常人无法想象的努力。更重要的是，他拥有一颗像"石佛"一样的心态。他的这份定力和毅力，大多数人很难去模仿。

所以降低交易频率，慎重下单，选择胜率较大的时机入场，可能是我们大多数普通人最好的选择。

1.4.4 品种选择，熟悉与陌生的平衡术

在交易中持续地盈利容易让人陷入过度自信的状态，导致对市场风险警惕性的降低，进而冒险涉足那些他们并不熟悉的品种。

一些以技术分析为主的市场参与者，不太愿意花时间去深入了解品种的基本面信息。当他们发现品种的走势形态恰好符合自己的技术分析框架，就会贸然介入。但这些走势只是表象，一些主力会利用资金优势在特定阶段做出经典形态，引诱技术派投资者跟进，市场的风险可能恰好蕴藏其中。

不熟悉的品种一旦陷入亏损，会出现两个问题：

首先，他们的账户资金可能会被这些品种占用，无法对其他品种的机会做出及时的反应。

其次，面对这些品种头寸的亏损，他们可能会缺乏持仓信心。由于并未深入了解这些品种的基本面情况，当价格出现超出预期的波动后，投资者可能会因为下跌的恐慌而过早地卖出这些品种，或是因为贪婪而对止盈的时机举棋不定。

所以，我们不能因为持续的胜利而贸然进入不熟悉的品种。需要全面了解准备下单品种的特性，做好功课，才有可能在这个市场中生存。

除了持续盈利以后心态的放松可能会导致我们布局不熟悉的品种，当市场缺乏投资机会的时候也会出现类似情况。这个时候，我们不妨选择休息，毕竟，等待也是交易的一个重要环节。

1.4.5 预期越高，失望越多

2019 年，有两位朋友通过我的交易体系，各自在期货市场实现了年化 100% 和 60% 的超高收益率。需要强调，他们取得这样高的收益率，是因为账户的初始金额相对较少，分别为 6 万元和 8 万元，这样的资金规模使他们愿意承担更多风险。即使出现一定亏损，也可以通过场外入金的方式保护账户内的头寸，因此在仓位管理上更为大胆激进。此外，较小的本金所产生的利润对提升账户收益率也更加容易，三四手合约产生的利润，就可以实现 20% 或者更高的账户收益率。

正是由于在第一年取得了不错的成绩，他们在第二年把期货账户的资金增加至 20 万元，依然沿用了小资金时的资金管理风格，操作方面相对激进。

所以在 2020 年 3 月市场暴跌时，他们的本金出现了较大的亏损。当询问为什么追加资金以后没有考虑适当降低杠杆、控制账户资金使用率时，他们不无后悔地说道，第一年投资太顺了，所以有了"芝麻开花节节高"的愿望。

做交易，参与者难免都有比较的心态。无论是跟自己过往的业绩比较，还是和其他交易员的收益对比，都容易引起心理波动，形成无形的压力，不知不觉中提高了自己的收益预期。过高的期望可能会对他们的交易心态和操作节奏产生不利影响。

查理·芒格曾说过，想过得幸福很简单。要想幸福，第一条，降低自己的预期。这一点是你自己能掌控的。总是抱有不切实际的预期，注定一生痛苦。我非常善于降低自己的预期，因此我活得很好。

所以降低预期，不仅对实现稳定盈利有很大影响，还对我们能否获得幸福感也至关重要！

1.4.6 缺乏耐心，财富难留

交易中，缺少耐心的原因各式各样：自身性格、业绩压力、贪婪情绪等。缺乏耐心的原因，大致可以归纳为以下几个方面：

（1）账户闲置资金过多。很多交易员看到账户的可用资金闲置，就本能认为这是一种资源的浪费，一定要找个机会把它用掉，就算没机会也要创造机会。殊不知，可用资金是我们的士兵，交易员自身是将军。养兵千日用兵一时，只有需要发动战争的时候，我们才需要动用资金。如果天天处于战斗状态，士兵和将军都会疲惫不堪。成熟的交易员应该具备不战而屈人之兵的心态，心平气和地看着账户的可用资金静静地躺在那里：不击则已，一击必中。

（2）持仓头寸超过 3 天没有动静，就急不可耐。底部买入以后，即使建仓的头寸数量不多，只要行情有足够的向上空间，也可以为我们带来理想的收益。从建仓到止盈，一轮操作下来，往往需要一个季度甚至更长时间。

很多市场参与者面对屏幕不断变动跳跃的报价，很难保持克制不去操作。我经常对朋友说，既然我们的交易风格是低频和中长线交易，买入以后应该保持耐心，不需要天天盯着盘面。等待利多因素逐一兑现，商品价格出现均值回归以后止盈即可。何况，我们现在还有期权工具，可以每个月为我们的账户创造稳定的现金流收入，所以更加不需要为底部横盘而焦虑。

农民伯伯在田里播种土豆或者玉米，都需要一个季度以上才能收获，我们需要学习这样的心态。

（3）建仓初期过于激进。很多朋友在建仓初期容易按捺不住机会来临时的激动心情，在建仓初期就大量买入多单，动用了大部分的资金预算。出现类似操作的主要原因在于，他们担心若是价格不再下跌，账户的底部筹码数量可能偏少，无法满足盈利的需求。因此，正确地识别市场底部并稳住心态，是需要交易员不断磨炼和优化的技能。

当我们采用"边跌边买不爆仓，边涨边卖把利藏"的原则进行多单布局时，需要在脑海里建立和不断强化"机会永远比资金多"的理念，即使某个品种的底部头寸数量不足，市场上依然会有别的品种供我们选择和布局。

市场最不缺的是机会，最稀缺是耐心！

1.5　期货，暴利工具还是复利工具

很多朋友满怀信心地进入期货市场准备大干一场，实现自己的财富之梦，大多却铩羽而归。在期货市场存活尚且困难，如何实现暴富呢？我们一直没有找到答案！

事实上，我们从入市之初就一直把期货交易视为一种理财工具，采取轻仓的策略，实现了比较稳定的连续盈利。所以，作为普通人进入期货市场，一定要想明白入市的初心：期望暴利还是复利？如果是前者，那这本书多半会让此类读者失望：毕竟我们在商品期货市场的这些年，没有哪一年实现过翻倍的业绩。

但是，如果希望跑赢通胀，实现家庭财富细水长流的稳定增长，相信大家通过本书介绍的操作原则和交易系统，会有所启发和收获。

由于期货的保证金制度，期货账户相当于提供了一个免息的融资工具。

同时，我们选取的投资标的是商品，商品比股票具有更加确定的价值。如果说股票的长期价值由企业现金流贴现模型所决定，那么商品的价值则是由生产成本和供需关系所决定的。主动放弃高杠杆的操作模式，会让我们失去暴富的机会，却极大地增加了我们账户的容错率，从而提高了我们在市场上的生存能力。所以进入期货市场之初，我们就需要树立一个目标：

进入期货市场的首要目标是生存，其次才是发展。

这一点和很多期货大佬的观点截然相反，他们在书中和公开演讲中都不止

一次地表示，我来期货市场就是为了赚大钱的！所以，选择大概率实现细水长流的稳定盈利，还是选择小概率的重仓去博取暴利，意味着两种截然不同的交易目标和操作风格。

2018年开始，当我们把主要精力从碳市场慢慢转移到商品期货市场的时候，很多朋友对这一转变不太理解，毕竟从一个多年稳定盈利的市场切换到一个完全陌生的市场，需要很大的勇气。当他们通过观察发现我们的团队成员第一年没有跳楼，第二年没有离婚，第三年还好好活着的时候，越来越多的朋友也都抱着试试看的心态加入了进来。慢慢地，他们也逐渐意识到，国内商品期货市场似乎比股票市场有着更大的盈利确定性，也更加容易实现家庭资产的稳定增长。

下面这两篇文章，第一位朋友来自珠宝行业，第二位朋友来自电力行业，在接触期货之前只有股票经验，不具备任何衍生品交易的基础。得知我在做商品期货交易，基于对我的信任，他们开始小心翼翼地进行尝试。这两篇文章都是在实操差不多半年以后，在我的鼓励下，通过文字记录下自己当初战战兢兢参与期货交易的心路历程。这些所思所想既真实，也很具有代表性，大家可以通过这两篇文章，了解不同参与者的心态和所思所感。

1.5.1　一棵韭菜的自述

这篇文章来自MeLo。MeLo是我的发小，我们3岁就认识了，从小有着共同爱好。大学期间他就读于中国地质大学珠宝专业，每每拿出一些光彩夺目、价值连城的珠宝成品给我鉴赏时，想起自己的专业需要成天对着资产负债表和会计科目一堆枯燥乏味的数字时，便对他的专业充满了羡慕和嫉妒。

2021年春节后，他提出来股票市场的表现让他有点沮丧，我说那就试试商品期货吧。于是，我分享了自己的交易体系，不过提出两个入市要求：

（1）不能重仓，也不要想当然地随意开仓，一切行动听指挥。

（2）每学完一个章节，需要完成一份总结文档，形成"输入—思考—输出"的闭环。下面这篇文章就是他的学习心得之一。

一棵韭菜的自述

我是一个小股民，又名嫩韭菜。从2016年炒股至今，从一无所知到自我感觉良好，花了不少学费。但随着了解的深入，发现炒股真心累……首先要看大盘，其次选题材，最后再选个股。基本面、技术面，面面俱到；MACD、KDJ、RSI 一应俱全，个中艰辛只有局中人才能了解。

但真正让人心塞的是从"学会"到"学废"只需要一只重仓股，在 2018 年抄底盈趣科技一夜回到解放前。于是我开始反思自己的思路，专注核心题材和蓝筹。2020 年凭借医疗、芯片、券商、上证 50ETF 好歹回了一波血。看着自己账面上那点资金真是又好气又好笑，原来小丑一直都是自己。

直到 2021 年听说自己的发小——星在做期货，于是抱着试一试的心态参与到期货市场中。之前一直不碰期货主要是过去的主流媒体太多关于期货的负面消息：金融教授玩期货血本无归、私募爆仓千人追讨……期货给人的感觉如洪水猛兽，吃人不吐骨头的那种。然而直到真正了解才知道，健康的期货投资理念是基于基本面的轻仓操作。虽然期货商品的波动率不如股票那么大，但见峰与见谷周期短、保证金交易制度、涨跌双向的买入机制、日内超短线操作等相对股票更灵活，给了我这种初学者仅靠技术面也能淘金的机会。同时商品基本面的变量比股市更少，题材也没有股市那么多，自己的精力可以更加集中。

然而真正让我眼前一亮的是"星云交易系统"。基本面判断准确，网格交易逻辑合理：我可以根据自己的资金量对买入卖出的时机进行把握；涨幅达到自己的预期就可以平仓；跌了根据跌幅和资金体量补仓。在这种体系下，我觉得自己心境很平和，没有了几年前每天 9：30 拿着手机等开盘的焦躁。3 个月 40% 收益率手到擒来，给了我全新的投资体验。

"妙言至精，大道至简。"其实投资并没有自己想象的那么复杂，自己把简单的东西变复杂，不过庸人自扰罢了。

1.5.2　期货小白，如何在一个季度实现 30% 的收益

这篇文章来自我的第一个徒弟，所谓的"徒弟"其实也是我的中学同学，也就是本书第二章那位"电力员工"阿悦。期货在普通人的眼里非常有争议，所以除了身边好友，我在创建自己的交易系统之初，并没有大肆宣传。就像《期货大作手风云录》的前言所提到的："如果你爱一个人，就让他去做期货，因为那里是天堂！如果你恨一个人，也让他去做期货，因为那里是地狱！"

这篇文章写于 2019 年 7 月 6 日，距离阿悦开户不到一个季度，却实现了超过 30% 的收益率。在此之前阿悦并没有任何期货操作经验，对燃油、豆油、白银、白糖的基本面了解也十分有限，但是他操作的这些品种都有一个共同特

征——在历史底部或者接近历史底部。

所以他的成绩有行情配合的因素，不过更为关键的是他能充分理解底部做多的原理，并且没有一夜暴富的心态，严格执行了资金管理的规则，始终恪守理财的平和心态，不贪不惧。

期货小白，如何在一个季度实现 30% 的收益

曾经看过一组数据，中国股票市场的开户人数大约是期货开户人数的 100 倍。作为一个在股市混了几年的小散，曾几何时，我也像很多人一样将期货市场视若洪水猛兽，一旦踏入必将万劫不复，而且身边也不乏鲜活的例子。

然而当股票账户里的钱不知不觉地慢慢减少，完全背离投资理财初衷的时候，我在 2019 年的 4 月 17 日正式进入期货市场，开始我的期货操作生涯。

为何选择进入期货市场？

1. 期货市场与股票市场相比，对散户更公平

（1）期货市场"T+0"的机制相较于股市"T+1"对于散户来说更灵活，比如股票市场中会有当天买进去后出现快速下跌，随后第二天关门坑杀的情况出现，而期货可以在下跌开始时快速止损。

（2）相比股票市场，期货市场中如燃油等大品种难以被人为操纵，涨跌逻辑相对透明。

（3）商品期货与实际现货挂钩，具有相对固定的价值属性，也就决定了商品期货价格底部尚可预期，而股票一旦遭遇"黑天鹅"事件，股价能跌到 1 元还是 1 角谁都不能预测。

2. 期货资金占用量相对较小

期货是天然自带杠杆的市场，有限的资金可以获得相对较大的收益，当然这也意味着更大的风险，然而正是这种随时可能爆仓的风险，让我对它有了更多敬畏。

在股票市场如果套牢了，我就地卧倒，不看不管等待下一波牛市，因为只要股票不退市，理论上都有翻本的可能，这也就彻底沦为了资本市场的鱼肉。然而，在期货市场，当你套牢不管不顾也许分分钟就爆仓了，这也迫使我在期货交易市场中的交易态度更加积极主动。

接下来，谈谈初入期货市场的操作体会。参与期货市场不到 3 个月的时间，

第1章 期货为什么成了洪水猛兽

我实现了30%的收益,先后介入了豆油、菜粕、白银、燃油四个品种,资金从最初2万元逐步追加到5万元,账户主要在这波燃油的快速反弹中获利,存在较大的运气成分,作为一个期货绝对的新人,对期货的认识懵懵懂懂,不敢妄议经验,只能说最近3个月期货操作有一些感触。

1. 做好资金计划

在我期货师父的指导下,这是我最初针对自己2万元资金做的资金计划表,当时棕榈油正处于底部区间,计划在下跌过程中逐步建仓,后来介入的品种也采用此种方式制订相关计划,量体裁衣(见表1-1)。

表1-1 棕榈油建仓计划

品种	棕榈油价格(元)	涨跌幅(%)	买入数量	累计持有	开仓均价(元)	单笔合约价值(元)	累计合约价值(元)	账面浮动盈亏(元)	保证金(元)	累计保证金(元)	资金合计(元)
	4500										
	4450	−1.11	1	1	4450.00	44500	44500	—	3115	3115	3115
	4400	−2.22	1	2	4425.00	44000	88500	−500	3080	6195	6695
	4350	−3.33	0	2	4425.00	—	88500	−1500		6195	7695
	4300	−4.44	0	2	4425.00	42500	88500	−2500		6195	8695
下跌建仓阶段	4250	−5.56	1	3	4366.67	42000	131000	−3500	2975	9170	12670
	4200	−6.67	1	4	4325.00	—	173000	5000	2940	12110	17110
	4150	−7.78	0	4	4325.00	—	173000	−7000		12110	19110
	4100	−8.89	0	4	4325.00	—	173000	−9000		12110	21110
	4000	−11.11	0	4	4325.00	—	173000	13000		12110	25110
	3900	−13.33	0	4	4325.00	—	173000	−17000		12110	29110
	4500			4			180000	7000			
上涨收割阶段	4600			4			184.000	11000			
	4700			4			188000	15000			
	4800			4			192000	19000			

2. 对执行力的理解

在有了资金计划之后，对于计划的执行力是更为关键的问题，在下跌建仓过程当中要有耐心，上涨首个阶段要有信心，当然也不是机械地执行计划，可以每周根据消息面、基本面等对自己的计划做一些调整。比如，在燃油09合约的上涨阶段我的初期目标是2850，但最后调整为2750-2800-2850阶段平仓，这主要是由于当时燃油反弹速度超过预期，国际局势变幻莫测，为保住利润做了计划调整。

3. 做空与做多

师父曾说过：期货市场看似多空两个方向更加灵活，但这也是期货市场风险更大、更容易亏钱的原因之一。

我也好奇地尝试过对白银做空，结果被迅速打脸。作为一个用期货理财的小散，在有些品种，特别是一些农产品、能源产品的底部逐步建仓做多，在没有大的政策波动或大型事件的影响下，是最多只输时间不输钱的操作。

当然，要是遇到太极端的事件，期货价格大幅击穿历史底部区间，这也是有可能的。但是我们可以根据自己的资金情况选择止损或者继续买入，毕竟任何资本市场都是有风险的，我们能做的就是要选择站在概率更大的那一边。

4. 做期货的心态

我一直认为如果把期货当作迅速发家致富的捷径，梦想着通过期货实现财务自由甚至是阶级跨越，那最好还是不要进入这个市场，虽然市面上有着很多这样的故事，但"一将功成万骨枯"的道理相信大家都懂。

资本市场本质就是一个概率游戏，我们要做的是将我们总体的胜率保证在50%以上，而不是赌那些1%的暴富机会，将家庭年收入的20%~50%投入这个市场进行理财操作，不要期望资金翻几倍，目标设定在每年10%~20%的收益，在期货这个天然杠杆市场是很容易实现的，这也是我反复思考之后投入其中的重要原因。

不要眼红一夜暴富的神话，也不要畏惧跳楼的故事，用平常心做好自己的期货理财，努力学习、工作、生活，不忘初心，自勉，共勉！

第 2 章

让期货成为我们家庭财富的雪球

2.1 从电力员工到会计，我和朋友的期货之路

如果没有金融背景，有可能让期货成为家庭的理财工具吗？

答案是肯定的。从某种程度上说，因为不具备金融知识，所以对期货市场的警惕性往往会更高，操作风格会更加保守，反而有助于实现长期盈利的目标。

下面，就分享几位身边朋友参与期货市场的故事。

2.1.1 我的第一个徒弟来自电力系统

我的第一个徒弟是我的中学同学，来自电力系统。

2018年10月底，阿悦来武汉参加电力系统的培训。晚上聊天时，他问我最近在忙活什么？我便开始滔滔不绝地跟他分享自己打算做期货的计划。听完我的思路后，他的表情从最初的难以置信和同情转变为半信半疑。

虽然没有得到阿悦的完全认可，但表情的变化已经说明，他至少从心底不反对我以这样的策略去尝试期货交易。

2018年，在中美贸易战和人民币持续贬值等因素的影响下，沪深300指数从年初的4430点高位调整至10月底的3100点附近（见图2-1）。这个价格距离2015年股灾的时候，千股跌停形成的2686点底部已经不远。我拿出笔和纸，基于A股市场不会推倒重来的前提，跟阿悦算了一笔账：

（1）假设我们在沪深300指数跌破3000点时开始建仓多单，沪深300期货指数每个点对应300元，因此3000点对应的合约价值为90万元，按照15%的保证金计算，需要13.5万元的开仓保证金。

（2）如果沪深300指数进一步下跌至2700点，跌幅为300点，账面浮亏为9万元，需要另外追加9万元保证金。

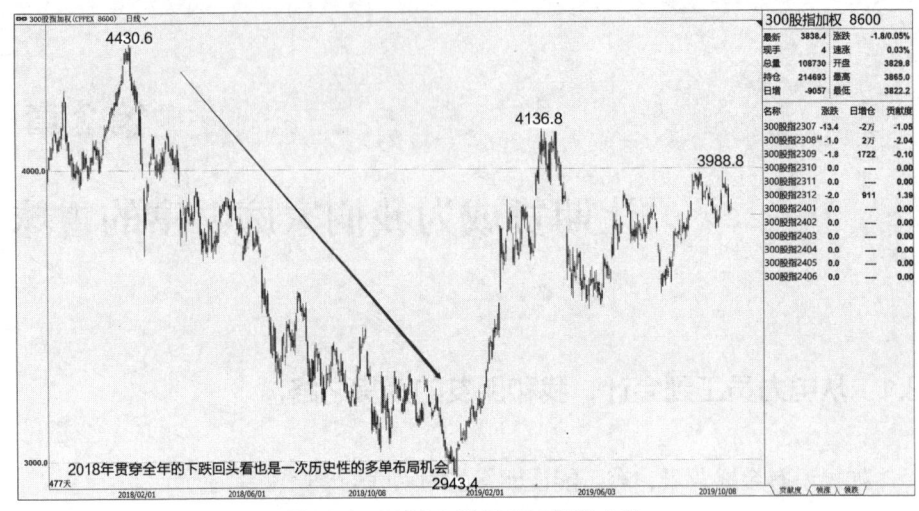

图 2-1　2018 年沪深 300 指数大跌

（3）如果沪深 300 指数继续下滑至 2400 点，从 3000 点建仓计算对应跌幅为 600 点，浮动亏损将增至 18 万元，需要在 2700 点的基础上再次追加 9 万元保证金，两次追加保证金各 9 万元，叠加 13.5 万元的开仓保证金，总计需要 31.5 万元资金。

（4）一旦沪深 300 指数触底反弹至 4000 点，相比我们 3000 点的建仓成本，将会有 1000 点的盈利空间，将会对应产生 30 万元的账面浮盈。

听完我的推算步骤，阿悦没有立马表态。但从他的眼神中可以看出他心动了。不过，期货市场对于一位电力行业的员工而言太过遥远和陌生，所以阿悦并没有立即开户和我一起操作。这一点和很多朋友的顾虑相似，他们会琢磨如果我在股市没有赚到钱，为何还要去冒险尝试一个风险更大的市场？

直到 2019 年 3 月的一天，在微信上收到阿悦的一条消息："你还在做期货吗？"看到消息后我忍不住笑了出来，他其实想问"你做期货怎么样了？钱还没亏完吗？"

然后，他就成了我的第一位徒弟。开户半个月后，阿悦又把同样也在电力系统的同学老胡邀请过来一起壮胆，开始了互相鼓励、互相扶持的期货学习之路。

时间转瞬到了 7 月，当阿悦完成一个季度的期货交易，酒过三巡后跟我感慨：做期货比他以前的生鲜水果配送业务要轻松多了！

2016 年至 2017 年，阿悦和他的朋友尝试过创业，开展社区生鲜水果配送业务，这个业务在 2020 年的新冠疫情期间变得广为人知。但这个想法放在当时的湖北地区显得有些超前，所以配送项目并未能够取得很大的突破。

2017年秋天，阿悦从湖南买了大约1000斤的橘子，希望利用成本优势在湖北宜昌的水果市场上一试身手。然而，当他拿着橘子去各个水果店推销时才发现事情并没有想象中那么简单。因为水果店有固定的供货渠道，所以他们会通过电话通知合作方送货，不需要在水果店内大量地存储鲜果。因此，阿悦的1000斤橘子在一周后还剩下600余斤。

最终，这个富有想象力的创业经历便成了我们同学聚会的快乐来源：一位有志青年，从电厂下班后脱下他笔挺的工作服，靠在满载橘子的小货车前，站在街边的路灯下大声吆喝："橘子橘子，新鲜的湖南橘子，物美价廉！"

有了这样的经历，就不难理解为什么阿悦会成为我的第一名学员：

（1）他曾经尝试过鲜果配送业务，理解低买高卖的生意逻辑。

（2）他曾把湖南的低成本橘子运送到湖北宜昌来卖，理解地域之间的成本比较优势。

（3）因为遇到过货物押款占用资金的问题，期货账户的现金日结机制给他的参与资金提供了足够的灵活性和安全性。

（4）购买一车橘子需要全款，但是期货账户因为有保证金制度，不会占用账户过多的资金。

所以，比起传统的实体贸易生意，利用期货账户和商品低买高卖的经济学原理去参与全球的大宗商品交易会更加便利，选择范围也会丰富得多。

回到本小节的标题，为什么需要特别强调阿悦来自电力系统？

（1）电力系统员工的专业背景大多是理工科，如电气自动化等专业，他们看待问题更加理性。同时，电力系统重视安全生产培训，所以他们对金融市场的风险意识也更加强烈，会从账户安全性的角度去思考如何进行整体布局，而不是以赌博投机的心态去参与市场。

（2）电力系统的管理制度比较成熟，晋升通道相对狭窄，职业天花板比较明显。对于有理想和追求的员工，当他们发现在体制内成长的空间相对有限时，他们更愿意在体制外寻找一些好的投资项目和机会，促进自己的成长。

（3）电力系统的收入相对稳定丰厚，所以有闲钱做投资。通过闲钱而不是养家糊口的资金去做期货，会拥有一个比较良好的心态，不会因为暂时的浮亏就感到焦虑和恐惧，选择孤注一掷。

聊完阿悦的故事，我想分享自己的期货之路。

2.1.2 会计师也能成为基金经理

撰写本章的时候，正值 2023 年 7 月的盛夏，当我将目光从行情软件投向窗外，思绪不禁回到了 10 年前的夏天。

2013 年 7 月初，几辆大巴车摇摇晃晃地把一批刚刚参加完员工培训的企业新人，从宜昌城区送到兴山县古夫镇。作为其中一员，我正式加入湖北兴发集团化工股份有限公司，开启了财务部的工作。兴发集团是一家国有上市公司，依托于宜昌市兴山县丰富的磷矿石储量，从生产黄磷开始，经过 30 余年的努力，现如今发展成了国内精细磷化工的龙头企业。

我在财务部的第一项具体任务，是协助财务部前辈核算每个月磷矿石应该缴纳的资源税。由于前辈们的工作效率很高，能熟练地完成全流程的工作，所以我在那个阶段的工作相对轻松。身边的朋友经常会讨论：对于职场新人来说，清闲和忙碌哪个更好？

大部分人都认为忙碌的工作节奏，能快速地促进新人的成长，使他们在职场上掌握更多技能。但结合我个人经历来看，清闲的时光反而更容易做出成绩。

2013 年，上海推出了自贸区政策，这项政策犹如平地惊雷，带动了 A 股市场相关板块的股票剧烈上涨。短短两个月，陆家嘴的股票价格从 40 元上涨至 99 元，外高桥更是连续 12 个涨停板，从 40 元涨至 170 元（见图 2-2、图 2-3）。

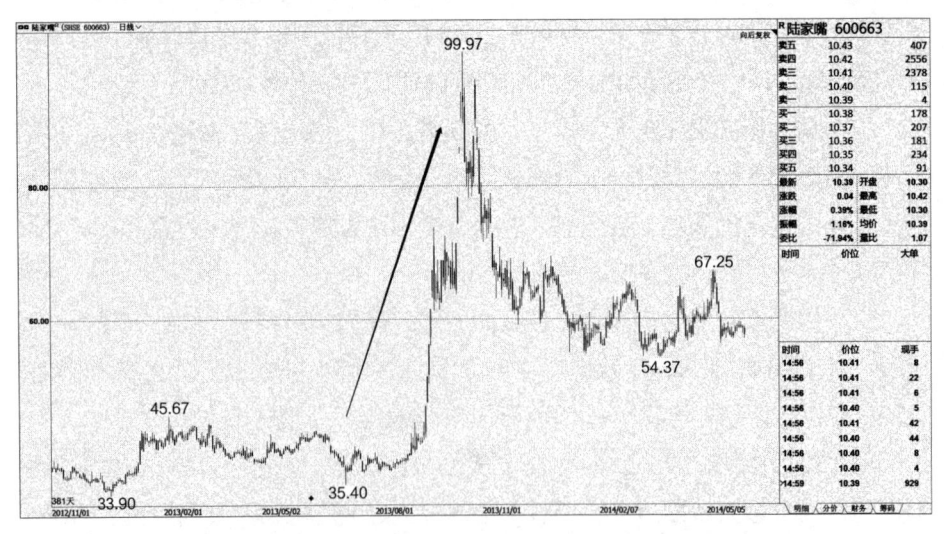

图 2-2　2003 年 8 月至 10 月陆家嘴股票走势

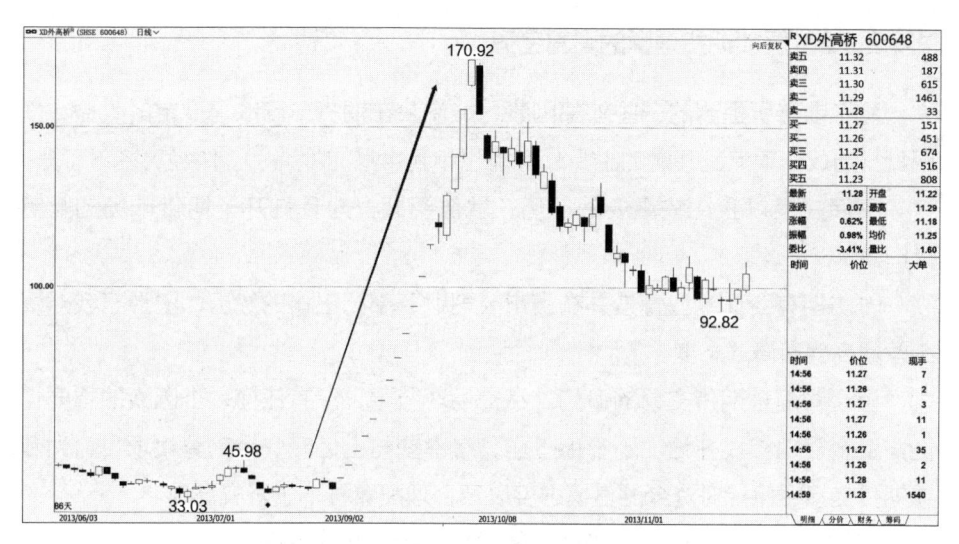

第2章 让期货成为我们家庭财富的雪球

图2-3 2003年8月至9月外高桥股票走势

因为工作比较清闲，我将上海自贸区的相关政策文件和受益公司的资料、研报都仔细阅读了一遍。到年底，当公司决定在自贸区设立子公司时，我将之前积累的资料整理成一篇分析报告发给了领导。领导意识到，财务部的这位小伙子居然能做政策研究和分析，于是他们陆续将一些新的业务，包括后来碳排放权市场的研究任务也交给了我。这让我与商品市场结下了不解之缘。

类似的情景，在2018年又再次出现。2018年9月，我完成当年的碳排放权市场的履约工作后，闲来无事，尝试将过去这些年参与碳市场的经验和研究框架应用到国内的商品期货市场，这就是我和衍生品交易的交集起源。当有一定的积累后，清闲时的思考和探索，可能会产生顿悟的灵感，帮助我们在新的领域有所建树，从而取得更大的成就。

假设当初一直兢兢业业地从事会计核算工作，踏踏实实地准备中级会计师甚至注册会计师的考试，对我而言，可能就是另外一条完全不同的职业轨迹了。

2019年至2022年，我们逐渐感觉到这套交易系统可能会成为我们事业新的起点。2022年7月，我们正式发行了阳光私募的基金产品。由此，也开启了我的基金经理之路。

我们经常在思考，在期货市场中不乏财力雄厚的机构、素质卓越的研究员、极具魄力的投机客，凭什么我们可以一直保持比较稳定的收益？

过往的几段经历，或许可以揭示我们的期货财富密码。

2.1.3 解锁期货理财的财富密码

除了前言所提到的一些外部因素，能使我在期货市场取得稳定的收益，把期货打造成一项家庭理财的工具，可能也和我自身的学习、工作经历密不可分。

下面三段对我比较重要的经历，就像钥匙，为我打开了期货市场的财富之门。

（1）拥有会计专业背景并在上市公司财务部门工作的经历，塑造了我对资金管理高度谨慎的态度。

资金管理是期货交易的命门。在交易环节中，没有任何一个因素的重要性能与资金管理相提并论。刚参加工作，有幸参与上亿元资金的募集项目，为我在期货交易中保持对资金的谨慎态度以及合理配置打下了坚实基础。

当初参与企业定增项目和公司债项目，所涉及的资金用途、募集流程、资金使用，与我当下在期货市场制订建仓计划、建仓步骤和资金运用之间存在着很多相似之处。

（2）通过深度参与国内的碳排放市场，逐渐理解了商品供求关系与商品价格之间的变动规律。

在接触碳市场之前，我们的精力主要聚焦于股票市场。股票市场的分析逻辑通常围绕着公司未来的业绩、同行业的估值水平、企业是否具有新的利润增长点等财务指标来展开。参与到碳市场以后，配额的供求关系成为主导价格走势的核心驱动力。

作为最早一批参与国内碳市场的投资者，我们在2015—2019年连续5年实现了年化30%~60%的收益。如果没有碳市场比较成功的投资经历，我们后续也不大可能会有试水商品期货市场的念头。

（3）长期坚持阅读，提升思辨能力和领悟能力。

阅读可以帮助我们提升思辨能力，形成结构化思维模型，从而摆脱碎片化思维的习惯。2000—2010年是国内互联网普及的10年，而2011—2021年则是移动互联网普及的10年。

互联网的普及不仅提升了信息传播的速度和覆盖范围，也深刻地改变了人类的思维习惯。在古代，知识主要依靠书籍传播，所以那时候需要阅读一卷又一卷的古籍。当时对知识的学习不仅仅依靠阅读，苏轼等许多古代文人经常背诵抄录秦汉以来的经典文章。通过大量的阅读、抄录和背诵，他们的思考和文章往往富有深邃的哲理，而不仅仅是辞藻华丽。每当读到苏轼的一些诗词，比如"人生如逆旅，我亦是行人"的时候，作为一名职业交易员，甚至会有一种穿越时光的感同身受。

如今，短视频和流量经济的兴起使得碎片化的知识无处不在。所以有时也会有一种隐忧：短视频陪伴成长的这一代，能否拥有判断信息真实性和甄别信息质量高低的能力？是否拥有独立的思考能力？

国内许多的期货交易员都读过傅海棠老师的《一个农民的亿万传奇》。

我在 2018 年期货交易起步阶段，读到这本书时，有种豁然开朗的顿悟之感。书中系统全面地归纳了期货交易盈亏的各种原因。然而，我在和许多朋友交流中发现，他们并没有类似的感受，他们大多认为这只是一本励志的"农产品故事会"。

我带学员的时候也开玩笑地说，人生第一次实现"一本万利"的生意，就是通过《一个农民的亿万传奇》这本书。当年在当当购买这本书不到 20 块钱，次年就通过配置底部区域的白银和燃料油多单，实现了购书款一万倍的收益。

造成这种差异的原因，一方面与阅读积累有关；另一方面可能是因为有些读者没有形成完整的信息处理闭环。

我认为信息的处理步骤包括"阅读—思辨—输出"三个阶段。阅读是输入信息和知识的环节，思辨则是判断信息真伪和有效性的过程，然后尝试将加工后的信息通过写作或讲课的形式进行输出。所以，现在越来越多的朋友都认可"最好的输入就是输出"这一说法。

阅读并不能让我们立即变得博学或富有，但持之以恒的阅读可以让人变得更有耐心，具备更好的定力，逐渐舍弃短视和急功近利的思考方式。在金融市场中，朝夕之间千变万化，风起云涌，拥有"戒、定、慧"的品质对于持续盈利至关重要。

2.2 期货市场真的可以实现稳定盈利吗

"做期货，按照年度计算，我还没有亏过！"

这是 2020 年 12 月底在朋友的引荐下，我和现在基金公司股东第一次见面时候的开场白。这位基金公司股东是一位女士，在期货行业耕耘 10 年。

在此之前，她们的交易团队通过"IF/IH/IC 指数套利"策略连续两年实现了稳定盈利。然而，2020年由于白马股的强劲表现，IF指数的涨幅远远超过了IC指数和IH指数，导致三个品种的价差迟迟不能回归到历史均值范围内。指数套利策略的失效叠加没有新的策略补充，这位女士正处在事业迷茫期。

听到我的开场白，加上朋友和她提及过我的业绩，使她更加确定见面之前的猜想：这人大概率是一个忽悠！然而，通过两年多的观察与合作，我们的策略被验证确实能够实现稳定盈利，这也改变了她之前先入为主的想法。

现在我们经常一起与不同风格的操盘手见面，交流策略和行情看法。在交流中，我们发现期货市场的流派众多，各种策略不胜枚举。大部分策略遇到配合的行情，总会有发光的时候。但遇到一些极端行情导致策略失效，也属于比较正常的现象。在现实中，真的有一种交易系统可以穿越牛熊，在期货市场实现稳定盈利吗？

2.2.1　四个理念，让我们持续5年盈利

我们在2022年发行私募基金产品时需要准备基金的路演材料。

在介绍投资理念的时候，我们对自己的交易系统做过一次总结，以下四点比较全面地概括了我们在衍生品市场的投资理念（见图2-4）：

（1）价值投资理念，寻找期货标的；

（2）会计谨慎原则，做好资金管理；

（3）期权嵌入策略，增强持仓确定性；

（4）贸易商思维，调整建仓节奏。

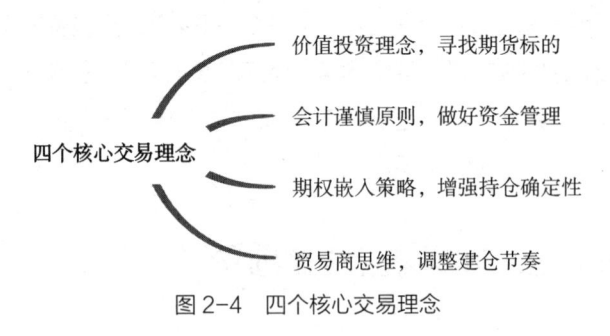

图2-4　四个核心交易理念

前面三点，分别对应本书的后续相关章节，而最后一点"贸易商思维，调整建仓节奏"，在这里展开介绍。

10多年前，我管理的资金还没有达到现在的规模，很少去思考建仓的节奏，

也没有意识到分批次建仓的重要性。那时候，一个 30 万元的账户顶多两次建仓，账户就打满了。然而，参与碳市场后，这种比较草率的建仓模式慢慢得到了优化。

2016 年，湖北碳市场的价格在 4 月至 7 月出现惨烈的下跌，配额价格从 22 元跌至 18 元、16 元，最后跌至 10 元附近。如果选择在 16 元甚至更高的价格一次性抄底，那账户将会出现重大浮亏，动弹不得（见图 2-5）。

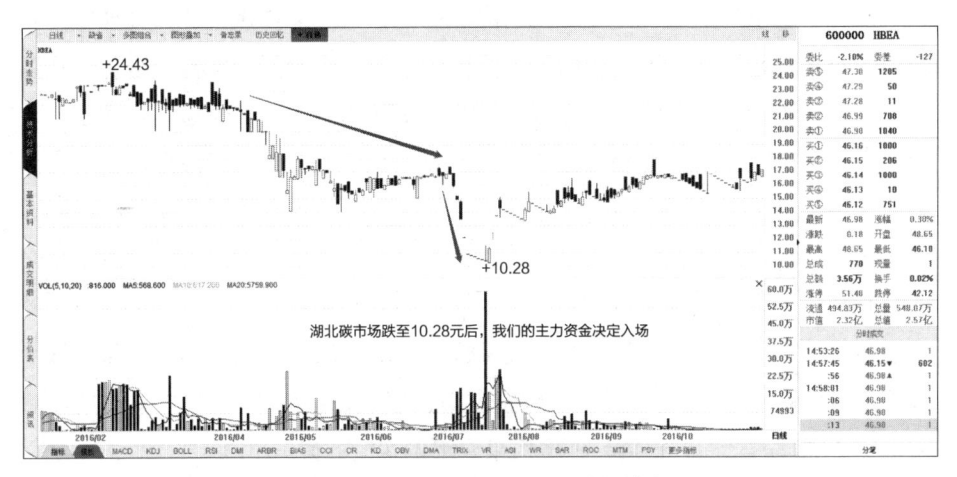

图 2-5　2016 年 7 月湖北碳市场抄底

所以在 14 元附近第一次介入后，我们尝试把碳排放权账户作为一个仓库来对待，提前规划货物的入库节奏，把不同价位的配额按照计划装入虚拟仓库。所以当市场跌到 10 元附近，我们认为市场的卖盘力量和利空消息已经全部反映了当前价格，便决定迅速把仓库装满，完成最后一次的底部布局。

这个细节在《南方周末》采访我的时候，也曾提到过：

"经历了 2008 年金融危机、2015 年股灾的唐星嗅到了机会，7 月 22 日，他以 10.28 元/吨的价格抄底 9 万吨碳配额，到了 12 月，碳价上涨至 19 元/吨，他又择时卖出，最终获利 80 万元，实现了 5 个月超 80% 的收益率。"

后来我们发现虚拟仓库的概念，不仅适用于碳排放权市场的做多策略，同样也适用于商品期货市场的建仓环节。

2.2.2　期货账户：我们的贸易仓库

2018 年秋天，当我刚开始学习研究期货市场时，首先思考的是怎样做到投资不亏钱。在探索期间，我花了一个多月的时间对各种方案策略进行模拟测试、复盘。

《一个农民的亿万传奇》和吴洪涛老师的一些文章给了我很大的启发。他们在过去10多年的期货投资道路上，通过底部做多积累财富的案例，证明了商品底部做多策略的有效性。结合自己在2014年至2018年参与湖北碳市场的经验，慢慢有了一些思路，基本确定了大致的方向。

首先，尝试不加杠杆做多底部商品。初期，由于期货账户的保证金制度和复杂的资金管理模式，每次下单动用多少保证金，资金使用率多少合适等一系列问题困扰了我很长时间，导致迟迟不敢下手建仓。出于安全起见也为了简化操作，在最初下单时我没使用杠杆，完全参照碳排放权市场和股票市场的交易制度，20万元资金最多只购买20万元的商品，这样的操作就避免了商品暴跌引起账户的巨亏甚至爆仓。

其次，引入了贸易商的虚拟仓库概念，有了仓库就有了"量"和"价"的平衡关系。这里的"量价"和传统技术分析中的"量价"完全不同。传统技术分析通过"量价"来预测市场趋势的延续性，而我这里的"量价"则是将账户视作一个虚拟的仓库，根据品种价格来决定购买的数量。

所以我们需要思考两个问题：

（1）账户需要哪些品种，每个品种占比多少。

（2）评估各个品种之间的相关性。尽量选择相关性小的品种，各品种之间最好能做到此消彼长。

当我们关注的品种价格不是很理想的时候，可以不买或者选择少买一点作为底仓。如果品种出现大跌，在控制买入节奏的前提下可以加大买入力度，多囤一些"便宜的货"。如果不跌，可以让"仓库"暂时空着，等待别的进货机会。

通过"虚拟库存"的概念，不仅可以帮助我们调节建仓节奏、优化建仓成本，同时也可以让我们像贸易商一样思考商品当下和未来的价值。通过期货账户，我们便可以在不租用仓库、不考虑物流问题、不担心仓储损耗的情况下，成为一名全球大宗商品的贸易人。

所以，如果能理解我们交易系统的四个理念并且掌握本书介绍的交易系统，在期货市场实现稳定盈利将会成为一件不再困难的事情。

2.3 期货为什么比股票好赚钱

2008年4月，我在读书期间，以34元的价格买入人生的第一只股票——招商银行。11月招商银行跌至不足10元。回顾股票市场的投资经历，收益起伏较大，总体而言并没有实现稳定的盈利。然而，2014年至2018年参与湖北碳市场，以及2019年至2023年参与国内期货、期权市场，收益情况都发生了显著改善。在这期间，无论是我自己的账户，还是指导身边朋友参与期货市场，都实现了比较稳定的收益。

所以，当周围的朋友询问我关于股票持仓情况时，我都坦诚地告诉他们目前在股票市场几乎没有个股头寸。即使参与股票市场，也是通过一些期权组合的策略来间接持有与指数挂钩的ETF产品。

这就引出了一个值得思考的问题：为什么期货市场的赚钱效应要比国内A股市场更为理想？

2.3.1 "好赚钱"的三个标准

评估一个市场是否容易赚钱，可以从以下三个维度去思考：

（1）以年度为单位，连续多年实现正收益。

在金融市场，很多散户都有过短期收获颇丰的经历，甚至有些朋友在一周内就能实现超过30%的回报。然而，无论是全球职业交易员还是身边的朋友，能真正做到每年赚钱的并不太多。

回顾最近10年的A股走势，2013年至2023年上证指数在2015年、2018年、2022年出现了三次系统性崩溃或贯穿全年的下跌走势。在一个依赖做多获利的交易市场，遇到单边下跌的年份，实现收益的难度相当大（见图2-6）。

（2）实现收益的过程，是否具有一定的确定性。这种确定性主要体现在三个层面。

1）预估盈利或亏损的确定性。前世界冠军、人称大魔王的乒乓球选手张怡宁在被采访时曾提到，每次赛前和对手握手的刹那就知道对方已经输了。同样，下单之前，我们也会对此次交易的结果进行一个预估：这次交易会带来什么样的收益，如果行情发展不顺又会面临什么样的亏损。

很多新手或情绪化的交易员在下单之前没有预判盈亏的习惯。他们会不假思索地认为类似的评估是多此一举，任何人交易下单如果不是为了赚钱，难道

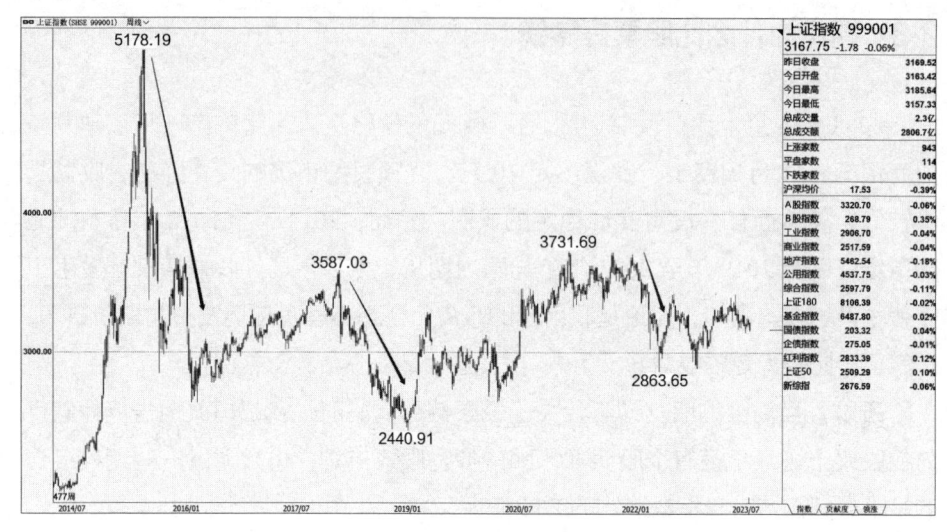

图 2-6 2015 年以来 A 股市场的三次重大调整

还是为了亏钱吗？

2）交易周期的确定性。任何一笔交易计划，在被执行之前需要预判从入场到离场的大致周期。右侧交易者大多希望价格突破阻力后进入趋势性行情，所以他们希望入场以后做多能涨、做空就跌。对于左侧交易者而言，判断交易周期确实存在一些难度，尤其是对底部横盘周期的预判。即便如此，我们依然要尝试对横盘周期进行一个大致的预估。和股票市场不同，大部分期货品种不会像很多个股一样长期在底部横盘。期货市场的主力资金会综合考虑资金成本和产业矛盾等博弈因素，所以期货品种的底部周期相比股票会短得多。

3）收益率的确定性。由于商品具有比较明显的底部支持，所以在左侧建仓阶段，预测建仓过程的账户浮亏比较容易。但在股票市场，尤其是个股方面，一旦破位下跌，判断底部会非常困难。所以当我们通过图形确定商品的底部区间并完成建仓后，对底部向上的空间可以做出大致的估算，完成对底部头寸收益率的大致测算。

（3）单笔投资是否需要动用过多的资金，使得自己的账户风险暴露在不可控的范围。

许多新手喜欢用小资金追求大收益，保持重仓交易。较重的仓位可能会带来超额收益，但同时也会造成账户容错率的下降，让自己陷入非常被动的境地。A 股市场的普通交易账户，由于不具有杠杆机制，所以一分钱对应一分货，如果保持轻仓，可能股票账户持仓数量过少。而期货交易中，只需要动用对应商品名义价值的 1/10 左右的资金，就可以拥有较多的商品权益，所以商品期货的资金管控会更加灵活和高效。

介绍完以上三个评判标准，我们再比较一下 A 股市场和期货市场的各自特征，看看是否具备持续盈利的可行性。

2.3.2　一言难尽的 A 股市场

结合我们的经历来看，中国股市不太容易实现长期稳定的盈利，主要由于下面三个原因：

（1）企业源源不断上市融资，增加了选股的难度。中国股市成立以来，其主要职能是为央企和国企提供资金。这一点从 A 股市场历年的融资规模可以直观反映出来（见图 2-7）。

融资统计														
	合计		IPO		增发		配股		优先股		可转债		可交换	
	金额(亿元)	家数	金额(亿元)	家数	金额(亿元)	家数	金额(亿元)	家数	金额(亿元)	家数	金额(亿元)	家数	金额(亿元)	家数
本月	920.15	66	286.79	28	458	25	97.56	1	--	--	77.18	11	0.90	1
本年	7,559.17	476	2,383.56	201	3,989	191	119.88	3	50.00	1	805.69	67	211.14	13
2022年	16,881.88	983	5,868.86	428	7,229	355	615.26	9	--	--	2,735.58	153	432.94	38
2021年	18,177.41	1,211	5,426.43	524	9,082	519	493.35	7	--	--	2,743.85	127	431.52	34
2020年	16,749.68	1,066	4,778.66	432	8,335	361	512.97	18	187.35	8	2,475.25	206	459.97	41
2019年	15,413.54	638	2,532.48	203	6,888	251	133.88	9	2,550.29	7	2,477.81	106	831.38	62
2018年	12,060.70	505	1,378.15	105	7,511	265	228.32	15	1,349.76	7	1,052.10	77	541.50	36
2017年	16,894.80	1,087	2,296.48	437	12,426	529	162.96	7	200.00	1	602.83	24	1,206.78	89
2016年	19,971.64	1,087	1,493.85	226	15,743	769	298.51	11	1,643.00	13	226.52	12	566.63	56
2015年	15,364.59	1,013	1,556.46	218	11,532	764	42.34	6	2,007.50	12	93.80	3	132.13	10
2014年	8,429.87	606	650.08	120	6,258	454	124.66	12	1,030.00	5	311.19	12	55.60	3

图 2-7　A 股市场历年融资总额

通过图 2-7 可以发现，最近 7 年，A 股市场每年融资规模主要集中在 1.5 万亿元至 2 万亿元。这样大规模的融资，导致二级市场参与者的资金源源不断地为上市企业输血纾困，使得 A 股市场难以长期走牛。此外，随着 A 股上市公司数量迅速激增，投资者筛选优秀的上市公司难度也随之增大。

从我 2008 年入市算起，当年 A 股市场拥有 1625 家上市公司。截至 2023 年 7 月撰写本书时，A 股市场拥有 5245 家上市公司。通过数据可以观察到，A 股上市公司的数量，以每年接近 400 只左右的速度稳定增长（见图 2-8）。

序号	日期	上市公司总数	上市股票总数	上市A股总数	上市B股总数
1	2023	5,245	5,319	5,234	85
2	2022	5,079	5,153	5,067	86
3	2021	4,697	4,775	4,685	90
4	2020	4,195	4,274	4,181	93
5	2019	3,777	3,857	3,760	97
6	2018	3,584	3,666	3,567	99
7	2017	3,485	3,567	3,467	100
8	2016	3,052	3,134	3,034	100
9	2015	2,827	2,909	2,808	101
10	2014	2,613	2,696	2,592	104
11	2013	2,489	2,574	2,468	106
12	2012	2,494	2,579	2,472	107
13	2011	2,342	2,428	2,320	108
14	2010	2,063	2,149	2,041	108
15	2009	1,718	1,804	1,696	108
16	2008	1,625	1,711	1,602	109

图2-8　A股上市公司数量

如今，越来越多的投资者开始意识到选择一只值得长期持有的优质公司的股票难度在不断加大，所以也逐步转向和股票板块紧密挂钩的ETF基金产品。

根据《财新周刊》中关于ETF基金专题《ETF狂飙》的报道可以看出，ETF主题基金接纳了许多对选股感到困难的投资资金：

"中国ETF规模在不到五年的时间里飙升数倍，个人投资者已超越机构成为主力军。

截至2023年5月底，中国ETF共有700余只，总规模1.7万亿元，创历史新高，是2018年末的3倍多。在结构性行情显著的2019年，ETF迎来爆发式增长。尽管此后数年有国内疫情反复和国际局势不确定性增加等影响，A股行情出现一定波动，但ETF市场持续呈现资金净流入态势，尤其是2023年以来，主动管理基金整体表现惨淡，ETF却逆势扩张。"

同时，文章还指出了ETF基金快速发展所带来的一些问题，诸如同类产品扎堆发行、新发产品短期内规模腰斩等。所以选择一只可以带来长期回报的ETF基金，并非一件简单的事情。

"在国内股票市场，最赚钱、最确定的盈利模式就是上市公司通过不断定增，用公司股权去收割二级市场的资金。"10年前，一位投行承销人员看着自己绿油油的基金账户对我发出的感慨，放在当下似乎依然适用。

（2）抑制通胀，蒸发货币。"通胀无牛市"是很多股民耳熟能详的一句俗语。国内出现通货膨胀的苗头以后，股市往往难以出现持续的上涨行情。一旦股市长期走牛，将会导致参与者账户的资金大幅增加，无形增加了民众的购买力，增加了通货膨胀的可能性。所以当物价高企，尤其是PPI和CPI同时处于历史高位的时候，往往需要通过股市的下跌来削减市场参与者账户的资产，从而降低民众的购买力和消费欲望。

（3）普通股民与企业股东持仓成本的巨大差异，也会增加赚钱难度。企业股东的初始持仓成本可能是企业成立之初缴纳的注册资本。随着企业的发展会引入外部投资者，并在各轮融资中不断提高企业的估值。尤其进入 IPO 流程后，会对股权价值进行再定价。企业上市以后，股价往往比企业股东的原始成本高出数十倍。

相比之下，二级市场普通股民的持仓成本一般由二级市场的买入价格所决定，这个成本不仅远高于大股东的持仓成本，很多时候也会高于 IPO 的发行价。

诚然，企业创始团队投入大量的精力使得企业不断发展，股东享受企业快速发展过程中的资本溢价会更好地推动公司业务的发展，这符合资本市场创建的初衷和市场经济的规律。

然而，在中国股票市场，由于企业的融资金额大大超过分红金额，股民主要依靠股价的上涨才能获利。而持仓成本的严重不对等，使得普通股民很难与公司的原始股东和早期股权持有者站在同一起跑线上。当普通股民还在用二级市场购买成本权衡变现时机的时候，早期介入企业的股东可能已经在考虑如何实施高位套现了。

然而，同样作为证券市场中众人眼里充满风险的商品期货市场反而成了我们的理财工具，这又是什么原因呢？

2.3.3 商品期货市场的盈利之道

与股票市场相比，商品期货市场的四个特点使得普通参与者更有可能实现稳定持续的收益：

（1）参与者的开仓成本相同。期货市场中，一份多单合约的建仓就会对应一份空单合约的成交，所以无论是亿万级的大资金，还是三五万元资金的小散户，无论选择做多还是做空，所有人在开仓那一刻持仓成本可以做到完全一致。不同参与者的差异主要表现在建仓数量、持有时间、投资策略等方面。

（2）杠杆交易为普通人提供了一种免息融资工具。期货市场不需要像股票市场那样开设融资融券账户就可以进行杠杆交易。假设股票账户也采用了保证金制度，保证金比例设定为 10%，那么我们只需支付 5000 元保证金就可以买入 1000 股价格为 50 元的中国平安股票，而不需要准备 5 万元资金全额买入，这为我们节约了 90% 的资金。因此，账户自带杠杆的机制为我们节约了大量的资金占用。

需要强调的是，资金占用比较低并不意味着我们可以毫无节制地使用高杠杆进行交易。我们需要权衡自己能够承受的最大持仓数量和与之对应的风险，来决定杠杆的使用比例。

（3）商品期货市场的牛熊转换节奏通常较快。无论是产业资金还是投机资金，都存在资金成本的问题，多空双方需要在较短的时间内完成一轮对决。因此，期货市场的行情周期通常比股市短得多。股票市场从底部到顶部可能需要一年以上时间，许多个股在底部的横盘周期超过 2 年。而在商品市场很多品种可能在 1 个月至半年就可以完成一轮行情转换。

（4）商品期货具有商品价值属性。一只股票如果被冠上 ST 后，股价很容易从 10 元跌至一两元甚至退市。尤其注册制推出以后，退市股票的数量明显增多，能够有机会通过资产重组回到主板，"乌鸦变凤凰"的机会越来越少。

对于商品而言，由于商品有着原材料成本、生产成本等因素的支撑，所以其内在价值比股票具有更大的确定性。交割规则的变更、出现新增产能等因素可能会拉低行业的整体生产成本，导致成本中枢下移，即便如此，商品依然拥有绝对的底部。2020 年 4 月美油出现 –40 美元的案例属于个例，和当时纽约商品交易所临时更改交割规则有直接关系，其中存在诸多猫腻。类似的案例在国内商品市场很难出现。

相较于国内股票市场，商品期货市场为投资者带来了更多的投资机会和确定性，这主要得益于期货市场特殊的运作机制和行情规律。更重要的是与商品期货合约紧密挂钩的商品具有天然商品的属性，价值相对确定，这为投资者寻找机会提供了较为坚实的基础。

比较两个市场的差异后，我们可以进一步思考：期货市场有哪些主要的分析方法和策略？在这个高频量化和人工智能飞速发展的时代，当高频机构投资者的机房面积规模超过 10 个篮球场的时候，作为普通投资者，我们真的还可以和他们上场"肉搏"吗？

2.4 "第一性思维原理"看期货

期货交易的本质是什么？不同参与者会有不同的答案。

产业资金的初衷，一方面，利用期货市场进行套期保值，为现货库存和产品产销服务；另一方面，在某些阶段，利用资金优势影响期货市场的价格进而引导现货价格，增加企业产品的利润。

投机资金的诉求，无论采取基本面分析、技术面分析，还是通过算法优势进行量化分析，他们的出发点都是希望提高决策胜率实现盈利。

对普通人，尤其是交易新人，或有本职工作的市场参与者，应该如何定位我们在市场中所扮演的角色？

2.4.1 普通人如何开启期货之旅

这里的普通人，既包含来自其他行业没有任何交易经验的新手，也包含具有一定股票交易经验甚至参与过衍生品市场的个人和机构。

傅海棠老师在《一个农民的亿万传奇》中介绍了自己从养猪种地、囤积看好的农产品到涉足期货市场最终取得成功的经历。傅海棠老师把期货当作现货贸易的观点影响了许多期货交易员。《一个农民的亿万传奇》的第二作者沈良老师，在他后续撰写的《期货英雄》和《基金风云录》中，访问了最近12年市场表现优异的交易员，至少有三位受访者提到过《一个农民的亿万传奇》给他们带来的启发。

在《期货英雄》一书中，受访者孙成钢表示："2017年，机缘巧合下读了傅海棠老师的《一个农民的亿万传奇》，我这才知道期货交易其实跟股票交易是一样的，要讲究价值投资、基本面研究。这是我的特长，我应该能做得比以前好，所以我很快就决定转战期货市场，从事主观交易。所以，我真正进入商品期货市场，其实也就三年时间。"

《史记·货殖列传》中对商品价格变动规律有过类似表述，"贵上极则反贱，贱下极则反贵。贵出如粪土，贱取如珠玉"。傅海棠老师在书中和多个公开演讲中也引用过这句经典结论。

商品期货的涨跌受多种因素影响，但背后的主导逻辑和长期驱动力依然是商品的供需关系。一些市场参与者可以借助自身的资金优势在某些阶段影响市场的趋势，使得市场走势与基本面背道而驰。但从长远角度观察，由于期货市场存在交割制度，商品的现货和期货价格终究会收敛。所以通过基本面分析入手，抓住商品的供需关系，是我们普通人参与期货交易的一条捷径。

可能有些朋友认为，直观的技术分析是普通人参与市场最简便的方法，还有些朋友认为在大数据时代,拥抱量化交易才有可能在这个市场中拥有一席之地,面对市场的各类分析方法,我们应该如何选择呢?

2.4.2 量化分析、技术分析、基本面分析的"三国演义"

下面我们对市场三种主流的分析方法进行比较(见表2-1)。

表2-1 市场常见的三种分析方法

分析工具	核心逻辑	优势	劣势
量化分析	现代统计和数学建模对市场众多变量进行归因,代替人脑做出判断	优秀的量化模型可以超越其他市场参与者,形成显著的竞争优势	高度依赖量化模型的核心逻辑和因子有效性,且存在有效性衰减的问题
技术分析	市场总是在不断重现历史,价格的自身变化包含了基本面信息,趋势总是延续	图形和指标都比较直观,普通参与者可以进行量化评估和持续跟踪	试仓止损机制需要强大的定力,连续试错止损的过程比较煎熬
基本面分析	供需平衡关系决定价格长期涨跌,宏观情绪影响短期商品的金融属性	商品的供需关系和均值回归符合经济学原理	均值回归的过程难以推演,同时对宏观、中观和微观三个层面进行评估跟踪的难度较大

量化分析是指利用现代统计和数学建模的思想方法,通过建立特定的数学模型来代替人脑的主观判断,并利用数学建模的方法来验证和固化交易规则,然后通过程序化交易去严格执行策略,最大限度地克服人性的弱点,避免做出非理性决策。量化交易的核心在于数学、统计、金融和计算机技术的结合。我的期权老师朱巨发,对量化交易、期权等现代金融衍生品工具有着深刻的理解。朱老师毕业于华中科技大学自动化专业,高中时期曾获得全国奥数二等奖。可以看出,量化分析有着比较高的学习门槛,需要具备熟练的计算机编程能力,以及比较专业的数据处理能力。

技术分析被称作顺势交易,也有人评价其为"追涨杀跌"交易。在这里,我无意贬低技术分析的价值,在后面关于交易系统的止盈章节里,我们也会大量引入技术分析中的一些指标。但我认为,技术分析虽然被称为顺势交易,但是在使用过程中对交易员克服人性的本能提出了很高的要求,需要经过特定的训练和长时间的磨炼才可以真正用好技术分析。

首先,如何界定趋势交易中的趋势?技术分析会使用"均线"等形态工具来辅助我们判断趋势。然而，当确认趋势形成后跟随趋势进场，很可能买在趋势的中后期甚至末端，一旦确认趋势终结就需要坚决止损离场。

有些技术分析的朋友认为品种底部没办法判断，所以左侧交易不可能成功。我调侃道，所谓的顺势交易还是逆势交易是由谁决定的？我一直认为追涨做多提高持仓成本才是逆势行为。底部的便宜货不要，为什么非要追已经上涨的品种呢？

其次，如何坚守止损原则？技术分析中出现两种情况就需要坚决执行止损操作：一种是入场后发现趋势反转，需要及时止损离场；另一种则是市场一直横盘震荡，我们通过小仓位试仓，如果发现行情是假突破也需要进行止损。止损后，择机再次试仓。在经历了多次尝试后，我们可能已经付出了不少的止损成本，账户亏损可能超过10%。面对亏损的事实，我们是否能够依然坚持试仓，耐心等到真正的行情突破和趋势来临？

出现上面两种情况，大多数普通人很容易出现扛单的想法："我再等等，趋势或许会重新回归""我再观望一会儿，这次可能真的会突破"。

从理论和视觉的角度去观察，技术分析似乎是顺势交易。但如果我们深入挖掘就不难发现，坚持试仓交易并坚持持续止损将是对交易员心性定力的极大考验。

比起技术分析所追求的"上车就起飞"的理念，以基本面分析为基石的左侧交易，可能更适合我们普通人先苦后甜的成长逻辑。

基本面分析是指通过跟踪商品的供需关系、库存、开工率等指标辅助我们进行交易决策。我遇到过很多交易员，尤其是那些技术分析出身的交易员，对基本面持有高度的怀疑。他们认为普通人从研报或公开渠道得到的基本面信息，已经在市场中被充分反映并完全定价，因此通过解读基本面信息，很难获取额外的收益。

确实，市场公开的产销数据常常滞后于实际的生产经营活动，基本面分析也并非无懈可击。那么，我们为何还要选择基本面分析作为主要的分析手段呢？

（1）基本面分析可以比较好地解释商品的供需关系。无论是量化分析还是技术分析，其发展都是基于计算机技术对数理统计能力的不断完善。但通过供需关系分析商品价格的变化规律，经过了数千年的历史检验，符合最基本的经济学原理。

欧文·约翰森作为芝加哥商品交易所集团的产品开发负责人，在其著作《全球大宗商品作价指南》中提到"人类交易的第一批商品是农产品"。古代历史上所有伟大的帝国都建立在复杂的农业供应链上。到公元前 4000 年，位于现在伊朗的居民甚至使用农产品衍生物进行交易：代表绵羊或山羊的黏土片可以在没有动物实际换手的情况下进行交换。到了公元 5 世纪，苏格拉底认为，"一个完全不了解小麦问题的人没有资格成为政治家"。

如果我们把商品期货当作一门贸易生意，基本面分析无疑是最符合经济学原理的分析工具。

（2）通过基本面分析，我们可以更加准确地寻找商品的底部支撑。商品的生产成本往往对应着商品的阶段性底部。如果我们翻看国内主流大宗商品的底部，尤其是农产品的底部，不难发现大部分商品的历史底部价格基本恒定。商品的生产利润在很大程度上会影响商品的内在供需，随着供应的增加、销售的放缓和库存的积累，商品价格容易出现下跌行情，到了一定的阶段就会形成商品的底部。

（3）基本面分析最符合贸易商思维习惯，很容易将囤货和资金管理模式相结合。资金管理作为衍生品交易中最重要的环节，却被很多人忽略。在之前的章节，我们已经提到了把期货账户视作虚拟仓库的概念，账户的资金使用管理和贸易商的囤货思维如出一辙，简单有效。而技术分析的浮盈加仓策略，虽然可以迅速放大持仓数量，但是一旦趋势反转并且止损不及时，就会在短时间内吞噬掉前期积累的利润，甚至亏损本金！

通过基本面分析结合贸易商思维进行期货交易的策略，并不是我的独创方法。国内很多优秀的证券投资顾问，也在用类似的交易体系指导自己的客户。下面这篇文章就是我的一位好朋友对于期货和贸易关系的思考。

2.4.3　一位证券公司部门负责人的期货思考

曹老师是我大学毕业在证券公司实习时认识的老同事。我们年龄相仿，兴趣相投，除了经常交流市场行情和投资策略，还会共同探讨蔬菜瓜果的种植心得和盆景养护的经验。我们都认为在飞速变化的金融市场刻意放慢生活节奏，观察植物的自然生长可以有效平衡我们忙碌的工作节奏，有助于我们更加客观理性地看待当下的市场。适当和市场保持一定的距离，有时候反而可以提高我们交易决策的胜率，正所谓"不识庐山真面目，只缘身在此山中"。

2018年10月，他向我展示了一套通过股指期货底部做多的策略：当沪深指数下跌至3300点时开始分批建仓，在资金管理可控的前提下分别在3300点、3000点和2700点这三个价格位进行布局，如果遇到一些极端情况可以适当调整建仓间距。

那年秋天，我正在思索如何利用期货工具对豆油、铁矿石等品种进行底部多单的布局。当他将此策略扩展到金融期货时，我眼前一亮——这个思路可谓是英雄所见略同。一年后，燃料油、豆油的底部多单取得了理想的收益，而曹老师的客户通过这个策略布局股指底部多单，也赚得盆满钵满。于是，我邀请他撰写一篇关于这类策略的思考总结，他欣然答应。

我从2012年开始负责期货业务，其间接触了很多的期货客户，总体来看大部分客户都亏损严重，极个别的客户取得了很大的成功。从众多亏钱、赚钱的案例中，我总结出：一个聪明的人，应该用智慧去做交易，首先要给自己准确的定位！

很多人把自己定义为天才或超级天才，总是以为自己可以战胜市场，结果总是不停地在贪婪与恐惧中痛苦地抉择。其实我们都是普通人，普通人就应该做自己力所能及的事，切不可盲目自信，肆意妄为！

首先，我们要搞清楚什么是期货，期货就是远期交割的货物，我个人认为期货就是贸易：做期货，就是简单地把自己定义为一个做贸易事业的人！

为什么期货这么残酷，因为我们没看清诱惑的代价，没能有效地驾驭利用杠杆。资本市场的任何一种投资，我们首先要知道最大的风险是什么，这个最大的风险我们是不是能承受。

其次，期货确实是个好东西，但是期货的高杠杆交易如果把握不好那就是恶魔！一旦你用了杠杆，那么你就要深刻明白，你做了超出你能力承受范围的事，一定要有效评估自己的实力，自己是不是玩得起！

期货的本质是现货贸易，现货贸易年均下来，一般人也就10%~15%的利润，而且程序繁杂，辛劳无比。当我们把自己定义为投机分子时，我们就要有精准地判断行情的能力，这是非常难的事情。当我们把自己定义为投机分子时，我们就要有超越凡人的心理承受能力，这是极其痛苦的事情。这一切，只是我们过度地放大了我们的贪婪，过度的贪婪，往往是毁灭之源。但是我个人认为如果我们以做现货贸易的心态来做期货，只要能坚守纪律，执行自己的预判，一定会富甲天下，甚至名动全球！

永远不要羡慕别人一年几倍、几十倍盈利的神话，那些只属于万里挑一的人！走最稳健的路，时间与复利一样帮我们成就传奇！我们要明白，最佳的成功之路，一定是智慧之人所选的，一定是生活质量最高，最容易走的路！

如果我们选择了以投机的思路做期货，就算我们是万里挑一的天才，那么累地赚了一点钱，也不过是节省了三五年的时间成本，牺牲生活质量与健康换来那三五年的时间，值吗？

指标、技术等都是末流，智慧永远是一流！以现货的心态做期货，你会有无比好的耐心、无比坚定的决心，真正做到多空皆杀，而不是多也错空也错！

财富靠耐心的日积月累。欲速则不达的哲理，需要无尽的智慧才能领略其博大精髓！"上帝欲使其灭亡，必先使其疯狂"的道理在保证金交易领域得到了最完美的诠释！成功是靠把不确定的小区间震荡变成我们源源不断的利润，靠把趋势波段变成我们翻倍的利润。多空通杀，长短通杀。错了，不违反大的原则，就随它去吧，期货市场有一句至理名言：你能承担多大的亏损，最终就能获得多大的利润！

大道至简，思路决定出路！平凡的我们只要坚持走正确的路，最终也能成为一方巨擘。相识皆为缘，希望朋友们都能通过期货市场获得自己想要的财富！

2.4.4 现货与期货背离之谜（上）

在前面章节我们对三种主流的市场分析方法进行了比较，但依然有朋友对基本面分析心存疑虑。他们对基本面分析的不信任很大程度上源于商品现货价格和期货价格经常出现阶段性的背离，并且这种背离有时候长达一个月甚至更久！

很多现货贸易商对上述行情都有着刻骨铭心的回忆。不少钢材贸易商凭借着长达10年的现货贸易经验信心满满地进入期货市场，打算大展拳脚，却被市场无情地教育了一番。

2022年12月初，湖北的一位钢材贸易商突然联系到我，询问我对市场的看法。那时全国新冠疫情封控刚刚解除，很多人都在担心"首阳"对身体的影响。

他向我介绍道，往年这个时候钢材冬储可能会有一波备货操作，以迎接来年春节和元宵节后的开工旺季。但是去年因为钢材出货不畅，大家的回款状况也非常不理想，所以整个钢贸圈子都没有几个同行进行大规模冬储。很多钢贸朋友担心手里的钢材现货会继续下跌，所以通过期货账户开立了空单合约进行套保。电话那头，他的语气有些忧心忡忡。我不无担心地问道，你们是不是在11月中下旬认为螺纹钢的反弹不可持续，除了套保的空单仓位，还给自己加了一些螺纹的空单敞口用作投机？

他在电话那头有些激动，很多施工项目都停摆了，大家的现货根本没人要，所以是有一些裸空的螺纹钢合约，大家都想不通现在国内经济基本陷入停滞，盘面凭什么还在疯狂拉升？

最后，我针对他的持仓给出了一些期权对冲策略的建议，帮他降低了螺纹期货合约的敞口风险（见图2-9）。

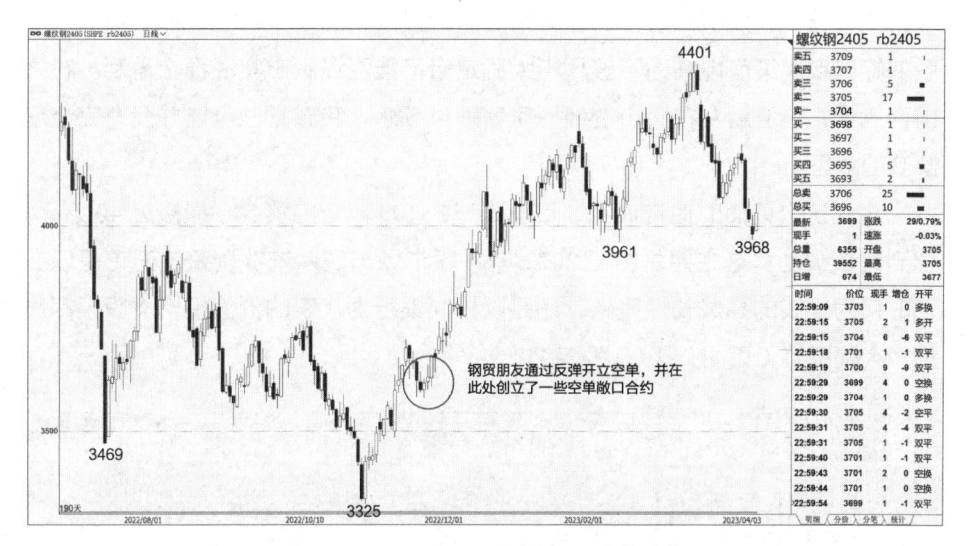

图2-9　2022年11月螺纹05合约走势

2022年12月，国内很多单位和生产都陷入半停摆状态，为什么期货市场和A股市场都涨势如虹呢？在期货市场，除了产业资本，市场还有很多不同风格的参与者，包括金融资本、量化资本等投机资金。海外资本参考国外的新冠疫情防控经验认为国内疫情防控放开以后，随着人们身体的恢复，将会重新投入到工作岗位，而相关经济刺激政策的出台将会推动中国经济实现强劲复苏。所以海外资本通过下注经济复苏的预期，导致A股市场和商品市场出现了强力的反弹，并且反弹力度超出了很多国内投资者的预期。

假设期货市场的走势和现货完全一致，期货市场将会丧失很大一部分流动性和波动性，而高波动性正是期货市场有别于现货市场的很大的一个差异。关于这个话题，我在 2022 年 11 月写过一篇关于期货市场各品种波动率加大和相关性增强的文章，正好可以解答很多投资者关于期货行情和现货行情走势不一致的困惑。

2.4.5　现货与期货背离之谜（中）

2022 年 9 月底，一位朋友联系我希望晚上聚聚，一起聊聊市场行情。在聊天中得知他该年在股票市场遭受重创，陷入迷茫。

他的股票投资顾问在年初建议他通过股票融资融券功能放大账户资产，融资后他账户资金为 100 万元。他曾在 1 月询问过我为什么不同时参与股票和期货两个市场，我如实回答，自己的精力只能投入商品期货市场，如果再参与个股的筛选和决策可能精力不够，不太确定自己能否在股市实现稳定盈利。在之前两三年，这位朋友在股市的经历可谓顺风顺水，我感觉他可能并没有完全理解我的意思。

直到这次见面时他告诉我，目前账户中 100 万元的资金亏损接近 40 万元，感到比较被动。这主要是由于 2022 年 A 股市场出现系统性调整，无论是以宁德时代为代表的高成长性股票，还是以招商银行为代表的价值投资类股票都出现了大幅调整（见图 2-10、图 2-11）。

图 2-10　2022 年 9 月宁德时代走势

图 2-11　2022 年 9 月招商银行走势

其中，宁德时代的股价从 680 元下跌至 410 元，招商银行的股价从 50 元下跌至 35 元，跌幅均超过了 30%。面对不同风格的股票同时出现调整，很多朋友可能都习以为常。事实上，从我 2008 年参与 A 股市场以来，个股同涨同跌的现象就一直存在，以至于在相当长的时间，我都以为其他国家金融市场也是如此。

在接触港股、碳排放权市场以及商品市场后，我发现教科书上关于金融品种"相关性"的概念确实存在——并非所有市场都像 A 股市场那样总是保持着同涨同跌。所以，在 2019—2021 年交易系统创建的前 3 年，我们在商品市场能够如鱼得水、稳定盈利一个重要的原因在于，商品市场中的贵金属、农产品、能源等几个主要板块走势此起彼伏、各领风骚。当底部豆油品种止盈以后，恰逢白银经历了深度调整，接着原油也出现了布局机会，各个不同品种的差异化走势给我们带来了从容的布局机会。

然而，从 2021 年下半年开始，商品市场各个品种之间的相关性却出现了显著增强，很多朋友都感觉到商品市场的风格在逐步趋近于 A 股市场。这种变化主要体现在如下方面：

（1）商品市场不同板块，更容易出现同涨同跌的走势；

（2）很多品种的波动率都在明显增加；

（3）现货价格和期货价格的偏离程度在加剧。

这种变化的原因，既有外部因素，也有内部因素。我们先来看看外部因素：2020年全球疫情恶化的时候，美联储于3月开始了天量宽松的货币政策，以挽救几近崩溃的金融市场。极度宽松的货币政策导致了全球金融体系流动性泛滥，从而推升了商品市场的整体估值；同时，诸如中美关系恶化、俄乌冲突等地缘政治事件也会对全球供应链产生深远的影响，从而导致商品市场的动荡，相关品种的波动率也会随之升高。

除了上述外部因素，国内期货市场参与者的变迁，则是上述三个市场变化的内部因素。为了更好地理解内因，我们需要先回顾国内商品市场的主要发展阶段：

（1）1991年至2000年：期货交易所野蛮生长及整顿阶段。20世纪90年代，国内商品交易所的数量从50多家减少至13家，最终仅保留3家。当时很多所谓的"大鳄"，左手利用资金优势在期货市场碾压对手盘，右手垄断现货市场，达到了对期货市场和现货市场双向操控的目的。1995年"国债327事件"更是为期货市场的监管敲响了警钟；1998年，政府对期货市场的严格监管态度导致期货交易量大幅下滑。

（2）2000年至2008年：期货市场处于规范和发展缓慢的阶段。期货保证金监控中心于2006年3月成立，并于2015年4月15日更名为中国期货市场监控中心有限责任公司。2004年启动的股权分置改革，引发了2006年至2007年A股市场史无前例的大牛市，当时国内商品期货市场由于挂牌品种有限、参与者不足等原因，导致其发展相对缓慢，甚至出现了停滞。

（3）2008年至2019年：产业资本深度参与期货市场，大规模开展套期保值业务。在这个阶段，很多具有深厚产业背景的央企、国企进入市场。同时，以永安期货为代表的江浙期货公司，凭借在江苏等地的化工产业集群的优势，将基差贸易、期现套利等策略大规模地运用到了期货市场，使得期现价格紧密运行。

（4）2020年至今：国泰君安、中信证券、兴业证券等券商系对旗下的期货公司增资扩股。券商系携带着巨额资金涌入衍生品市场，导致国内商品期货市场品种之间的相关性和波动率有了明显的提升。2019年底，国内期货市场的资金规模为6000亿元，到了2020年底突破万亿元大关。到了2022年，期货市场的保证金规模维持在1.4万亿元~1.6万亿元。增量资金中的很大一部分都来自券商系旗下的期货公司。

进入一个新的市场，我们不仅需要了解交易规则、市场特征、品种基本面等要素，也需要了解市场参与者的背景和交易风格。通过上面的介绍，我们对国内商品期货市场的发展有了一个大致的了解。接下来，我们开始讨论券商系资金对市场的影响。

2.4.6　现货与期货背离之谜（下）

券商系资金在期货市场话语权增加的直观体现，是他们在很多期货品种的持仓中位列前五。当新的资金，尤其是体量巨大的资金涌入一个行业时，游戏规则通常会发生变化。这个规律适用于互联网行业，对于零和博弈的期货行业也同样适用（见图 2-12、图 2-13）。

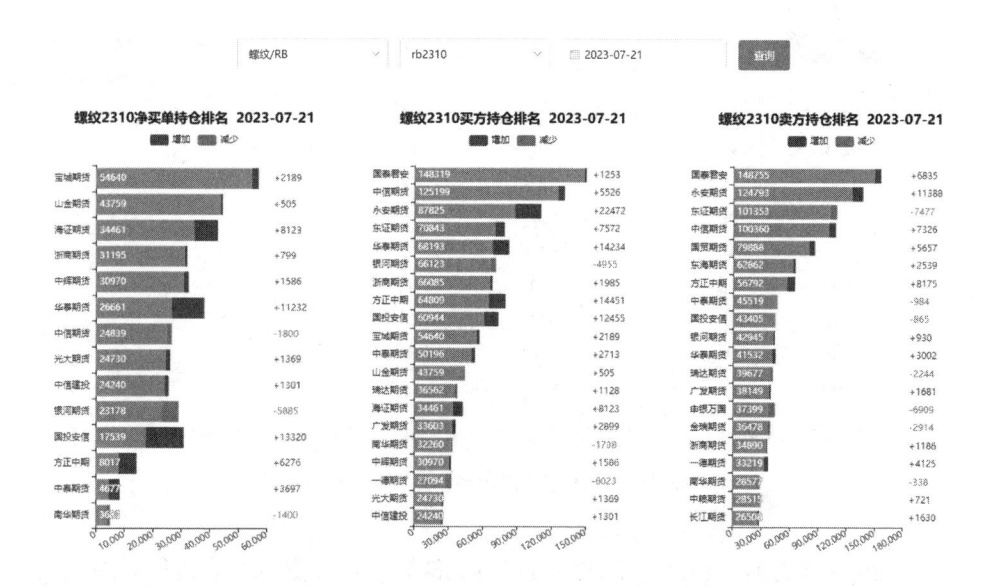

图 2-12　2023 年 7 月螺纹 10 合约持仓前十名排名

上一小节，我们讨论了市场的三点变化：商品市场不同板块，更容易出现同涨同跌的走势；很多品种的波动率都在明显增加；现货价格和期货价格的偏离程度在加剧。

这些变化都与期货市场资金体量的变化有着密切关系。

当券商系的期货公司和资管公司携带大体量资金进入市场，在资金供应宽裕而挂牌商品数量有限的背景下，期货市场容易出现"僧多粥少"的局面。"僧"是携带大量资金入市的券商系，而"粥"无疑就是期货市场的挂牌品种。增量资金布局各个期货品种，除了增加品种之间的相关性，突然涌入的大量资金也会增加各个品种的活跃程度，导致品种波动率的提升。以前没有资金关注的品种，由于突然得到了资金的加持便有了形成趋势的动能。

会员简称	买单量	增减	建仓过程	会员简称	卖单量	增减	建仓过程
国泰君安	148319	1253	历史趋势	国泰君安	148755	6835	历史趋势
中信期货	125199	5526	历史趋势	永安期货	124793	11388	历史趋势
永安期货	87825	22472	历史趋势	东证期货	101353	-7477	历史趋势
东证期货	70843	7572	历史趋势	中信期货	100360	7326	历史趋势
华泰期货	68193	14234	历史趋势	国贸期货	79888	5657	历史趋势
银河期货	66123	-4955	历史趋势	东海期货	62862	2539	历史趋势
浙商期货	66085	1985	历史趋势	方正中期	56792	8175	历史趋势
方正中期	64809	14451	历史趋势	中泰期货	45519	-984	历史趋势
国投安信	60944	12455	历史趋势	国投安信	43405	-865	历史趋势
宝城期货	54640	2189	历史趋势	银河期货	42945	930	历史趋势
中泰期货	50196	2713	历史趋势	华泰期货	41532	3002	历史趋势
山金期货	43759	505	历史趋势	瑞达期货	39677	-2244	历史趋势
瑞达期货	36582	1128	历史趋势	广发期货	38149	1681	历史趋势
海证期货	34461	8123	历史趋势	申银万国	37399	-6009	历史趋势
广发期货	33603	2899	历史趋势	金瑞期货	36478	-2914	历史趋势
南华期货	32260	-1738	历史趋势	浙商期货	34890	1186	历史趋势
中辉期货	30970	1586	历史趋势	一德期货	33219	4125	历史趋势
一德期货	27094	-6023	历史趋势	南华期货	28577	-338	历史趋势
光大期货	24730	1369	历史趋势	中粮期货	28515	721	历史趋势
中信建投	24240	1301	历史趋势	长江期货	26508	1630	历史趋势
合计	1150855	89045		合计	1151616	33464	

图 2-13　螺纹 10 合约累计买单卖单持仓数量

2019 年之前，当产业资本主导市场的时候，产业资本喜欢进行对冲套利。在同一个品种的近月和远月进行跨期套利，或者在不同品种之间进行跨品种套利。这种产业对冲套利的行为占据了很大一部分市场交易份额。

然而，2021 年以后，券商系利用资金优势，可以在很长的时间内打破产业资本熟悉的基差（基差 = 现货价格 – 期货价格）规律，让期货价格大幅偏离现货价格，从而触发了对手盘的被动止损。

所以在 2022 年，一些化工产业资本面对乙二醇单边下跌走势，感到非常困惑。在整个行业出现剧烈亏损的情况下，为什么券商系资本依然持有大量的空头合约？产业资本认为，目前期货盘面价格早已经低于现货生产价格，如果以

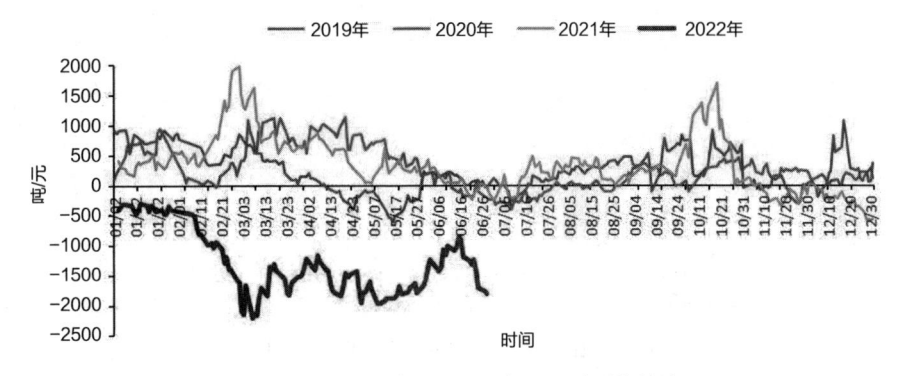

券商系为代表的空头一直做空，最后如何交割呢（见图2-14）？

图2-14 2019年至2022年乙二醇利润统计

在零和博弈的期货市场中，无论哪种交易逻辑，总是由一方的盈利和另一方的亏损构成。作为资金规模更大的券商系利用资金优势"加强"了对品种"预期"概念的炒作，类似预期对行情的影响会给交易品种供需逻辑的产业资金带来比较大的压力。所以在2022年，伴随着市场主导者的改变和全球突发事件的频发，许多跨品种和跨期资金都出现了大面积的亏损。使用"加强"一词是因为和股票市场一样，期货市场一直存在炒作预期的概念。期货中的"期"本身就包含着预期的概念。

在产业资本主导市场的时期，近月期货现货的偏离程度不会太远（见图2-15～图2-17）。

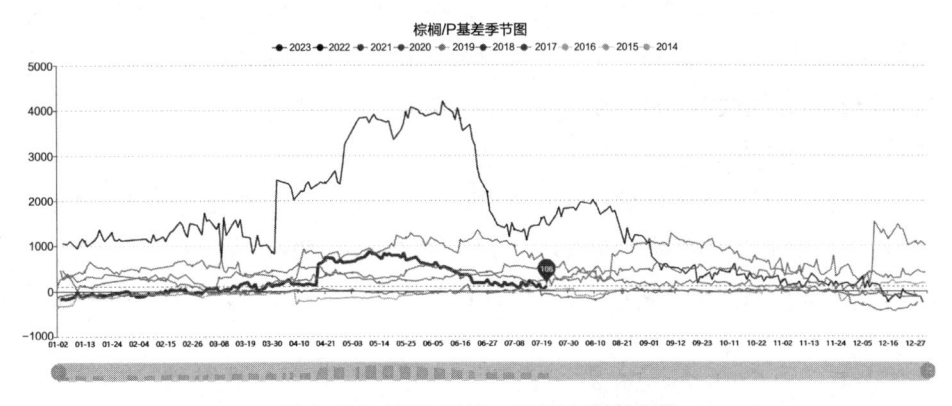

图2-15 棕榈2019—2023年基差走势

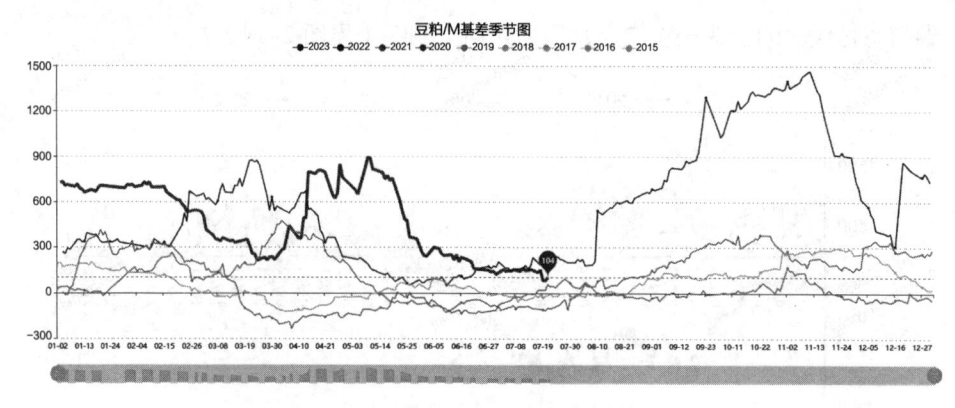

图 2-16　豆粕 2019—2023 年基差走势

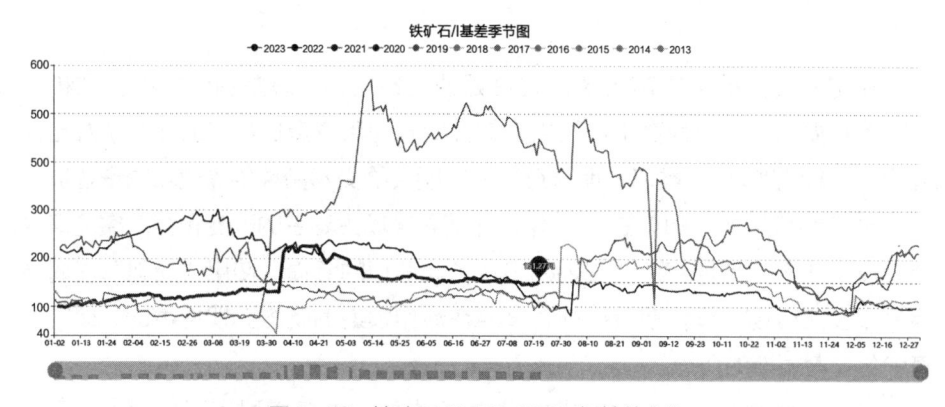

图 2-17　铁矿石 2019—2023 年基差走势

通过图 2-15~ 图 2-17 可以观察到，在 2021 年和 2022 年，上述几个品种的基差波动幅度明显高于往年。这种现象类似于湖泊与海洋的风浪差异：当期货市场的资金规模为 5000 亿元时，它就像是一片"湖泊"，即使有些许风浪，也难以与资金规模达到 1.5 万亿元的"大海"相比。

因此，体量巨大的增量资金有能力影响甚至改变市场的游戏规则。资金优势越明显，对市场的影响力就越大，此类现象在过去 10 年中一直存在。随着最近两年市场沉淀的资金越来越多，期货和现货走势背离幅度和持续时间都超过了往年。

同时，为了引发市场的恐慌情绪或者营造看涨氛围，市场主力会同时对多个品种进行方向一致的操作，从而对市场情绪形成推波助澜的共振。以往只有在金融海啸才会出现的单边行情在近两年行情中却变得较为常见，所以市场主力操作手法的改变也在一定程度上增加了不同品种的相关性和市场波动率。

  理解市场风格变化的内外因素后，我们不需要担忧和惧怕，无论在建仓环节还是止盈环节，只要适当调整操作间距和节奏，这些变化所带来的问题就会迎刃而解。无论市场风格如何变化，只要我们坚守轻仓和耐心的原则，就有希望让期货工具成为我们家庭理财的雪球，越滚越大。

  除了轻仓原则和耐心原则，还有哪些原则可以帮助我们在期货市场实现复利增长呢？

第 3 章

这些原则，让你在期货市场轻松实现复利增长

3.1 期货交易，原则先行

《原则》这部作品出自全球最大的对冲基金——桥水基金创始人雷·达里奥之手。他依据自身丰富的生活和投资经验，构建出一套适用于生活和工作的成功原则。书中，达里奥生动地描绘了他的生活与事业之旅，讲述了他如何白手起家创建桥水基金的经历，深入剖析了他秉持的生活和工作的原则。

在"生活原则"章节中，达里奥主张当我们面临生活中的各种问题时，应该首先从自身寻找答案，提出问题，深入思考，寻找解决问题的规律。他强调保持开放的心态，真实、清晰地认识自我，以及正确面对错误和失败的重要性。

在"工作原则"部分，达里奥分享了他的管理哲学和决策原则，包括"基于事实和理性的决策模型"和"团队的透明化管理"等原则。他着重强调通过极度求真和透明度，实现工作的意义和人际关系的价值。这就意味着，他鼓励团队中的开放式思想交流和理性决策流程。

受到这部书籍的启发，我在 2021 年第三季度结合自身的性格和经历，为自己制定了一些符合当前工作状态的交易原则。

3.1.1 为什么交易员不能没有原则

交易员为什么需要建立自己的原则？

这和金融市场的特征有着密切的关系。金融市场充满了变数，这些变数源于市场中存在着复杂的变量因子、实时更新的行情数据、不断变化的市场情绪等因素。这些因素共同塑造了行情走势，并反过来影响交易员的情绪，从而改变他们的交易行为。

2018 年 11 月，我在尝试股指期货的日内交易策略时，由于还没有建立起自己的交易系统，对于资金管理的理解尚浅，因此持仓头寸偏重。那时候，无

论是对策略的确定性，还是交易情绪的掌控，都处于起步阶段。20万元的资金账户，每天波动都在一两万元，有时候遇到大的行情甚至超过5万元。所以每次交易结束后，因为高度紧张，我的袜子被汗水浸透，这可是在深秋季节。坚持了大半个月，我就主动放弃了日内交易：因为日内交易对情绪控制、交易纪律、专注力的要求都极高，扪心自问我很难做到。

终止日内交易的探索后，我读到了马克·道格拉斯的《交易心理分析》。在书中，他说道，"长期赢家有一个和他人不同的决定性特质，就是他们建立了一种独一无二的心态，能够维持纪律与专注，最重要的是能够在逆境中保持信心。因此，赢家不再像其他人一样，受到常见的恐惧和交易错误影响"。

所以，我也在思考，类似的心态应该如何培养？通过复盘碳排放权市场的参与经历，并结合之前财务部的资金管理经验，我建立了一套交易原则和交易系统，也逐渐形成了道格拉斯书中提到的心态。

通过这些年的实盘交易，同时接触了许多不同风格的策略，我发现能够持续盈利的交易员，无论采取何种交易策略，都有一套符合自己策略的交易原则。

自古以来的战争，都有着"兵马未动，粮草先行"的说法。在复杂的期货市场，也有朋友提出"账户未动，原则先定"。为什么成功的交易员都如此看重原则的重要性？或许，我们可以从三个层面去理解交易原则的作用：

（1）原则在一定程度上决定了个人发展的天花板。如果说资金管理决定了我们在高风险市场的存活能力，属于交易员的保障底线，那么交易员结合自己投资策略所制定的交易原则，在很大程度上决定了他们的业绩天花板。有些交易员每天看似忙忙碌碌，分析大量信息，频繁买卖交易，但其业绩表现却不尽如人意，甚至出现大幅亏损。

忙碌之余，他们似乎不太愿意停下来总结自己过去的操作，结合自己的性格建立一套适合自己的交易原则和交易系统。最后，即使他们看起来付出很多辛劳，但收益依然非常有限。

（2）有了原则，我们能更好地执行交易计划。无论什么策略，分析水平和准确度固然重要，但是交易计划的执行却更加重要！

遇到过一些痴迷量化分析的交易员，他们花了四五年时间设计、调试、打磨自己的量化程序，但程序连续运行的时间通常不超过两个月——即使业绩不错，他们也没能坚持下去。

问其原因，他们似乎对自己的量化交易系统信心不足。我提出来，可以尝试把自己对交易的理解和信条进行梳理，一条条地列举并且记录下来，或许能在精神层面坚定自己的交易信心，从而有效地将自己的程序化交易跑起来。这个市场不缺"术"，也不缺"道"，若是将"道""术"合二为一，做到知行合一，实现稳定盈利将不再遥不可及。

（3）建立原则对职业发展大有裨益。自律的性格、完善的知识结构、独立的思辨能力是做好投资的三个重要因素。如果我们围绕这三个因素构建自己的交易原则，不仅能提高投资水平，而且即使某天转行从事其他工作，这些原则也会对个人的发展起到积极的推动作用。

3.1.2 构建你的成功交易原则清单

既然交易原则如此重要，作为交易员，哪些交易原则是我们必须了解并遵守的呢？

不同的交易策略会对应不同的交易原则。对于不熟悉策略的人来说，某些原则会显得难以置信，甚至对这类原则嗤之以鼻。自2018年以来，我们的策略在各种行情和突发事件的考验下都实现了相对稳定的收益。因此，我们坚信这些原则对于提高交易的稳定性有着积极的作用。

我们的交易原则包括了以下四类：建立金融思维、放弃重仓、不要轻易做空、培养概率思维（见图3-1）。

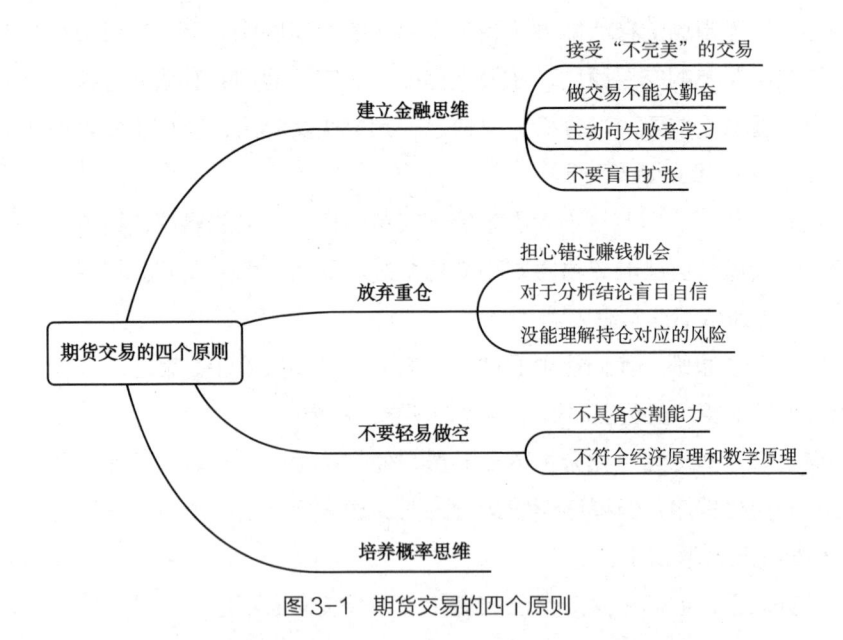

期货交易的四个原则
- 建立金融思维
  - 接受"不完美"的交易
  - 做交易不能太勤奋
  - 主动向失败者学习
  - 不要盲目扩张
- 放弃重仓
  - 担心错过赚钱机会
  - 对于分析结论盲目自信
  - 没能理解持仓对应的风险
- 不要轻易做空
  - 不具备交割能力
  - 不符合经济原理和数学原理
- 培养概率思维

图3-1 期货交易的四个原则

3.2 金融思维：期货、期权交易的成功关键

不知道大家是否考虑过这样一个问题：为什么有些交易员能够在金融市场上持续赚钱，而有些交易员却总是亏损，他们之间的最大区别是什么？

我认为一个很大的影响因素在于他们是否具备金融思维。有些朋友可能好奇，自己不是金融财务专业，自然就不会具备金融思维呀！事实上，即使是金融科班出身的高才生，如果没有在金融市场中长期浸染，也未必就能拥有金融思维。所以，到底什么是金融思维呢？

简单地说，金融思维是一种能够适应金融市场变化与挑战、有效分析决策以及有效控制风险和收益的思考方式。它与我们日常所接触的社会思维存在明显的差异。所谓社会思维，是我们在社会、家庭、教育等因素的影响下形成的传统思维模式。这种思维可能适用于大多数的日常工作和生活场景，但如果直接运用到金融市场，往往会导致投资亏损。

想要在金融市场上取得成功，我们就需要慢慢培养和运用金融思维，让我们能够应对不断变化的行情、极高的操作自由度、极大的信息量等多种复杂的市场因素。为了让大家更加直观地理解金融思维，我摘录了雪球论坛上的一段话：

"在投资界，因为市场的残酷性，你上午做出的决定，可能在下午就会付出代价，从而快速激发你的思考，而这样的过程会反复长期出现在投资过程中。

可以说，你经历的投资界事物运转的速度要远远快于在现实中事物运转的速度，同样的时间增加了你轮回的次数，从而大幅度提升了信息的密度。所以深谙投资界成功准则的投资人，无论年龄性别，往往在生活中的事务处理上会显示出超出同龄人的智慧。我想，这也是投资界一直吸引我的最重要的原因之一。"

比起传统的社会思维，金融思维需要更强的应变能力、自我约束力和判断力。为了让大家能够慢慢养成金融思维，我总结了金融思维和社会思维的几点显著差异，大家可以在这些习惯性思维中，看看是否能找到自己的影子？

3.2.1 完美主义陷阱：稳定盈利的绊脚石

在现实世界中，无论是学业还是事业，我们都被教导要尽可能地追求比较

完美的过程和结果。然而，在金融市场中对交易过程和结果的完美追求反而容易丢掉平常心，做出一些非理性的错误决策。

2023 年 3 月中旬，一位银行工作的朋友在进行股指期权展期操作时，上午最理想的价差大约在 32 点，按照 100 元 / 点来计算，理论上她可以获得的最大收益是 3200 元。然而，由于银行工作比较繁忙，等她处理完业务再来操作的时候，价差已经缩小到了 26 个点，对应 2600 元的收益。面对潜在利润的缩水，她流露出一些后悔的情绪。

我安慰道，如果我们在交易中总是刻意追求最理想的利润，幻想着每次都能在最好的点位去操作，换来的结果往往会让人失望。赚钱本应该是一件开心的事，如果我们对结果要求过高大概率会换来失望，从而失去了赚钱的乐趣。咱们只用了不到半分钟的时间就赚到了 2600 元的无风险利润，这相当于你一周的收入，应该感到快乐才对。听完我的话，这位学员豁然开朗，迅速调整了自己的心态，愉快地投入到后续的工作中。

环顾周围的朋友，经常可以看到他们在多单止盈以后，如果标的物还在继续上涨就会懊恼不已，这样的负面情绪甚至超过亏损时候的状态。保持平和的心态进行投资是持续盈利的关键因素。所以在投资领域，对完美结果的过度追求不仅会削弱我们的幸福感，也可能导致我们心态的失衡，进而影响到后续的交易策略。

3.2.2 过于勤奋，不一定能带来好结果

2019 年至 2021 年，我把自己将期货账户作为理财工具的思路分享给了身边朋友，他们也都纷纷开户进行尝试。2022 年初，我对这些朋友过往几年的交易账户进行了总结分析。结果显示，亏损最严重的三位朋友的手续费都高得惊人。有位朋友一个 10 万元左右的账户在 3 年内的手续费累计达到了 6 万元！而那些收益稳定的朋友，20 万元的账户每年的手续费普遍控制在 1000 元。

可能有些读者会感到奇怪，按照自己的交易习惯 10 万元账户每年产生 2 万元的手续费应该比较正常，为什么我会大惊小怪？因为我们的交易系统属于低频交易，可能一个月的交易次数在 6 次左右，即使后面加上期权策略，也可以控制在 12 次以内。

我对这三位亏损严重的朋友的账户细节进行了仔细分析。通过分析发现，他们的交易风格有两个共同特点：喜欢重仓交易和频繁交易。日常交易中他

们动用了大量可用资金，有时甚至满仓操作。而频繁交易则是通过密集的短线交易来赚取市场波动的价差。马克·道格拉斯曾经提到过，交易活动让个人获得了表达创意的无限自由，而重仓交易和频繁交易正是这种自由的体现之一。

这两种行为都大大地增加了交易员的工作量。不同于我们应试备考花费大量时间去认真刷题，备考的过程好了，结果通常都不会差。交易员付出了大量的时间去盯盘尝试短线交易，捕捉每段行情的时候，不仅付出了高昂的手续费和宝贵的精力，也容易导致亏损。

具备金融思维的投资者，大多都会始终恪守轻仓原则。轻仓意味着账户始终都有比较宽裕的闲余资金可以驾驭，这些资金既能作为已经持有头寸的安全垫，也可以为其他品种的买入提供弹药。而降低交易频率，释放精力，反而能够更好地把握机会，提高交易胜率。所以在期货市场，我们付出的努力、耗费的精力，未必可以和最终的业绩挂钩！

3.2.3　从失败中学习，通向期货成功的第一步

现实中，我们总是向成功者学习。在本书的第一章，我们总结了期货亏钱的六个原因。有些读者可能会有疑惑，自己买书学习投资理财是为了赚钱，不是学习如何不亏钱！

但是，我们如果能够静下心来思考，就不难理解向失败者学习的重要意义了。面对浩如烟海的分析方法和交易策略，普通人很难有能力去甄别各个策略的优势和短板。寻找能在短期致富的策略似乎就是捷径，"短期高收益"在常人的眼里几乎可以和"高水平盈利"画等号。但对投资小白来说，评估此类看似高效的赚钱方法存在一定的识别门槛：这样的盈利能持续多长时间？短期在期货市场实现巨大利润，大概率通过重仓甚至满仓押中某个阶段的市场行情，如果下次行情判断错误应该怎么办？而且这样的操作行为往往会带来巨大亏损甚至灭顶之灾，这也是很多人做期货亏大钱的原因。

所以，我更喜欢跟踪那些持续亏损的账户：当把一个个的亏损原因都找出来，然后认真归纳总结，绕开这些陷阱，我们离成功也就不远了。对于投资新人，认真分析亏损案例背后的原因，要比研究他人如何实现盈利翻倍重要得多。

在一个零和博弈的市场中，行情不可能简单重复，成功也不可能简单复

制,但是亏损却如影随形。与其向成功者学习,不如以史为鉴,借鉴他人的失败经验,这对提升自己的交易水平会更有帮助。

3.2.4 期货非实业,追加本金需谨慎

在现实生活中,一个餐饮店面如果经营不错,可能会追加投入开立新的店面;一个工程项目做得不错,可能会追加资金去承接下一个工程。通过规模效应做大做强,是企业经营扩张的常见运作模式。

很多朋友可能困惑,那些实业做得很成功的朋友,在投资领域的成功率为什么普遍不高?

因为金融市场的复杂程度比实业更高,变化速度更快。我们在和一位客户的交流中,他也表达了类似的观点。

朱哥是我身边一位搞工程的朋友,从工地涂料项目开始慢慢起步,经过10年的奋斗,工地项目已经遍布华东、华中地区多个城市。他也曾经尝试做过交易,在交易之初,他认为相比工程,期货交易的难度不算复杂。因为工程项目涉及前期项目公关和承揽、项目施工、后期的工程回款,周期长、流程多、参与人员复杂,不可控因素也比较多。

但是期货交易打开账户以后点击买卖就可以交易,多空自如,好不快活!

一年以后,他的观点变了——期货交易比工程项目要复杂太多。全球宏观因素看完,还需要看产业信息,产业链条分析以后,还要追踪市场参与者的持仓变动……除此之外,还要分析现货成本及其变动因素,甲醇看煤炭、煤炭看库存,后续还有火电企业的煤炭日消耗量,上游来水情况等各类信息,"剪不断,理还乱"。评估自己的精力以后,朱哥最终选择了认购我们的基金,安心去做自己的工程项目了。

因此,当我们的期货账户产生利润,考虑追加本金做大做强之前,一定要客观地评估当下的盈利来自能力还是运气。

在一轮波澜壮阔的大牛市之中,新手的收益率往往会高于有经验的投资者,因为新手敢于不断加仓,相信大力出奇迹。而有经验的交易员往往能且战且退,把利润及时兑现落袋为安。

但是当潮水退去的时候,才知道谁能笑到最后。毕竟,凭借运气赚回来的钱,最终都会靠实力还回去。

如果说培养金融思维需要时间，那么以下两个原则，如果可以坚持，就会收到立竿见影的效果。

3.3 放弃重仓，做期货也能睡安稳

期货交易中以小博大、大力出奇迹的特点，吸引了无数交易员前赴后继地参与重仓交易，最终重仓带来的不是暴富，而是重伤！

下面两句话，老交易员大多不会感到陌生：

"做趋势的死于震荡，做区间的死于趋势，做基本面的死于技术破位的动能释放，做技术的死于基本面发生质变，总有一种死法适合你。"

"在这个市场待久了，什么事情都可以见到。"

既然行情充满了不确定性，那为什么依然有那么多交易员宁愿忍受提心吊胆的状态，在辗转反侧中度过了很多不眠之夜，依旧对重仓行为难以割舍？

3.3.1 担心错过赚钱的好机会

"宁愿被套，也不踏空"的心态容易出现在新手小白身上。在他们眼里，账户的闲置资金就等同于浪费赚钱的机会！

因为担心错过赚钱的机会，每当看到一些赚钱的信号，或者听到身边某个高手给出一些所谓内幕消息的时候，他们就会毫不犹豫地把资金迅速扑进去，任何一秒的迟疑都是对赚钱机会的不尊重。

这样的情况，往往以希望开场，亏损收场。

3.3.2 高估自己的分析能力

在衍生品市场待过两三年以上的交易员都具有一定的生存能力，他们会对自己的交易水平比较自信，交流买入理由的时候往往会以"我认为，我感觉，我判断，我分析……"作为开场白。这部分交易员往往认为自己的分析比较准确，于是选择重仓甚至满仓介入。但是，仓位越高容错率就越低，犯错以后挽回账户损失的可能性就越低。一旦行情发生了逆转，还没来得及止损，账户资金可能就只剩下 1/3 了。

所以，对分析能力的过度自信也是导致重仓的一个重要原因。

3.3.3 从数学角度理解杠杆交易

在衍生品市场中，期货、期权因为具有保证金制度，所以对仓位的管理会比普通股票账户复杂一些。我们会在后面的章节详细介绍期货的资金管理要素和工具。

在和很多交易员聊天中我发现，即使他们已经做过两三年的期货交易，依然不能理解期货交易中的"合约价值""杠杆""可用资金"三者之间的变动关系。在日常交易中，他们通常只关心账户的可用资金还剩多少，盘算着怎么把可用资金用完——很少考虑手里的合约名义价值有多少。在建仓阶段 70% 的资金使用率看起来不算太重，但这 70% 的资金使用率在单边方向的持仓中，已经给账户加了 5 倍以上的杠杆；一旦市场出现超过 20% 的波动，则会被期货公司要求追加保证金或者被强平。

所以，在做单边行情的时候，如果只盯着资金使用率或者账户可用资金，可能会对账户风险产生误判，造成后期的重大亏损。

3.3.4 期货不加杠杆，那还不如做股票

好几个习惯重仓的朋友都认为期货账户既然采用了保证金制度，可以加杠杆，就必须把杠杆用好用足。

他们没有意识到，我们在市场能否持续盈利并不是由杠杆决定，而是由科学健全的交易系统决定。所以，胜率的关键在于我们的交易系统，而不是杠杆。

期货市场并不适合所有人进行大力出奇迹的操作。对于普通人，摒弃类似的想法，反而可以有助于我们家庭财富的稳定增长。

尤其这些年，国内 A 股市场并没有出现趋势性牛市行情，所以股票市场的赚钱效应不太明显。每当他们提出"做期货不加杠杆还不如做股票"的观点时，我就让他们说说最近几年买股票的年化收益率，大多数朋友都是摇头苦笑，甚至给我一个意味深长的白眼！

3.3.5 大资金才需要资金管理

有些朋友认为资金规模大，所以需要轻仓做好风控，小资金应该放手一搏。包括很多投资大佬当年也是通过重仓致富，他们都认为资金少的时候放手一搏才有机会把小资金做大。

然而，市场从来不会因为资金的大小而改变自己的运行规律。一将功成万骨枯，大力出奇迹终究是小概率事件。对于绝大多数普通人，财富的积累还是需要依靠轻仓提高容错率，从而提高市场的生存能力，用大概率赚小钱的思维去细水长流地积累财富，才可能做到持久的复利盈利。

投资，尤其是衍生品投资，需要时刻提醒自己：不是因为我们的规模资金大，所以轻仓，而是因为轻仓，资金规模才有希望由小变大。所以，无论是刚刚开户还没有入场的期货新人，还是在市场鏖战多年却依旧没有找到盈利密码的老手都可以试试摒弃重仓，或许会发现开启了新的天地！

在我们的交易中，除了建立金融思维、保持轻仓这两项原则，放弃期货市场特有的做空机制，也是我们一直遵守的原则之一！

3.4 放弃做空，万事轻松

"在期货市场，我们从来不做空。"

每次抛出这样的观点，对方都流露出不可思议的表情。毕竟，放弃做空以后，我们只能依靠做多赚钱，相当于断了一条发财致富的路子。

在解释放弃做空的原因前，我们先来看看做空参与者的动机和出发点：

第一类，现货套期保值。现货持有者，无论是生产商还是贸易商，因为手里有现货，所以在期货市场开空单相当于锁定了部分商品现货的卖出价格和销路，这是比较常见的做空行为，符合期货市场做空机制设计的初衷。

第二类，相信均值回归理论。商品由于具有商品属性，价格跌多了利润减少，生产者的动力不足就会导致供应减少，商品价格就会涨起来；同理，商品价格涨多了，市场供应增加到一个临界点，商品的价格也会跌下去。

第三类，行情下跌的速度远快于上涨的速度。观察每轮行情，无论是 A 股还是商品市场，下跌的激烈程度通常要比牛市的上涨速度剧烈。一轮持续两三年的牛市，两三个季度就可以通过迅猛的下跌方式回到起点。

上述三种情况，基本概括了市场做空参与者的主要心态。接下来，说说我们自己不参与做空的几点原因。

3.4.1 散户做空的劣势

这里的散户是指只有资金不具备商品交割能力的市场参与者。由于没有现货贸易商或者生产者的背景，无论持有多单还是空单，合约到期后，散户手中的头寸都没办法参与实物交割，所以只能选择在合约到期前通过盘面进行平仓或者移仓。

我一直都认为不具备交割能力的投资者选择做空不太划算。这一点，可以从数学原理和经济学原理两个角度去理解：

数学原理：做空一个价格为 100 元的商品，跌到 10 元，获利是 90 元，90 除以 100，对应 90% 的收益率；但做空 100 元钱的商品遇到上涨行情，账面就会发生亏损。假设 100 元涨到 200 元，则亏损幅度是 100%，如果从 100 元涨到 300 元，亏损就会更加厉害。所以，做空盈利相对有限而亏损幅度却无限。

经济学原理：我们既不是贸易商也不是生产厂商，只是一个货币的持有者。持有空单缺少了交割的功能，合约到期只能通过盘面平掉空单完成交易，即使空单有大量浮亏，也只能认赔。而像现货持有者开立空单以后，除了可以在盘面平掉空单，还可以选择注册仓单以后，把商品现货带入交割环节，变现销售。

但是选择做多，我们是货币持有者。无论价格如何涨跌，只要我们做好资金管理就能做到心中有数。尤其选择做多底部商品的时候，由于具有商品属性，商品存在着成本支撑的效应。当期货市场的价格跌破成本价以后，会有无形的手把价格托住，所以具有比较大的安全边际。

在参与碳市场以后，我对交易相关的经济学原理有了更加深刻的体会。碳市场的交易规则跟股票一样，只能通过上涨获利。所以投资者在底部建仓后，期望价格上涨获利了结。但对于企业来说年初就会发放免费配额，相当于碳市场的交易账户有钱也有货。这个时候企业如果预判行情进入到一个压力位，后续上涨动力不足，配额可能会出现下跌时，可以通过抛售企业账户持有的配额进行套利操作：在 30 元卖出的配额，在 20 元买回来，获利 10 元，而配额的数量最终没有发生变化。

所以，手里是否有货，能否参与交割，会直接影响我们的交易策略和账户的安全边际。

3.4.2 为什么我放弃了做空策略

除了前面提到的数学原理和经济学原理，从持仓体验来看，做空也不太符合我的性格。每次做空，心中充满了忐忑，这和我们持有多单时候的感受完全不同。持仓多单，即使持仓持续下跌，只要我们有足够的资金和丰富的移仓经验，就可以控制风险，通过分批买入或者网格交易摊薄成本。

持有空单，从商品均值回归的角度来看，天花板一定也会存在，但是未知的天花板高度带给人极大的不确定性，即使最后行情真的掉头向下，但整体的持仓经历却难言顺畅。我们进入市场是为了通过稳定盈利增加幸福感，如果因为持仓过程的不安，导致幸福感降低，影响了平和的心态，算不算得不偿失？

猎豹只会消耗有限的体能去捕获自己可以掌控的猎物，我们做交易也要去寻找和评估哪些策略和机会更符合自身优势，永远站在赢面较大的那边！

在寻找和评估机会的时候，概率思维会有效地提高我们决策的胜率，让我们能够更加理性地审时度势，把握机会。

3.5 概率思维，从感性到理性的必经之路

早年学投资，总认为提高分析的准确率是提升收益率的唯一途径，所以搜集各种研报资料，跟踪金牌分析师研究员的观点，学习他们的分析思路成为每天的必修课。后来发现，再厉害的分析师研究员都有判断错误的时候，这时候我们应该如何应对？

此后，我逐渐放弃了分析师思维，引入了很多职业交易员都具备的概率思维。通过事前评估各种结果发生的可能性，再结合交易计划决定下注的规模和步骤。

在处理日常事务的时候，可以把大脑对信息的处理流程归纳为"输入""处理""输出"三个步骤。面对相同的信息源，分析师思维通常能迅速解读新闻中所包含的信息，对市场产生的影响属于利多还是利空，然后下单做出决策。

举个例子，国家在 2020 年 8 月出台了新能源汽车下乡的政策，从基本面来看无疑对金属镍品种构成了利多支持。分析师思维认为，既然政策面鼓励新能源汽车下乡，则会刺激新能源汽车的销量，从而带动镍的需求，对镍形成利好支持。如果近期镍的确出现了上涨行情，就会认为自己的分析结果比较准确地把握了行情。

而具备概率思维的交易员，看到这个消息后，通常会做出如下思考：

（1）新能源汽车下乡政策的推广力度如何和持续时间是多久？通过预估新能源汽车的增长数据，来判断镍的需求端的增长规模。

（2）镍的主要生产和出口国家目前的产量如何？疫情对镍的供应链影响如何？

（3）对镍的目前走势进行评估，从而判断多单的安全边际区域，评估买入规模。

（4）宏观方面有哪些因素可能会削弱这个政策的利好？

评估以上四个影响因素，再结合账户的仓位情况确定可以买多少，何时买，买入以后如果走势方向相反，应当如何处理？

通过上面对比可以发现，分析师的思维是比较简单的点对点对应关系；而概率思维是由多个线性分析构成的网状结构。既然概率思维更加严谨，为什么我们大部分人更习惯接受分析师的思维呢？

首先，投研类的文章或者社交媒体，不大可能结合投资人的投资偏好去逐一分析单个具体品种。他们只能通过简单的判断，给大众传递一个方向性的信号。

其次，如果充分评估每个品种的多个影响因素，会引起听众的困惑和误解。对于很多投资者来说直接告知买什么，买入理由是什么，会更加容易接受。

最后，大众普遍对于不确定性的结论有排斥的情绪。如果把品种的利多利空因素都告诉了读者，无形中增加了投资的不确定性，对于不确定性的厌恶是人的本能。

而概率思维则是主动引入了诸多不确定性因素，任何一只股票或者合约品种，都同时具备利多和利空两类因素。我们持有的品种即使有再多的利多因素的支撑，也可能面临下跌的情境。在分析过程中，概率思维从最开始就会主动把对我们不利的因素纳入整个分析框架和交易过程。如此一来，我们会有更多的心理预期和方案去应对截然相反的市场走势，化被动为主动地应对各类突发情况。

如果说放弃重仓和做空，可以大幅提升我们在市场的存活概率，那么建立概率思维则会让我们具备职业交易员的思维习惯，距离成功更进一步！

建立原则以后，我们还需要在日常交易和生活中去坚守这些原则。在高信息密度的金融市场，理解交易原则和能量守恒的关系，将会对我们在逆境中选择坚守原则、保持情绪的稳定起到至关重要的作用！接下来，我们来聊聊原则和能量守恒的关系。

3.6 交易原则和能量守恒的共通之处

无论在生活还是事业中我们都可以观察到，有些人的道路一直比较顺利，即使短期遇到挫折也能化险为夷；而有些人则似乎总是在与厄运斗争，始终摆脱不了坏运气的纠缠。在投资市场也是如此，有的人持续亏损，然后开始抱怨市场或者朋友家人；但那些能够持续盈利的交易员，即使在某些时候遇到策略失灵，也能积极调整心态，评估当下的状态是否可以恢复交易，最终回到正常的投资轨道。

如果说资金管理是投资生涯的生命线，那么原则在某种程度上可以决定一个人发展的天花板，那还有什么因素在左右着我们的投资之路呢？查理·芒格曾经说过，为什么有些人会比其他人聪明？这跟与生俱来的性格有部分关系，有些人的性格并不适合做投资。"他们总是按捺不住，或者总是忧心忡忡。但如果你拥有好的性格，在这里主要是指非常有耐心，又能够在你知道该采取行动时主动出击，那么你就能通过实践和学习逐渐了解这种游戏。很明显，你吸取教训的来源越广泛，而不仅仅从你自己糟糕的经验中吸取教训，你就能变得越好。"

对于很多交易员来说，漫长的投资生涯中，他们必然会经历市场剧烈波动时产生的紧张情绪，或者在行情不利时感到沮丧。人们不禁要问，如何保持平和的心态使自己变得更聪明、更敏锐呢？

结合自己这些年的经验，我总结出了几种方法，对于维持自己情绪的稳定有着不错的效果。

3.6.1 有进有出，运势平稳

和团队成员的日常交流中，我反复强调一个观点：在交易中通过点击鼠标所能获得的收益，可能是普通劳动者一周甚至一个月的收入。从体力劳动的角度来衡量，我们所付出的劳动与收入是完全不对等的。

这些年，我们通过自己建立的交易系统取得了稳定收益。但是，在一个零和博弈的市场中，从某种程度上看，我们的盈利就来自别人的亏损，我们的幸福或许是建立在别人的痛苦之上。虽然我们不知道自己的潜在对手盘是谁，但是应该为自己能够持续获利感到庆幸。所以，我们应该把这份幸运和福报主动分享给生活中有困难的朋友。

自 2020 年开始，身边几位朋友就主动参与爱心捐赠活动，资助山区的留守儿童。截至 2023 年，我们已经资助了四个山区孩子，每个月通过他们的老师或者家长，把生活费交到孩子手上。每年也会不定期给大凉山区的孩子提供物资援助。每当看到这些孩子因为收到我们捐赠的文具、食品和爱心款而露出纯真笑容的时候，都倍感欣慰。

在此，我也想对坚守在山区的老师们送上最真挚的敬意。这些在山区默默耕耘的老师可能也是从大山深处走出来的，在大城市读书后，回到了山区，给孩子们送去知识和希望。我很高兴地了解到，目前乡镇中小学老师的待遇比起之前有了大幅提高。2013 年新入职的老师每个月只有 1000 元的到手收入。随着国家财政对山区老师倾斜力度的加大，老师的收入得到了很大的提升，老师们可以安心工作不再为生活犯愁。

这些爱心行动不仅仅得到了团队的支持，我们的客户、学员都纷纷主动加入进来，秉持着有进有出的财富观，好运才能常伴左右。

3.6.2　触摸土壤，播种希望

在 2020 年金融海啸期间，许多期货品种每天都在大幅下跌，甚至直接跌停。再叠加单元楼封锁、国内铁路停运，全国生产经营几乎陷入停滞的现状，作为普通人，很难保持内心的平静。

每天收盘后，我都会拿起小锄头，在家里的菜园松土、除草，然后撒一些家里剩下的种子。看着土里的作物缓慢而倔强地生长，想到四季更迭，不禁感慨金融市场的波动再剧烈，也依然逃不过周期的影响。

上万年前，人类从采集慢慢转向耕种，开启了农业时代。而现代金融市场作为第三产业，发展历史只有一两百年。通过亲身参与一些简单的农业活动，感受菜园田间的恬淡与宁静，能够有效地缓解我们在交易市场所承受的压力，帮助我们站在一个更高更远的位置看待市场。

图 3-2　2020 年 3 月草莓的小白花开始绽放

在 2020 年 3 月 12 日收盘以后，看着绿油油的盘面和菜园绿油油的菜苗（见图 3-2），我在朋友圈里写道：

"抄底，很多方面

和种地差不多

合适的季节，合适的品种

合适的数量，播种希望"

一周以后，我们开始通过分批次建仓沥青的远期多单，变相抄底原油。

3.6.3　惊悚电影，脱敏训练

市场突然转向出现剧烈跳水的时候，给交易员心理带来的冲击，和我们观看恐怖片时突然弹出的惊悚画面对人体的感官冲击非常类似。

恐怖电影之所以恐怖，很多时候是因为剧情的演绎超出预期。当我们看到令人恐惧的场景或听到可怕的声音时，大脑的边缘系统就会被激活。边缘系统，通常指的是大脑中的杏仁核，这是人类和其他哺乳动物大脑中非常重要的一个结构。杏仁核是情绪处理和情感调节的关键部分，它在感知威胁、学习和记忆，情感反应方面发挥着重要作用。杏仁核特别擅长识别潜在的威胁和恐惧信号。当我们感知到可能的危险，比如看到可怕的事物、听到可疑的声音或感受到不安全的环境时，边缘系统会快速启动，并引发身体的防御反应，如心跳加速、肌肉紧张等。

在自己能承受的范围内，主动增加一些被恐怖电影刺激的经历，这样的训练方法在心理学治疗中被称为脱敏治疗。脱敏治疗通过循序渐进的刺激，可以让大脑的边缘系统的反应变得相对迟缓，降低敏感度。通过类似训练可以增强我们的心理承受能力，在市场出现极度恐慌情绪的时候，有效提升我们交易计划的执行力。

3.6.4 人物传记，积累阅历

金融市场是一个相对抽象和封闭的市场，对于只负责策略的交易员来说，与社会的接触比较有限。而交易工作自带博弈属性，需要通过判断对手盘的一些想法和行为，来提高我们决策的准确率。

通过阅读人物传记，了解不同的人生轨迹，可以增强我们对社会和人性的理解。在书中，我们还可以观察他人在现实环境中，面对挫折和失败时的态度和解决办法。这种信息的积累，能够帮助我们了解各行各业背后的运作逻辑，从而保持心态的稳定。

在职业生涯中，对我影响最大的一本人物传记是由周桦老师撰写的《褚时健传》。不同于很多宣扬个人成功故事的传记，这本书从褚时健幼年丧父讲起，青年时期参加游击队，哥哥在战争中失去了生命，中年反"右"被打压，"文革"期间经营糖厂，到后来在红塔集团取得了巨大的成功，成为烟草大王。然而，在不断创造辉煌之际，自己又锒铛入狱，爱女自杀，人生跌到谷底。74岁高龄的褚时健并没有选择在家安度晚年，而是选择了在哀牢山开启种橙之路，最终成就了褚橙。这本传记融入了时代感，让读者看到褚时健面对各种困难和挫折时的选择和应对心态。

2022年8月，由于期权连续止损和利润的巨大回撤，我们停止了所有的交易工作，情绪跌到了谷底，陷入了自我怀疑的负面情绪中。我重新拿起《褚时健传》一页页地翻看，感受到了时代的厚重和一种自强不息的精神。我们在期货市场的遭遇与褚老的经历显然不具备可比性，但是这本书却赋予了我们冷静的心态和从头再来的启示。

现在，每当交易遇到困难的时候，我就会拿起这本书翻阅，不仅仅是为了感受褚时健的精神，也是对这个时代一个平凡而伟大灵魂的仰望。

3.6.5 博物馆之旅,历史对投资的回响

到了一个陌生的城市,如果有时间,我都会去当地的博物馆走走看看。无论是省会城市还是地级市的博物馆,都可以给人很多启示。

在湖北省博物馆,凝望着随州出土的曾侯乙编钟,不禁会想象2000多年前的战国社会(见图3-3)。在工业水平比较低下的时代,如何集结大量的人力、物力和材料,制造出这样一个举世瞩目、传承千年的乐器?那时候的铜矿如何开采和冶炼?又是如何解决运输问题的?如果权力和资源没有集中在诸侯国的国君手中,是否还会有这样的旷世之作?

图3-3 湖北省博物馆的镇馆之宝——曾侯乙编钟

2016年第一次去江苏南通,参加好友婚礼。南通市的婚礼都在晚上,这个习俗和湖北不太相同。在晚宴上,他们精心准备了很多精彩的节目,在婚礼上进行呈现。所以那天上午,我一个人去了南通张謇纪念馆。张謇先生是南通人,作为中国近代杰出的实业家、金融家和教育家,在那个风雨飘摇、列强横行的年代,能够高中状元、兴办实业,十分了不起。他所呼吁的"棉铁主义"无论是在那个年代,还是2023年的当下,都依然是工业发展的基础。

诚然,我们做交易,经常会遇到压力或者一些意想不到的突发情况。但是当我们站在昏暗的博物馆展厅内,和千万年前的文化古迹相遇时,庄子的"人

生天地之间，若白驹之过隙，忽然而已"，也似乎一直回荡在耳边。

3.6.6 山川之美，投资之道

2022年9月底，从武汉回到宜昌，本来想亲朋好友一起欢度国庆佳节，却意外接到社区的电话，要求我进行一周的隔离。隔离期间恰逢国庆节，没有交易工作，所以完成了一些关于爬山的游记，记录了最近几年游览国内名川大山的经历和感悟。

在《安徽天柱山》的结尾，总结了一些登山后的启发：

（1）登山时合理地分配体能，就像投资中合理地分配资金，是我们能够不断前行的基础；

（2）提前做好规划，遇到突发情况也能理性判断和应对；

（3）我们不可能看遍所有的风景，就像不可能赚取所有的利润；

（4）无尽风光在险峰，但也要有自知之明，判断自己是否有能力去涉险。

不止一个朋友和我讨论过，爬山那么辛苦，为什么我对爬山依旧热爱。妻子小芸曾经作过一段总结：男人爱看山，女人爱看海。男人天生骨子里便有征服欲，而攀登一座座高山可以让他们体会"会当凌绝顶，一览众山小"的快感，而女人天生多愁善感，海天一色、海阔天空总能让她们获取心灵的平静。

爬山有时候就像浓缩的人生，上山的路上可能会比较辛苦，也充满了未知，但在旅途中，我们可以欣赏到不同的风景，遇到不同的天气，在登山路上认识不同的游客。在不确定的云雾中，欣赏群山的时隐时现偶露真容，感受山峦的澄明之境。身边巍峨的山峰，很有可能在亿万年前只是海底的泥沙，亿万年前还没有人类，但是这些泥沙已经存在了。百年后我们的肉体已经不在，所经历的辉煌和落寞也会随着时间而消逝，可是这些山体依然默默不语地俯瞰着百年后的游客，就像看着此刻正在登山的我们。

这些所思所感所悟，可以让我们平静地看待金融市场和自己的人生，以更加平和的心态参与到激烈的市场博弈之中。有了平静的状态，我们就可以开始建立交易系统，进入期货市场了。

行动篇

第 4 章

期货盈利之门的金钥匙：交易系统

4.1 交易系统和炒股软件是什么关系

除了在私募基金公司工作，我也是"全国碳交易能力建设培训中心"和"湖北碳排放交易中心"的特聘讲师。2016—2020 年，主要讲授"企业碳资产管理"。随着全国碳市场的建立，碳中和概念的兴起，越来越多的非碳圈人士开始关注碳市场的投资机会。2021 年开始，我受邀为参与碳市场的企业、机构和个人讲解"碳市场交易策略和分析"。

在介绍碳市场分析方法之前，我都会跟大家比较碳排放权市场、商品期货市场、股票市场的不同市场特征。当我们进入一个新的市场，需要抓住各个市场的不同特征，分析影响市场的变量因子，然后设计策略，建立交易系统。

课后，常常会有学员提问："唐老师，您提到的交易系统我在哪里可以下载？是电脑客户端程序，还是手机应用市场？"很多朋友不知不觉会把交易系统等同于炒股软件。

所以需要先解释一下，什么是交易系统？

交易系统是指有进场、出场量化标准和依据，有风控原则的交易行为。它表面上也和非理性交易行为一样，包含了开仓、加仓、持仓、平仓、空仓、止盈、止损等一系列操作。实际上有交易系统的交易员，脑子里始终有自己的分析系统（判断多空、发现异动、定义阶段）、风控系统（保守操作、正常操作、单笔操作风控、总资金风控），会结合分析系统和风控系统设计交易策略，日内怎么操作，趋势怎么算计，都会有相对成熟的交易策略。

简言之，交易系统是一套结合资金管理和市场分析的交易决策机制。交易系统和传统常见的炒股软件有什么区别呢？

交易系统的载体有可能和炒股软件一样，需要借助电脑或者手机，但也有可能像我一样，采用表格记录和分析数据，做出交易计划。炒股软件一般来说，主要是一种用于执行交易、查看市场数据、提供各类辅助信号的电脑软件。市场上常见的股票交易软件，往往都会强调筛选股票的优势，或者在择时方面具有很高的准确性。

所以，交易系统不是我们日常见到的传统炒股软件，它的呈现形式多种多样，可以是简单的笔和纸、电子表格，也可以是程序化交易软件，对于少数经验丰富的日内交易员来说，也可能是他们头脑中的计算和决策流程。

所以，在培训后，有些有炒股经验的学员希望购买我们的交易系统时，我都只能歉然一笑：并非因为系统需要保密，而是因为我们的交易系统，无论是建仓环节还是风控环节——多数都集成在 Excel 表格中，并非大家想象中的可视化股票交易软件。如果不理解期货市场的特征和表格使用方法，即使拿到我们的表格模板，也没有太大的用处。

选择 Excel 表格，是因为之前的财务工作会通过各种表格模板进行财务和企业经营数据的管理。后来我们发现，表格同样可以比较方便地记录账户的持仓规模、资金情况、利润变动等情况，从而将收益和风险进行有效量化。在量化交易和 AI 高速发展的时代，通过财务管理的底层逻辑进行期货交易，看起来可能不够先进，不能让人眼前一亮，但如果换个角度思考，表格所带来的谨慎稳健的管理风格，可能会更好地协助我们在期货市场实现稳定的复利增长。

4.2　打造交易系统：向分析押宝说再见

大多数市场参与者会通过阅读研报、参加微信群讨论、跟踪大 V 观点等方法，努力提升自己的投研能力。在大学期间我也尝试过类似的方法，后来发现，当市场走势配合时会有比较好的收益，但遇到市场长期单边下跌的时候，账户的亏损就再难以避免了。

2019 年和 2020 年，在白马股的强势表现下，股票市场的赚钱效应带动了基金业绩的整体飘红。2021 年以后市场不再强势，2022 年更是出现了贯穿全年的单边下跌行情，上证指数从 3650 点下跌至 3089 点，很多基金都出现了较大跌幅。在熊市环境中无论是散户还是基金，想要实现盈利都会比较难。

其实，在 2015 年发生股灾以后我就开始反思，如何才能研发出一套在熊市环境中也能实现正收益的盈利模式？那个时候还没有接触到交易系统的概念，直到 2018 年阅读了很多前辈撰写的期货书籍，发现书中经常提及交易系统的概念，才明白我之前思考的盈利模式和书里面的交易系统概念是一个意思。

2017年前后，我开始调整思路，从之前提高"市场分析能力"的努力方向，转为建立"跨越牛熊行情的交易系统"。

在交易系统设计之初，我们的出发点是朝着"提高容错率，实现可持续盈利"这一目标进行努力。参与者的初衷都是希望入场就盈利，但现实常常与我们的期望相悖。如果我们换一种思考方式：即使分析错了，也可以通过交易系统提高容错率，最终反败为胜！通过5年的实盘运行和不断优化完善，我们的交易系统均取得绝对正收益。目前包含了资金管理模块、建仓模块、止盈止损模块和期权模块。

在接下来的章节中，我会详细介绍各个模块的工作原理和方法。不过，在学习这套交易系统之前，我们需要了解自己的思维方式，是更倾向左侧交易还是右侧交易，因为这决定了我们对这套交易体系的接纳程度。

4.3 左侧还是右侧，谁说了算

2018年秋冬，我们刚完成交易系统的搭建时，曾有不少右侧交易者对这套系统产生过质疑。很多期货老手，包括很多书中介绍的交易系统，都采用了右侧交易的手法。所以他们认为底部做多策略属于逆势交易，在建仓环节容易爆仓。

当时涉足期货市场不久，对于自己的交易系统也是半信半疑，所以我们自己也不确定这套交易系统能不能生存下来。不过我们的底层逻辑是基于商品的内在价值，并且自己具有比较丰富的资金管理经验，所以我认为在建仓环节不太可能出现爆仓的问题。

随着交易经验的增加，我们对左侧交易和右侧交易有了更加深刻的理解。由于我们放弃了做空交易，所以左侧交易主要体现在商品的底部做多。我们会在品种处于下跌状态接近底部区域时，或者在底部横盘状态时进行买入。左侧交易中的底部做多具有以下几个特点：

（1）左侧建仓往往会选在商品底部区间，因此具有比较明显的成本优势。

（2）左侧投资者一般只能对空间进行把握，没有办法判断底部横盘的时间。

（3）随着行情的继续下跌，左侧建仓环节的头寸会产生持仓浮亏。如果在建仓初期买入数量偏多，可能会造成比较大的账面浮亏，对于后续的买入信心产生影响。

右侧交易则会选择在趋势性行情开始后建仓介入，右侧交易的特点如下：

（1）如果恰好介入主升浪行情，则可以迅速获取丰厚的利润。

（2）很多假突破的行情会导致刚刚买入就遇到行情的拐点。这个时候如果账户不及时止损，则会面临追高被套的局面，随着价格的下跌，亏损可能迅速放大。

（3）在横盘震荡阶段，右侧交易将遇到挑战。反复震荡形成的假突破，需要右侧交易者坚持止损，但连续的止损可能会导致本金出现大量亏损。这个时候，是否有耐心坚守原则等待市场的真正突破，非常考验交易员的定力和执行力。

总的来看，无论左侧交易还是右侧交易，都没有绝对的优劣之分，只要坚持纪律，把一种投资风格用好，都可以实现较为稳定的盈利。

我曾读过一篇关于金融行为学的论文，它认为交易员选择左侧还是右侧交易，与人的大脑思维方式有关。这也意味着，普通人在刚开始接触交易时，不需要任何训练和专业知识的积累就已经有了倾向性。

有意思的是，我们的交易系统在布局多单、底部建仓的环节采用的是左侧交易模式；而在动态止盈法中，却采用的右侧交易中比较常见的均线止盈法。作为一个天生的左侧交易者，为什么我们愿意把均线止盈作为我们重要的止盈工具？因为我们认同趋势行情中势能的重要性。这也是技术分析成立的假设之一：趋势一旦形成以后会延续。一轮上涨趋势在很多时候可以克服诸多利空因素，一路向上。

作为一名天生的左侧交易员依然愿意接纳右侧的交易工具为我所用，是因为我始终相信，工具一直都是中性的，复杂的是市场参与者的性格。了解自己的性格后，才能建立一套适合自己的交易系统。

4.4 磨刀不误砍柴工：建立交易系统前的准备工作

4.4.1 性格决定风格

合适的性格对于投资至关重要。

一个成功的交易员需要具备自律的性格和良好的情绪管理能力。自律是指始终遵守交易系统中的规则和纪律，不会因为个人情绪的变化或他人的看法而轻易改变初心。所以，在建立交易系统之前，我也对自己的性格进行了比较客观的评价分析。

首先，我一直都比较认同细水长流的复利模式，通过期货为家庭的理财收入贡献稳定的现金流是进行期货交易的主要目标。2018年，我就知道了自己的性格不会通过重仓追求获取暴利，也不希望给自己太大压力，抱着赚钱就好、多少随缘的心态。那时候并没有预料可以把期货交易发展成为事业，发行自己管理的基金产品，更不会想到撰写一本介绍自己交易系统的书籍。

其次，我也不太喜欢频繁交易。把时间花在频繁进出去博取短线利润对我来说过于烦琐，并且，手续费所产生的摩擦成本长期来看也会影响账户的业绩。

最后，减少看盘的时间。可能是受到巴菲特的影响，比起盯盘，我更愿意把时间和精力放在阅读资料和书籍上面。

这样的性格特点奠定了我们低频、中长周期的交易特征。

在和学员的交流过程中，很多人都能接受每年20%的稳定收益，但是当很多学员在一个季度甚至一个月的时间内就完成了这个目标后，却容易按捺不住躁动的心，对市场其他机会也跃跃欲试。所以，无论对于长周期还是日内交易，耐心和冷静是非常重要的两个因素。

性格对交易行为的影响体现在以下几个方面（见表4-1）。

表4-1 性格对交易行为的影响

交易过程	影响方式	表现形式
交易决策	个体的性格特征会影响他们在何时何地进行交易的决定	冒险型的人可能更愿意对新兴市场进行投资，而保守型的人则可能更倾向于稳定的蓝筹股
风险承受能力	有些人能够更好地承受交易风险和市场波动	情绪稳定的人可能更能够理智地应对市场的起伏，并做出相应的决策，而情绪波动大的人可能会过度反应，导致决策失误
长期还是短期	有的人更善于进行长期投资，有的人更善于进行短期交易	耐心和决断力强的人可能更愿意进行长期投资，他们在投资后会坚定持有，而决断力强的人可能更倾向于做出快速的交易决策，进行短线交易
对信息的处理方式	一些人倾向于通过分析大量的数据和信息来做出交易决策，而另一些人则可能更依赖于他们的直觉和感觉	这可能会影响他们对市场信息的解读和反应方式

性格对交易行为的影响是复杂且深远的。所以评估性格特点并据此选择适合自己的交易策略，对提高盈利能力非常重要。

4.4.2 精力决定频率

除了性格会影响我们的交易风格，我们的精力在很大程度上也会影响交易系统的风格。精力对交易行为的影响主要体现在以下几个方面（见表4-2）。

表4-2 精力对交易行为的影响

项目	具体工作
信息处理	交易活动需要大量的精力去收集和处理信息，包括公司财报、市场新闻、经济指标等，这需要投资者有足够的精力去读取、理解并做出合理的决策
持续监控	交易者需要持续监控市场动态以及他们投资的资产，对新的信息做出及时的反应。如果精力不足，可能会错过重要的市场信息，从而影响投资决策
决策质量	研究表明，当人们疲劳或者精力不足的时候，他们的决策质量可能会下降，这可能导致他们做出没有充分考虑的交易决策
学习和成长	交易者需要不断地学习和成长，更新他们的知识和技能，这需要投入大量的精力去读书

2010年之前，当高频程序化交易系统还没有普及的时候，日内炒单作为交易市场的一大流派，受到很多散户的青睐。炒单还有一个学名——人工高频交易。炒单一般是交易员对当下品种和交易机会筛选以后，通过短周期指标进行交易决策。炒单的利润来源一部分是通过短线价差，另一部分是频繁交易后，交易所的手续费返还。

炒单不仅需要成熟的短线盈利模式，还需要极强的情绪管理能力和良好的心算能力，对精力要求非常高。所以当时很多期货投资机构招聘短线炒单的盘手，都从游戏竞技高手中进行选拔。

但是到了2014年以后，随着程序化交易的日渐兴起，无论是执行力还是效率方面，人工炒单的优势越来越小。毕竟，比起带着复杂情感的人类交易员，程序化交易会更加精准地执行交易员的意图和策略。计算机不仅不会因为年龄因素造成判断力和反应力的下降，反而会随着硬件和软件的升级，不断提高和优化算法算力，做出更加精准的判断。

所以在学习研究期货的过程中，如果我们希望把商品投资作为未来10年、20年甚至更长的一项事业规划，影响我们盈利的因素中，个人精力的变化会是很大的一个不确定因素。我相信几乎所有的投资者都遇到过，因为工作、家庭和其他原因，错过了下单止盈、止损的最佳时机；也多半遇到过因为一个电话或者一些琐事，把交易价格或者数量填错的情况。

除了工作和家庭会占用我们的精力，年龄的增长和体能的下降也都会影响我们的判断力。对此，我自己有着切身的感受：高中晚自习停电没有办法写作业的时候，我和同桌会经常进行3~5的阶梯倍数心算比赛，最高可以达到7次方以上。但到了35岁以后，可能5次方就是我脑力的上限了。

所以，当我们建立交易系统的时候，需要考虑自己的精力和体能是否能够匹配这套系统？

我认识一位船舶设计院的朋友，他的本职工作是船舶航行时流体力学的建模，副业是股票市场的程序化交易。由于具有比较良好的计算机编程背景，所以他把自己的交易策略和程序化交易进行结合。在交易时间，他只需看看程序化交易是否还在正常运行即可，并不需要通过盯盘进行决策和交易。

但是，大部分的投资者不具备编程基础，工作又比较繁忙，所以建立一套低频交易系统可能是比较理想的选择。之前提到过，我们的交易系统是一套低频高胜率适合普通上班族的交易系统。通过了解我们的交易系统起源和发展，可以更好地评估这套方法体系是否适合自己。

4.4.3 从0到1，我们交易系统的起源、演变和进化

任何一个比较完善的交易系统，大多都经历了从无到有、从0到1的阶段。

2018年9月，我们开始慢慢构思自己的期货交易系统。经过一系列的尝试，在2018年12月18日，完成了底部量化建仓模块，解决了抄底可能爆仓的困扰。这个阶段，我们花了近3个月时间翻看了20多种主要商品的历史走势，阅读了接近30本的期货类投资书籍，慢慢想明白了期货交易不亏钱的思路。在一个高杠杆的市场环境，我们首先考虑的是如何提高生存能力，所以不亏钱和不爆仓的目标显得尤为重要。

2018年第四季度，国际油价上演了一轮跳水行情。短短3个月时间，美国原油从76美元下跌至47美元附近。我们最初的资金管理思路是一个简单的左侧建仓推演，下跌环节需要准备多少资金完成建仓（见图4-1、图4-2）。

美油45-燃油2300，开一手合约=10吨×2300=2.3万元；
需要资金23000×0.15=3450元

美油40-燃油2000，开一手合约=10吨×2000=2万元
需要资金20000×0.15=3000元

美油35-燃油1800，开一手合约=10吨×1800=1.8万元
需要资金18000×0.15=2700元

美油30-燃油1600，开一手合约=10吨×1600=1.6万元
需要资金16000×0.15=2400元

美油25-燃油1400，开一手合约=10吨×1400=1.4万元
需要资金14000×0.15=2100元

图 4-1 2018 年，燃料油抄底思路 1.0

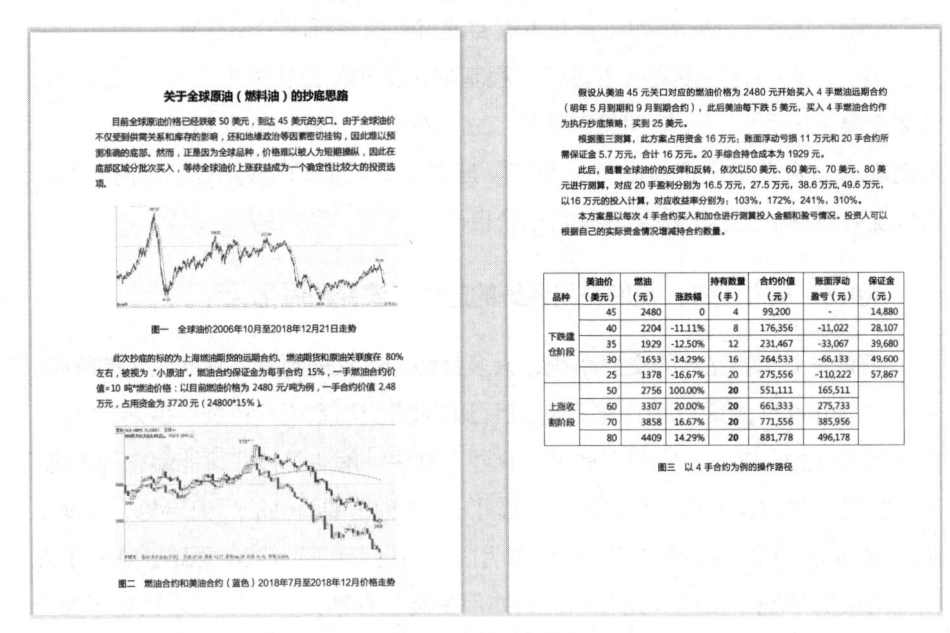

图 4-2 2018 年燃料油抄底思路 2.0

在初始阶段，我们并没有衡量持仓数量、持仓价格、资金使用效率等一系列资金管理的工具，只是一个简单的思路和想法。

第 4 章 期货盈利之门的金钥匙：交易系统

为了让身边朋友能够理解底部做多原油的基本原理、量化期货交易的风险，更加直观地了解账户在建仓过程中可能面临的账面浮亏情况，我们在 2018 年底《关于全球原油（燃料油）的抄底思路》的策略中，引入了表格形式，可以直观地看到燃油和原油的相关性分析以及左侧建仓以后持仓浮亏、保证金整体变动等一系列账户重要参数的变化情况（见图 4-3）。

品种	美油价（美元）	燃油（人民币）	涨跌幅	持有数量	合约价值	账面浮动盈亏	保证金
下跌建仓阶段	45	2480	0	4	99,200	-	14,880
	40	2204	−11.11%	8	176,356	−11,022	28,107
	35	1929	−12.50%	12	231,467	−33,067	39,680
	30	1653	−14.29%	16	264,533	−66,133	49,600
	25	1378	−16.67%	20	275,556	−110,222	57,867
上涨收割阶段	50	2756	100.00%	20	551,111	165,511	
	60	3307	20.00%	20	661,333	275,733	
	70	3858	16.67%	20	771,556	385,956	
	80	4409	14.29%	20	881,778	496,178	

图 4-3　2018 年美国原油和燃料油抄底思路

2019 年，交易系统加入了"均线止盈法"模块。2019 年上半年，我们持仓的一些品种通过静态止盈工具获利了结后，依然出现了超过 50% 的上涨行情。面对类似情况，我们尝试引入技术分析中的均线交易法，用来提升我们的止盈效率。事实证明，均线止盈法的引入极大地提升了我们头寸的止盈效率，直到现在，均线止盈法依然是我们重要的止盈工具，帮助我们识别多头转向的信号。

2019 年底，随着管理资金规模的增加和交易品种的增多，之前手动更改变量参数的资金管理方式已经有些吃力。当我们把相关诉求提供给程序员后，他们认为用 Excel 表格就可以实现这些目标。当时已接近我们家宝宝的预产期，小芸挺着大肚子，坐在电脑前花了大约 2 小时，通过 Excel 表格完成了资金管理量化工具的设计，实现了建仓参数灵活调节的功能。这个表格沿用至今，只要我们输入建仓目标价格和数量，就可以立刻显示市场下跌以后的账户持仓变化，对于我们控制建仓成本和进行极端压力测试起到了重要作用，为我们平安度过 2020 年金融海啸立下了汗马功劳！

2020 年，我们确定了知（利益分析法 + 空间思维）、行（建仓 + 止盈）合一的投研体系，将交易分析决策体系和建仓止盈等模块系统化，成功穿越 2020 年的全球金融海啸。

2021年第一季度，我们加入了"网格化交易"模块，通过网格交易对阶段性横盘行情进行高抛低吸，增厚了持仓利润。

2021年10月，在和武汉一家本土私募基金的交流中发现，他们公司对期权的深刻理解和熟练应用不仅可以服务于他们公司现行的策略，也可以把期权的一些策略和功能"嫁接"到我们现有的交易系统之中。

在此之前，我们对于期权的理解仅停留在"小众、多维度、非线性、波动率大"等比较肤浅的层次。通过此次交流我们决定拜师学艺，这家基金的负责人朱老师也比较认可我们的策略，欣然答应了我们的拜师请求。随着学习的深入，期权工具不断地带给我们惊奇和惊喜：如果说期货的设计初衷是为了更好地服务于现货，期权诞生的初衷大概率是为了更好地服务于期货的头寸。

2022年，我们研发了"期货+期权"的资金管理体系，将两种衍生品工具统一纳入管理。2022年6月，我们的资产管理组合经历了非常严重的回撤，此次回撤造成了我们参与衍生品市场以来的最大冲击。不同于2020年金融海啸，那时候原油等商品的暴跌导致期货的盘面价格深度击穿了商品的生产成本，将价格中枢带入历史底部区间；并且，2020年3月美联储的天量货币宽松政策也在给市场不断注入信心和流动性。所以，在历史底部和货币宽松的双重背景下，我们充满信心地进行了多单布局。

2022年6月开始的回撤之所以令人备感煎熬甚至绝望，很大一个原因是在短短一个月的时间内，文华商品指数出现了50个点的跌幅，下杀速度仅次于2008年的金融海啸，从229点下跌至182点，却依然处于历史中高位（见图4-4）。

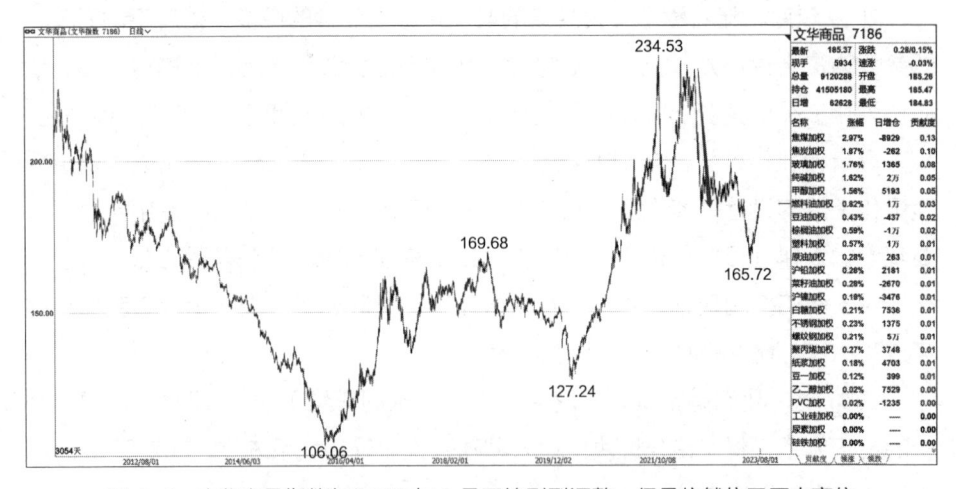

图4-4 文华商品指数在2022年6月开始剧烈调整，但是依然位于历史高位

所以，衍生品之路何去何从，让我们一度陷入了迷茫。7月和8月，我们不断止损期权头寸，降低仓位回笼资金以获取交易的主动权。我在7月22日的朋友圈，发出了这样的感慨：

"这个月是做衍生品交易以来，止损次数最多的一个月了。在极端行情的爆锤之下，通过不断止损，账户回吐利润降低仓位，换回了账户主动权和本金的安全性，也慢慢想明白了期货期权融合方式，如何协调好二者的资金管理。有些创新和突破需要老师指点，有些经验需要向市场，尤其是极端行情学习。"

8月去恩施调整状态，看着静谧而巍峨的大山，一个人走在乡间小路上，有了一种顿悟的感觉：

"大山之所以很大

是因为变化很慢

水稻之所以可以一年两季，甚至三季

是因为生长周期又快又短

仓位决定心态，心态决定脑袋

轻仓和耐心是衍生品交易成功的关键"

8月开始，我们将之前缺失的期权的资金管理模块，统一纳入我们新的资金管理体系。将所有的衍生品持仓头寸纳入统一管理，以更好地对账户的整体持仓情况进行极端行情下的压力测试。

所以，回顾我们衍生品学习发展之路，一直都是秉承着遇到问题解决问题的态度，从书籍中演绎方法，在实盘中归纳经验。通过演绎法和归纳法相结合，将新的交易系统模块融入我们的交易系统之中，提升我们的资金管理水平和盈利的确定性。

4.4.4 "知"与"行"：我们交易系统的构成

我们的交易系统由认知思维（知）和市场实操（行）两个板块、七个子模块组成（见图4-5）。

认知层面包含了"交易原则""空间思维""利益分析法"三个模块。其中，"交易原则"的内容在本书第3章进行了介绍；"空间思维"和"利益分析法"这两个模块是受到时寒冰老师相关课程的启发，再结合我们自己的工作经历和碳市场的参与经历，慢慢演变发展而来的。

```
                                知 ┬ 交易原则
                                  ├ 空间思维
                                  └ 利益分析法
           交易系统模块 ┤
                                  ┌ 资金管理
                                行 ├ 建仓
                                  ├ 止盈
                                  └ 期权
```

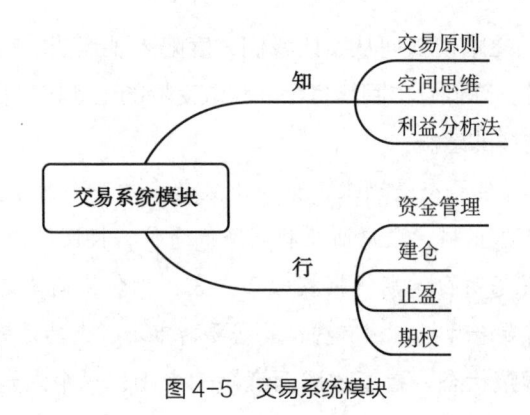

图 4-5　交易系统模块

　　市场实操层面，包含了"资金管理""建仓""止盈""期权"这四个模块。实操层面的每个模块，都会在本书进行详细介绍，欢迎各位读者多多批评指正。

　　在实操层面，资金管理永远排在最重要的位置。这一点可能和自己财务工作出身有很大的关系。无论之前在上市公司还是后来参与衍生品交易，我们对投资项目评估的起点，都是从资金安全的角度出发，然后才会考虑项目的盈利能力和可持续性。这套资金管理体系，从我 10 年前在上市公司的时候就开始探索和使用。参与国有上市公司的资金管理和项目融资的经验，为我们参与衍生品市场打下了良好的基础。

　　建仓环节，我们采用左侧交易中比较常见的底部区域分批次建仓策略。很多朋友反复和我讨论，底部建仓如果出现原油负数应该怎么解决？

　　首先，我们的建仓配合了成熟的资金管理工具。不会把资金全部押注在某个单一品种，也不会在一个价位全仓押注买入。

　　其次，我们优先选择中长期的商品合约，避开近期主力合约的剧烈波动。通过下注同样在底部区间的远期合约，给商品留出更多的时间去改善供需关系，从而让商品在将来实现均值回归。

　　最后，对市场情绪的解读也是我们的优势所在。从 2008 年第一次经历金融海啸算起，我亲身经历过五次系统性风险的爆发。当这类极端行情发生，市场泥沙俱下导致出现风险的时候，我们会比较沉着冷静地去思考如何控制建仓节奏，分批次进行布局。

　　止盈环节，我们采用了静态止盈法和动态止盈法。无论哪种方法都会和仓位紧密结合，这些操作细节会在"止盈"章节详细介绍。因为我们的交易系统立足于提前规划，有着比较高的胜率，所以止损不是我们的常规操作。除非遇到一些更好的品种或者持仓逻辑发生了变化，我们才会用到止损。

期权领域，目前主要通过备兑策略的应用服务于整个交易系统。我们始终认为在期权市场，我们只是一个学生，哪怕刚刚跟随朱老师开始学习期权卖方策略，就可以源源不断地为我们贡献稳定的利润，但是其复杂性依然让人觉得在这个领域我们认知尚浅，需要更多时间去学习、耕耘。

通过本小节的介绍，相信大家可能已经注意到了，我们的交易系统分为认知和实操两个板块。如何把认知和实操进行结合，是大多数交易员穷其一生需要去面对的难题。

4.5 "知行合一"，知易行难

在《道德经》中，老子提到过这样一段话：

"上士闻道，勤而行之；中士闻道，若存若亡；下士闻道，大笑之。不笑不足以为道。"

《道德经》作为一部充满了辩证思维的经典古文，存在着诸多解读。在这里，我说说对这段话的一点愚见：

智慧的人，如果悟出了一些道理，会勤勉地践行；普通人，了解了一些道理，会选择性地去实践；自以为是的人，见到了某些真理，不仅不会去尝试，甚至会充满怀疑地去嘲笑，如果这些人不去嘲笑这些真理，可能也就不是能够长存的真理了。

知者行之始，行者知之成。圣学只一个功夫，知行不可分作两事。——《传习录》

到了明朝，"知行合一"得到了更深层次的发展。特别是王阳明的阳明心学中，"知行合一"的观念被进一步系统化。王阳明提出了"良知"和"致良知"的理念，主张通过行动来实践和证明知识，进一步深化了"知行合一"的内涵。

在金融市场的交易中，"知行合一"同样是一个非常重要的概念，它代表着理论知识和实际操作相结合的紧密程度。

在金融交易中，"知"代表对金融市场的理解和认识。这包括对市场趋势的理解，对投资工具（如股票、债券、期货、外汇等）的理解，对投资策略的理解，对风险管理的理解，尤其是对金融行为学的理解。

而"行"则代表对这些理论知识的实际应用，也就是在市场的交易操作。这包括对投资决策的制定、投资策略的执行、风险的管理等。实际操作需要对理论知识有深入的理解，并能够将对知识的认知转化为策略，灵活运用到无序的市场当中。

换句话说，金融市场中的"知行合一"就是要求投资者在充分掌握了投资知识后，将这些知识运用到实际的操作中去，并根据市场反馈不断修正和完善自己的知识体系和操作策略，从而在实际操作中取得成功。

很多成熟的交易员，到了一定阶段，可能都会去研究哲学，钻研儒释道。通过跟更高层面的精神世界的对话，让自己达成"知行合一"的境界。

不过，即使是经验丰富的交易员也依然认为"知行合一"宛如一座险峰，挡住了芸芸众生的投资之路，这又是为什么呢？

4.5.1 "知行合一"，为什么这么难

带学员之前，我并没有完全意识到"知行合一"的难点所在。

一些与我相识多年的朋友对我的评价是一个比较专注的人。在某种层面，他们是想表达我是一个较容易活在自己的小宇宙，甚至有些自我的人。这里的"自我"不是以自我为中心，而是对于不太感兴趣的事情，可以自动屏蔽掉，思想杂念比较少。所以交易时的想法不会太多，不会因为各种情绪而左右自己的操作。

但是，带学员的过程中发现，人的性格真是千差万别，千人千面。一些在我看来习以为常的思维习惯，到了不同学员身上映射的结果完全不同。很多情绪和性格，都会影响交易的执行力。通过观察，我尝试借用佛学里面的"贪、嗔、痴"这三个字来解释"知行合一"为何如此之难。

贪，指投资者过度追求高收益，而忽视了风险的存在。这种行为比较容易出现在建仓阶段。左侧建仓，应该以资金安全为前提，进行有计划的布局。但是很多投资者，由于担心自己的底仓头寸比较少，吃不饱，所以市场刚开始下跌的时候，容易买入比较多的底仓头寸。一旦行情继续深跌，就会导致账户资金紧张的被动局面。

嗔，指投资者对于投资止损或者市场走势不如预期时产生的愤怒和失望。这种情绪可能导致投资者做出冲动的决定。常见的一种情况是当我们的交易系统出现止盈信号并且采取止盈操作后，行情继续上涨。这个时候难免出现心理

落差，流露出失望的情绪，甚至会有些许懊恼和愤怒：如果没有卖这么早该有多好呀！

当行情继续上涨，这种负面情绪可能就会从失望转变为懊恼，这个时候，很容易出现入场做空的念头！尽管我反复强调了，我们应该摒弃做空，一轮行情止盈以后，就好好休息，看看书，看看世界。但是这种落差感转变为懊恼和愤怒的情绪后，催生了做空的动力：既然没有让我继续赚钱，就用做空来收拾你！

痴，指投资者面对复杂的市场情况，容易深陷其中，患得患失。针对这样的性格，我曾经撰写过《思维复杂，内心简单》和《交易中的一种抉择方式》两篇文章，供大家参考。

4.5.2 思维复杂，内心简单

许多人接触投资，首先希望提高自己的分析能力，这一点没有任何问题。因为分析能力背后对应着投资基础知识的学习。就我个人而言，本来是财务专业，所以对各种财务知识、财务模型、会计基础都有所了解。但是，做投资也好，还是很多其他行业也罢，掌握专业的知识就一定能保证获得稳定收益吗？

我认为很难，尤其在投资领域。

大家都知道，无论股票还是期货市场，长期盈利的参与者只有3%~10%，绝大多数朋友都是处于亏损状态。这个时候，如何成为极少数的人呢？陆游曾经在诗中传授了学诗的奥秘："汝果欲学诗，功夫在诗外。"不仅仅写诗写文章是这样，做投资也是这样。投资是一个非常特殊的行业，我身边很多在政府、医疗系统、教育系统等领域有所成就的朋友，在投资市场的收益都不太理想。是因为他们不够努力吗？学习能力欠佳吗？心理素质不过硬吗？好像都不是。

其实投资的基础知识并不算太多，掌握单个品种的特性和规律，一般一个季度就足够了。但是为什么很多人做不好投资？我个人认为，他们的思考方式可能和长期盈利的交易员有一些区别。

这节的标题是"思维复杂，内心简单"，这是最近和一个在期货公司工作的小伙子沟通后的一些感悟。这个小伙子最近两年一直关注我的账户的操作风格，他认为极少有人能做到像我这样的思路和操作，太多的投资者和交易员跟我的想法是相反的：思维简单，内心复杂。

大多数人总是试图为今天的价格波动找到原因，然后基于分析判读为下一步的决策依据找到线索。这样的决策方法在其他行业没有太大的问题，但是在投资市场却很难持续盈利，因为这是大多数人的思维。

这个市场的本质是大多数人赔钱、少数人赚钱，如果大家想的一样，那谁会亏损、谁会盈利？

可以发现，无论是表4-3、表4-4的原油基本面和技术面的变量因子，还是图4-6的原油系统分析框架，影响原油价格因素的变量实在太多。对于大多数投资者，不可能有足够的精力去跟踪和覆盖所有价格因子。

表4-3 原油基本面因子

经济指标 / 情绪指标	悲观 Bearish	中性 Neutral	乐观 Bullish
Economic Outlook	■		
Interest rates		■	
OPEC compliance			■
Crude production and export from US		■	
Onshore commercial stocks		■	
Atlantic Basin crude to Asia			■
Refinery Margin	■		
Refinery Maintenance		■	
Technicals		■	
Seasonal		■	
Market psychology		■	
Non-commercial position			■
Global Supply Chain		■	
COVID-19 Situation		■	
Geopolitical		■	
Oil price outlook		■	

表 4-4　原油技术面因子

技术指标体系			移动平均线体系		
名称	价值	操作	时期	标准	移动
RSI（14）	60.164	购买	MA5	59.28	59.3
STOCH（9，6）	50	中性		购买	购买
STOCHRSI（14）	56.431	购买	MA10	59.13	59.18
MACD（12，26）	0.11	购买		购买	购买
ADX（14）	31.035	中性	MA20	59	59.07
Williams %R	−35.417	购买		购买	购买
CCI（14）	142.1419	购买	MA50	58.98	58.98
ATR（14）	0.2321	多波动		购买	购买
Highs/Lows（14）	0.2436	购买	MA100	58.92	58.71
Ultimate Oscillator	66.211	购买		购买	购买
ROC	0.918	购买	MA200	58.02	58.38
Bull/Bear Power（13）	0.312	购买		购买	购买
购买：9 出售：0 中性：2			购买：12 出售：0		
总结：购买			总结：购买		

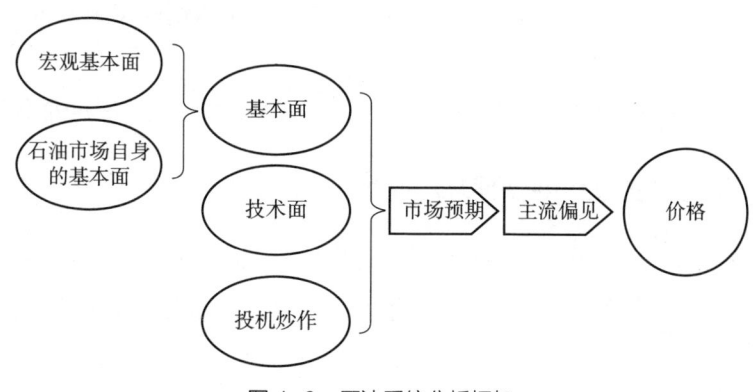

图 4-6　原油系统分析框架

所以，看到这次抄底沥青的小伙伴，除了我自己管理的账户一直持有沥青多单，其他朋友都在网格交易的路上渐渐丢失了筹码。网格交易的动机不仅希望吃到主升浪的盈利，也可以通过上涨途中的震荡回调进行一些高抛低吸的操作。但是此类操作多了，尝到短线甜头以后，就容易忘记自己的初心。

思维复杂，是指对分析框架和交易系统进行深入挖掘，然后结合自己的资金账户进行计划和操作。而内心简单则是当开始操作以后，就要遵守自己的交易系统和纪律，心情不能随着行情波动，也不能随着账户资金的变动而波动——这一点在刚开始比较难做到，不过很多朋友经过训练，渐渐地可以做到"不为金钱所左右"。

此外，思维复杂不仅仅是对品种基本面进行深入和系统的学习理解，还需要对自己的思维进行持续不断的调整。做投资要想获得持续盈利，就需要跳出投资，构建思维模块。学习历史、军事、人文地理、生物、物理学科，能更好地帮助理解这个世界的内在运行规律和逻辑，理解力的提升会反过来促进投资能力的增长。

一个好的交易员，在交易框架下应该具有三种能力或者三种模块：资金管理能力（资金与行情的贴合度）、分析能力（对行情的判断，无论对错和准确率）、思维和心灵的升级模式。思维和认知决定了成长天花板的高度，资金管理能力决定生存能力，而分析能力又和思维认知紧密相连、环环相扣。

当世界都通透了，内心也会变得简单和透彻。

在这样一个碎片化、高度功利化的时代，不能苛责人们为什么不去系统学习积累，毕竟，光是生存就已经很辛苦了。大多数人的真实状态是，上班对着繁重的工作，下班以后还得带娃、做家务，要求每个人都能腾出大量时间去学习、实践、反思，谈何容易？

所以在这样的背景下，大多数人亏损，少数人盈利，也就不足为奇了。

4.5.3 交易中的一种抉择方式

2022年3月初，正值俄乌战争刚刚爆发，以原油为代表的大宗商品出现了剧烈的拉升。很多朋友在操作中出现了困惑，我尝试通过这篇文章，把自己的思考和应对方式记录下来。

交易中，我们经常遇到类似问题：

第 4 章　期货盈利之门的金钥匙：交易系统

（1）选择的标的没有上涨甚至下跌，但自选股标的却涨势很好；

（2）该止盈的时候，犹豫不决，错失了最好的点位；

（3）该止损的时候，患得患失，导致亏损进一步扩大，陷入被动。

大约在 2 月 27 日至 3 月 7 日的这段时间，受到俄乌战争的影响，包括原油在内的很多品种都出现了单边上涨行情。

在 2 月 24 日左右，盘面 LPG 的价格在 6100 点附近，历史高位是去年 10 月创下的 6800 点，出于以下几点考虑，我决定尝试在 6800 点位置卖出看涨期权（见图 4-7）。

图 4-7　2022 年 3 月初 LPG 04 合约走势

（1）距离期权到期只有 7 个交易日，LPG 在一周内从 6100 点上涨至 6800 点的可能性不大。

（2）如果 LPG 真的上涨至 6800 点，被行权拿到 LPG 的空单，我就在 6780~6820 点附近主动在盘面买入 1 手 LPG 的多单，用于对冲。

基于这两点考虑，我以大约 56 点的权利金（56×20=1120 元）卖出了 2 手 LPG 期权合约。但是随着原油从 84 美元突破 100 美元关口最高上冲至 115 美元附近，LPG 也迅速拉升至 6700 点附近，我顿时感觉到了被动。如果真的开立多单，原油一旦掉头，LPG 将会回落，此时期权端可能不被行权，而期货的多单头寸可能出现亏损，非常被动。

在焦虑了两天以后，我决定止损 LPG 的期权端，当时做出这个决定是出于下面的考虑：

（1）期权大约亏损 200 点，2 手对应 8000 元，这是可以接受的。

（2）释放精力，没有必要为了 2 手期权去影响整个账户的大盘子，做交易要有大局观。

（3）用 8000 元的代价，买入一个教训，以后不能轻易违背裸卖看涨期权的原则。

很多朋友都曾经说过，期权卖方策略是"长期赚小钱，一次亏大钱"的游戏。在开始接触期权时，我曾对这个观点有点不屑一顾，按照当初把期权引入我们交易系统的出发点来看，我们的期权策略一定是提升了稳定盈利的能力。但是，经历了这次卖出看涨期权的止损后，我意识到这样的说法不无道理。裸卖看涨期权，如果重仓卖出大量看涨期权并且遇到极端行情，这个策略不仅会亏钱，甚至会爆仓：一位裸卖原油看涨期权的朋友，由于此次原油上涨的行情过于极端，发生了账户穿仓，600 万元的本金亏损殆尽（见图 4-8、图 4-9）。

做交易，要做到谋定而后动，知止而有得。

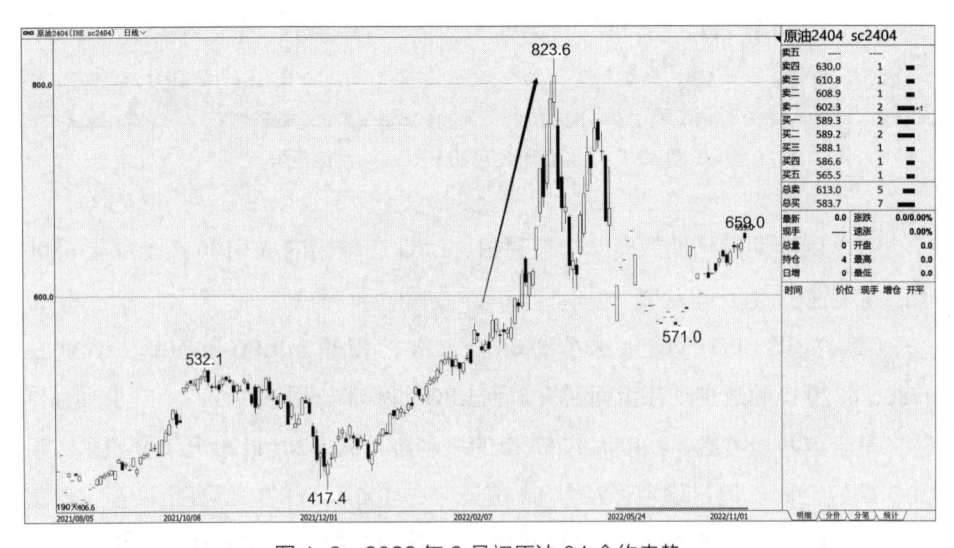

图 4-8　2022 年 3 月初原油 04 合约走势

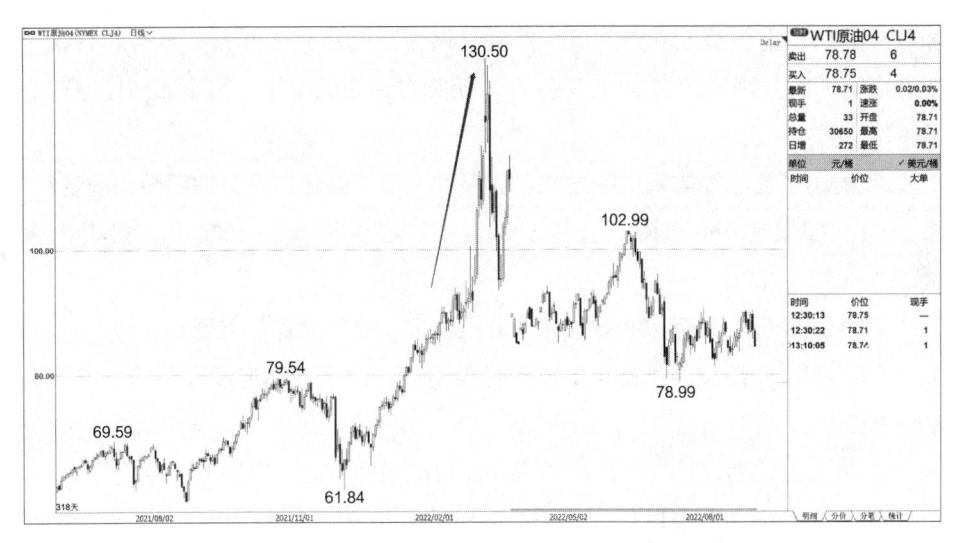

第 4 章 期货盈利之门的金钥匙：交易系统

图 4-9 2022 年 3 月初 WTI 美油 04 合约走势

类似的案例也出现在我的朋友身上。这位朋友面对暴涨的铁矿石行情，尝试通过做空铁矿石增加收益（见图 4-10）。虽然我自己一直坚守不做空的原则，但每个人的交易行为都是自己的心理写照，做空很难，彻底放弃做空对很多朋友来说也很难，所以他决定去试试。

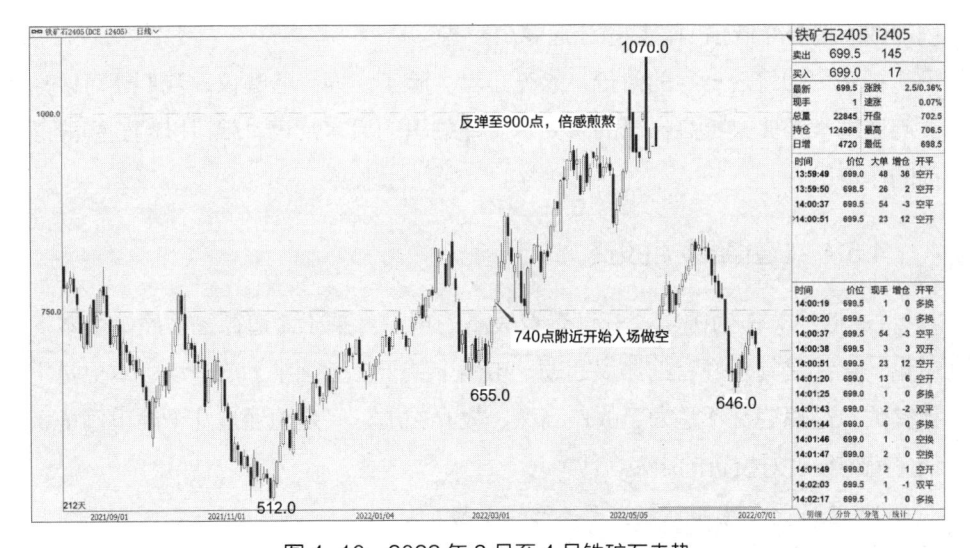

图 4-10 2022 年 3 月至 4 月铁矿石走势

这位朋友在 740 点附近开始做空铁矿石后，铁矿石便一骑绝尘，轻松突破

800点关口，上涨至850点附近，然后又慢慢回落跌破800点。当铁矿石跌至760点附近时，账面还有20点的浮亏。朋友咨询我的看法，应该如何处理这笔空单？

我给出了自己经常采用的方法：哪一种选择，会让自己更加后悔和难受？

（1）如果在760点附近止损，每手铁矿石亏损大约2000元，是否可以接受？

（2）如果行情跌至700点，在760点止损，会不会更加难受？

（3）如果行情反转上涨至800点甚至更高，会不会后悔没有在760点就进行止损？

最终，这位朋友认为第二种情况会让自己最为难受，所以他决定再等等。

铁矿石跌破760点以后没几天，价格就反转突破800点，到了4月，铁矿石价格甚至突破了900点。这位朋友还拿着空单在继续煎熬。

大多数朋友在交易中一定伴随着激烈和复杂的心理活动，我们应该如何化繁为简做出选择，权衡利弊？

当我们举棋不定时，尽量选择一个让自己后悔比较少、痛苦比较轻的方案。我们做投资是为了赚钱获得快乐，做选择也应该遵循类似的心理活动，既然利益最大化是人的本能，而任何选择都可能带来后悔甚至懊恼的情绪，那我们能做的就是降低预期，尽量让遗憾少一些。

关于"知行合一"的修行，永无止境。除了上面一些建议，我们还可以通过阅读国学经典来提高自己的认知，可能书里的只言片语，就可以起到醍醐灌顶的作用！

4.5.4 《道德经》和投资

《道德经》作为国学，一直有着很高的声誉。关于《道德经》原始版本的讨论一直都是其爱好者的热议话题，市面上关于《道德经》的解读版本更是不计其数。这篇短文不是为了故作高深、故弄玄虚，只是想通过几个简单例子谈谈《道德经》对投资的启发。

"道生一，一生二，二生三，三生万物。"

3和3的倍数，在我的交易系统里面是很重要的一项参数指标：每次建仓的比例、止盈的比例、均线系统，都和数字"3"有关。止盈章节中的动态止盈法，就是采用了120分钟均线的30日和60日均线结合。

"万物负阴而抱阳，冲气以为和。"

在证券市场，多和空的力量一定是交织缠绕在一起的。当市场出现滞涨，商品价格持续下跌，多头被空头痛击，毫无招架之力时，这其实给了底部做多的交易系统一个非常好的建仓机会。如果没有犀利的空头，没有高企的库存，没有悲观的经济预期，又怎么可能会有持续下跌后廉价商品的买入机会？

"上士闻道，勤而行之；中士闻道，若存若亡；下士闻道大笑之，不笑不足以为道"。

在本章中我已经对这句话做出了自己的解读。在此，我想用一个切身经历的案例来补充说明。同样的交易体系，同样的思想体系，有人可以订好计划后严格按照计划下单，但是有的人却控制不住自己的交易行为。

2018年底，当美国纽约商品交易所WTI原油价格下跌至42美元的时候，我把燃油抄底计划发到一个金融微信群，想请其他朋友看看这套交易系统是否完善，有没有漏洞。群里有人不假思索地指责我想通过野鸡平台骗钱，断言所有的大宗商品交易都是骗局。没有仔细研读交易计划，也没有深入思考原油市场的主导力量和相关变量，而是先入为主地用自己有限的认知表达着自己的观点。每次想到这个例子，我都不禁想到庄子提到的"夏虫不可语冰"的典故。

"道常无为，而无不为。侯王若能守之，万物将自化。"

投资是一个需要持续投入学习和钻研的行业，我们进行操作的时候应该如何定义有为和无不为？无不为可以解读为只参与熟悉的品种，也可以理解成"拿好正确的头寸等风来"。

通过上面几个案例大家可以发现，对《道德经》的理解，可以认为它是至理名言，也可以认为它是万金油。《道德经》的神奇之处在于，并没有权威的解读，文章又很碎片化。当我们拿到其中一段，甚至可以去掉标点，自己断句理解。其实《道德经》也好，康德哲学也好，并不能直接用来搭建交易体系，却可以源源不断地启发我们的思维，让我们不经意间获得醍醐灌顶的顿悟。

4.5.5 期货"老白"的再思考

这篇文章是我的第一位"徒弟"，那位来自电力系统的发小的佳作。在经过2019年、2020年、2021年连续3年的盈利以后，这位发小开始了多空自如的操作，在期货市场彻底放飞了自我。

2022年和2023年，他已经连续2年出现亏损。无论是结果还是过程，都和进入期货市场的初衷渐行渐远。

所以，我建议他停下来想一想，为什么持续盈利以后放弃了2019年就学会的交易方法和交易原则？

于是，便有了这篇文章。

"知行合一"，为什么这么难？

在当今这个信息爆炸的社会，各种各样的信息庞杂，在市场中我们往往以为自己"知"了，但是又很快通过别的信息否定了自己，认知的反复，必然导致"行"难一致。期货市场的信息真真假假、虚虚实实，一个品种就算是业内从业人员也很难真的从海量的信息中甄别，再叠加宏观政策、经济等因素，我们就更难真的"知"，所以所谓"知行合一"，如果只是片面地对交易趋势的"知"，是很难做到"知行合一"的，而且一旦执着于"知行合一"，出现了反向操作，是更危险的。

所以，期货市场中所谓"知行合一"，其实仅仅是针对一点：资金管理，按照自己的资金体量，制订交易计划，何时加仓，何时止损，是唯一需要"知行合一"的，也是在这个市场活下去的必要条件。

然而，这种资金管理也是最难执行的，因为资金管理在一个较短的时间内是难以给人强烈的正反馈的，必须将这个时间周期拉得足够长，比如几年，才能体现这种资金管理的价值。

而频繁而随意的操作，可能短时间内得到强烈的正反馈，操作也就在这种短时的快感中迷失。世人皆知"富贵险中求"，但鲜有人知道后面还有"也在险中丢，求时十之一，丢时十之九"。

期货市场，零和游戏，盈亏同源，轻易得到的必将轻易失去，一旦彻底放弃了资金管理，形成了随意操作的习惯，也就距离告别这个市场不远了。加大自己随意操作的成本，提高资金管理的"知行合一"，才是穿越牛熊的关键。

第 5 章

资金管理，不能说的财富秘密

5.1 资金管理，投资成功的不二法则

15 年前，如果有人在求学阶段问我，投资中最重要的是什么？

我可能会回答：宏观趋势的洞察、企业内在价值的判断、行业规划的前瞻，买卖点的精准把握……

然而现在，我的答案一般只有四个字：资金管理。

"资金管理"这四个字，无论是家庭理财还是投资市场，其重要性一直都排在首位。也许，有些初涉市场的新手看到这个观点时，会有些困惑，这可能是因为在市场的阅历尚浅。

如果经历了 2008 年的金融海啸，见证了 A 股市场从 6124 点跌到 1664 点的绝望情形。

如果在 2011 年至 2015 年，经历了文华商品指数长达 5 年的漫长调整，从 223.94 点下滑至 106.06 点。

如果在 2015 年 6 月，见证了 A 股市场连续数日的千股跌停。

如果在 2016 年 7 月，目睹了湖北碳市场连续七个跌停板的无助。

如果在 2020 年 3 月，参与了原油抄底，见证了美国 WTI 的负油价。

上面的任何一次经历都可能引起家庭财富的大幅缩水，甚至积累一生的财富都随着这些极端行情灰飞烟灭，让人不禁想起市场的一句老话：在这个市场待久了，什么都能见到。

很幸运，大学时候，人生的第一次投资以资金腰斩作为开端，回头看，这段经历却是我投资生涯的最好开局了！

5.1.1 人生第一只股票，亏损超过 65%

2008 年，我买入了人生的第一只股票——招商银行。依靠存贷息差作为主

要的利润来源，是所有银行的传统核心业务。而招商银行在2000年以后，就不断尝试通过良好的服务和丰富的理财产品，不断提高中间业务收入在利润中的占比。所以，招商银行的中间业务收入排名在银行业一直都名列前茅。

当时还在大学读书，我在证券公司兴冲冲地开户后，就像很多新人一样，急不可耐地买入了人生的第一只股票。虽然那时候移动互联网业务还没有普及，但是部分手机支持JAVA程序，所以在课堂上打开同花顺的App，输入35.02，填写200股数量的买单场景，仍然记忆犹新。

我满怀期待地将1万元的资金全部投入股票市场，希望与招商银行一同成长。然而，股价并未如我所愿一路上涨，反而是跌破了30元和20元两个整数关口后，依然继续下跌，最后跌至10元附近才渐渐企稳。看着账户里的权益从初始的1万元缩水到只剩下3600元，我深刻体会到了市场的残酷性和个人的渺小，残酷现实让我清晰地认识到了投资的风险（见图5-1）。

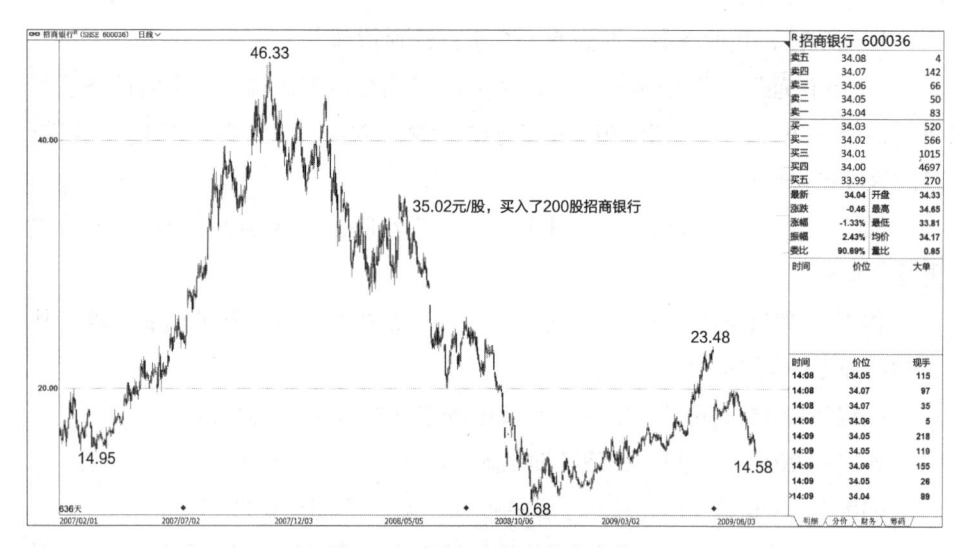

图5-1　2008年招商银行走势

幸运的是，在学生阶段以较小的代价，经历了2008年金融危机的系统性风险，让我深刻地理解了"风险"二字的含义。

到了2008年底，得到父母的支持，我再次给证券账户注入了1万元资金，买入了3000元的招商银行和5000元的苏宁电器。由于4万亿元的救市政策和美联储的宽松货币政策，全球资本市场在2019年迎来了强劲反弹，我的资金也渐渐恢复到2万元的本金。

回本后，如释重负的同时，我也开始思考一个问题：如果没有额外的资金支持，如果我的投资本金不只是 1 万元，而是 100 万元，我该如何去管理它？

距离 2008 年的超级大熊市过去 7 年，A 股市场又迎来了"七年之痒"，2015 年，千股跌停带来的冲击并不亚于 2008 年金融海啸时候的绝望！

5.1.2　牛市没有融资额度，熊市因祸得福

2015 年的那轮杠杆牛，让许多人都杀红了眼，陷入疯狂的境地。

有一个朋友在 2015 年初才进入股市，每周都向我询问收益情况。到了 5 月以后，当我告诉她，我正在减仓，收益逐渐减少时，她感到不可思议，认为在赚钱效应如此强烈的市场中，每周收益没有实现 10%，简直就是对市场的不尊重！

还有朋友跟我提出代客理财的要求，笑着对我说，她自己的要求不高，每周 5 个点的收益就好了！

在那个火爆的环境中，一位在中信建投工作的资深客户经理却忧心忡忡。虽然两年以后中信建投成为国内头部券商，但是在 2015 年，公司尚未上市，注册资本和资金实力相对有限，融资额度已经接近枯竭。开通融资融券业务的客户每天都在抱怨，没有办法使用杠杆买入股票，甚至有人直接销户转投其他资金充足的券商。

证券公司的正规融资蓬勃发展，场外配资业务同样异常火爆。很多投资者利用场外配置加杠杆操作，账户资金一度增至原有金额的 8 倍以上。

然而，天下没有不散的筵席，也没有永远繁荣的牛市。当市场出现崩盘式下跌后，场外配资的账户首先被引爆，接着证券公司的融资盘也陆陆续续开始被强平。不断强平又导致了新的卖盘的涌现，市场踩踏现象没有任何刹车迹象。

这个时候，那位客户经理朋友接到不少来自客户的感谢电话，庆幸当初公司没有融资额度，否则在如此泥沙俱下的环境下，不知道会面临怎样的处境！

有位在央企工作的朋友，时隔多年回忆起那段时光，仍然心有余悸：7 月初的那个晚上，我躺在床上，如果明天我持有的股票再来一个跌停，我的账户不仅会清零，还会欠证券公司一笔钱。我就这样看着天花板，想想 10 年来参加工作和参与股市的点点滴滴，账户接近百万元的本金在明天就灰飞烟灭，我彻夜未眠……

幸运的是，第二天公安部开始介入，彻查做空势力，跌停板打开，他得救了！

回顾2008年和2015年的两个切身经历，更加确信了一位前辈的观点：想要穿越牛熊，不能没有良好的资金管理系统。

5.1.3 资金管理为什么如此关键

NBA中有一句著名的谚语"进攻赢得比赛，防守赢得总冠军"。

在证券市场也是如此。如果把重仓押注比喻为犀利的进攻，那么科学的资金管理体系则是扎实的防守。

中国古代军事著作《孙子兵法》中阐述的许多原则和策略，如统筹兼顾、斗智斗勇、知己知彼等，都可以应用到投资市场中。将投资比喻为一场战争，这种视角有助于理解市场运作和投资策略的关系。

首先，市场行情的发展演变可以视为战争局势的变化。投资者在下单前，需要考虑两个问题：一是潜在的上涨空间，二是若分析错误，可能出现的下跌空间。任何资产的波动都将直接影响我们账户的盈亏。尤其是在期权交易中，标的物的波动规律会直接影响期权的定价，且它的动态变化幅度通常会远高于标的资产。平值期权的波动幅度常常超过30%，在极端市场行情下，可能在一天的涨幅超过100%。

2023年7月24日，据新华社报道，中共中央政治局召开会议，会议指出，要用好政策空间、找准发力方向，扎实推动经济高质量发展。要精准有力实施宏观调控，加强逆周期调节和政策储备。要继续实施积极的财政政策和稳健的货币政策，延续、优化、完善并落实好减税降费政策，发挥总量和结构性货币政策工具作用，大力支持科技创新、实体经济和中小微企业发展。要保持人民币汇率在合理均衡水平上的基本稳定。要活跃资本市场，提振投资者信心。

资本市场受此消息的影响，于7月25日跳空高开，并且一路上行，沪深300指数上涨110点，涨幅接近3%，而与之关联的看涨期权3800/4150，更是达到了182%~225%的涨幅，而看跌期权3700则出现了82%的跌幅（见图5-2~图5-5）。

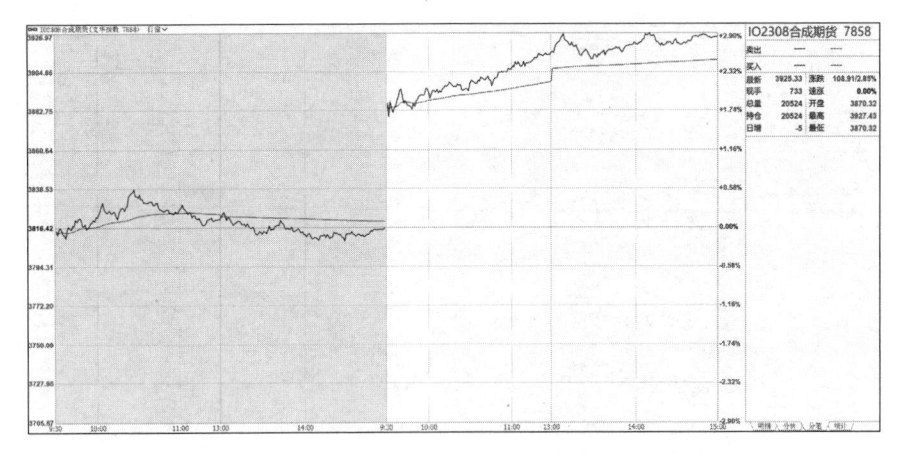

第 5 章　资金管理，不能说的财富秘密

图 5-2　2023 年 7 月 25 日沪深 300 指数跳空高开

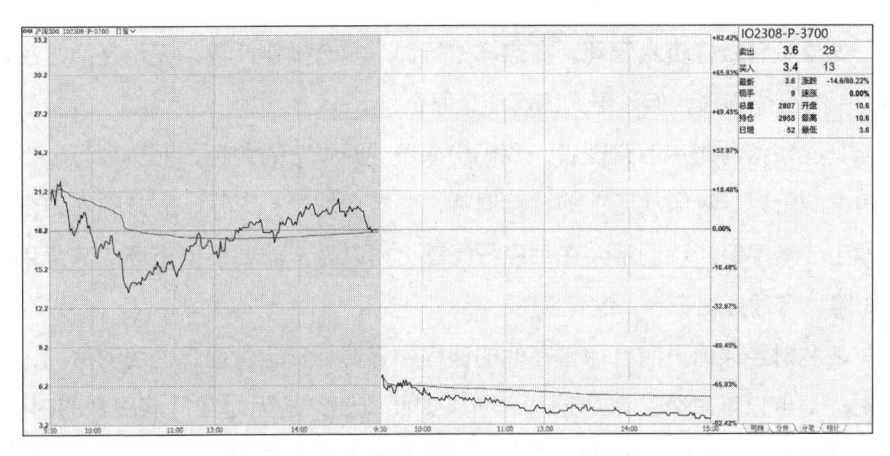

图 5-3　2023 年 7 月 25 日沪深 300 指数 3700 点看跌期权出现了 82% 的跌幅

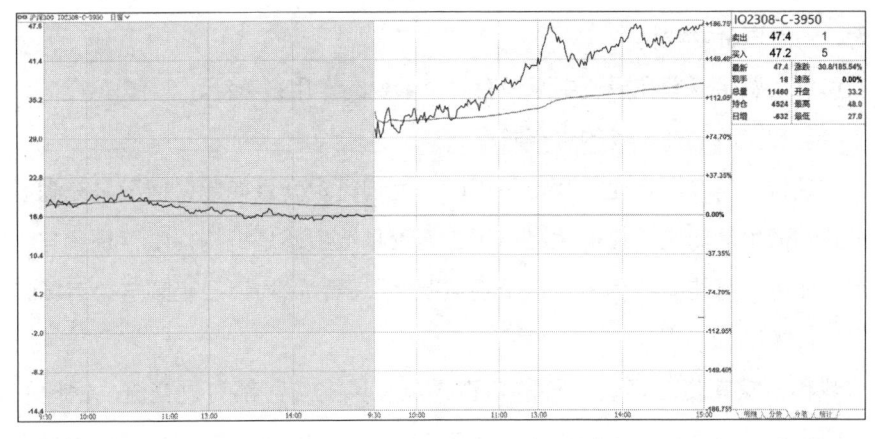

图 5-4　2023 年 7 月 25 日沪深 300 指数 3800 点看涨期权出现了 182% 的涨幅

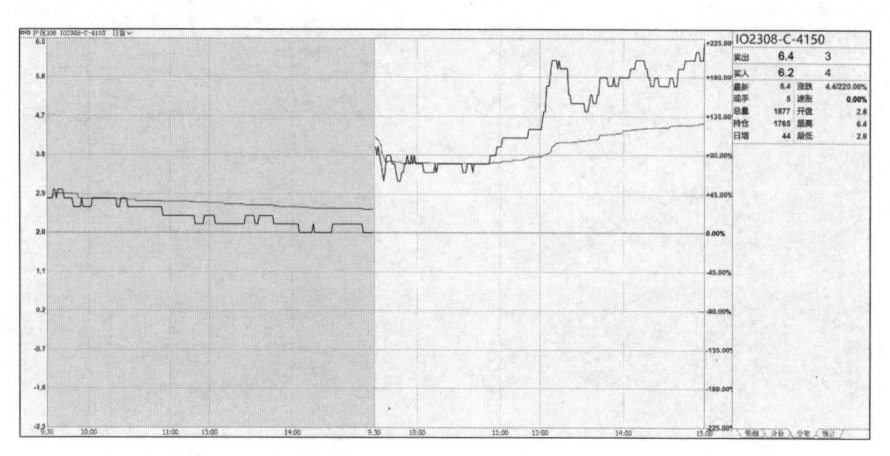

图 5-5 2023 年 7 月 25 日沪深 300 指数 4150 点看涨期权出现了 225% 的涨幅

如果没有做好资金管理，在这样的行情下重仓操作期权，无论是卖方还是买方都有可能暴富，但是更大的可能是爆仓！

其次，作为账户的管理者，我们扮演着"元帅"的角色，而资金可以视为战争中的士兵。就像战场上的调兵遣将，要结合地形、天气、敌方的实力合理地做出战略部署。我们不会在每段行情都全力以赴，需要根据市场的情况和投资策略，合理分配资金、配置头寸。

著名财经评论员时寒冰曾在他的课程中强调，资金管理是投资的命门，这种说法一点也不过分。资金管理之所以如此重要，是因为在行情配合的时候，固然可以让财富顺风顺水地稳定增长，但回顾自己这 15 年之路，更多的还是逆境和险阻。而最终能在这个残酷的市场中生存下来，投资生涯得以延续的根本要素，还是资金管理！

所以，资金管理在投资中至少有两个重要的作用：

（1）提高我们在市场的生存概率。

俗话说，常在河边走，哪能不湿鞋？河边行走尚且如此，何况是充满了不确定性的衍生品市场？在衍生品市场，无论是散户还是机构，生存是参与市场的首要任务。可能有些读者对这个观点嗤之以鼻，认为自己来到这个市场就是为了挣大钱！

我和多家期货公司营业部的负责人以及风控总监都有过交流。据他们观察，期货公司的客户，长期盈利占比在 8% 左右，另外 35% 的账户处于长期亏损,还有一半左右的账户坚持不到一年时间,就彻底退出了市场。

因此,有经验的客户经理开始把工作重心转向机构客户。这类客户包括产业客户和资产管理客户两大类。他们发现,这些机构客户在市场上的生存能力明显高于个人投资者。期货公司的员工辛辛苦苦花费半年或更长时间才能找到一位几百万或者过千万的高净值客户,但这些客户由于缺乏风险控制和资金管理经验,采取重仓交易,在一个季度到半年的时间内就可以让账户资金腰斩——这对客户经理的业绩考核非常被动。

而产业客户和资产管理客户,由于拥有更完善的风控意识和操作纪律,他们会把资金安全和盈利的确定性放在首位。因此,即使出现阶段性亏损,也会遵守纪律,严格止损,控制账户的亏损。当市场行情符合他们的策略时,他们的表现往往会更加出色。

(2)资金管理可以为更好地布局机会留下子弹。

在这个市场,投资者常常会遇到类似的处境:当我们仓位相对比较高的时候,我们关注的其他品种却进入布局区间。为了账户的安全,我们不得不舍弃当前的持仓头寸,或者眼睁睁看着理想的机会从眼前溜走。

下面,我就结合自己的几段经历,来聊聊资金管理是如何帮助我们在一次次抄底中化险为夷,笑到最后的。

5.1.4 什么原因,让我们在2018年成功抄底商品市场和A股市场

2018年9月,完成湖北碳市场履约后,我们开始着手搭建商品期货的投研框架,建立自己的交易系统。当时,有两个比较不错的投资机会:

(1)A股市场的广晟有色。根据过往经验,我们可能会用相当一部分仓位参与A股市场,在32元以内买入广晟有色。尽管它是一只股票,但其运行逻辑与大宗商品非常相似,我将在后续的章节对其商品属性进行详细分析(见图5-6)。

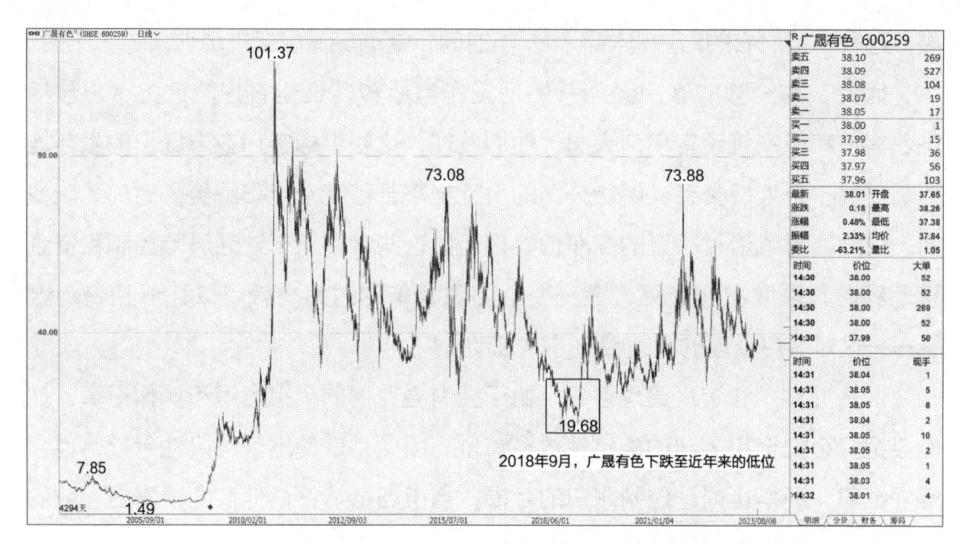

图 5-6　2018 年 9 月广晟有色下跌至近年来的低位

（2）与沪深 300 指数挂钩的股指期货。沪深 300 指数经过充分调整，我们主观认为其下跌空间十分有限，也是一个不错的投资机会（见图 5-7）。

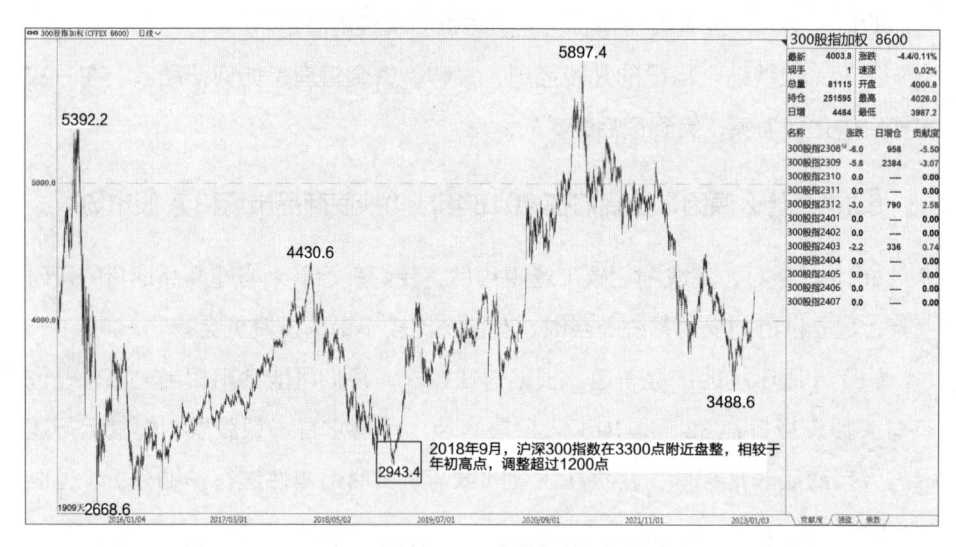

图 5-7　2018 年 9 月沪深 300 指数相较于年初下跌 1200 点

但是，我们没有在 10 月就把所有资金都投入到这两个品种，而是根据对资金的整体规划，将大约 20% 的资金分别配置到这两个品种中，并且采取分批建仓策略。

回头看，这两个标的在 2018 年 10 月都处于历史低位，为什么当时我们没有大举押注呢？

首先，A 股市场的调整贯穿 2018 年全年，一直到 12 月底才真正企稳。所以在 10 月底的节点，无论是对个股广晟有色还是沪深 300 的股指期货，我们并无太多信心动用全部资金进行布局。事实上，广晟有色的股价从 10 月的 26 元下跌至 12 月的最低价 19.68 元，沪深 300 指数在当年最后一个季度也下跌了 200 点左右。

其次，保留一半以上的资金并没有让我们的资金空置太久。从 10 月开始，全球原油市场出现了暴跌。2018 年 10 月，新闻记者贾马尔·卡舒吉谋杀案在全球引起了强烈反响。这起案件发生在沙特阿拉伯领事馆，卡舒吉被指控批评了沙特的皇室，引发了全球对沙特政权的质疑，使得沙特阿拉伯的稳定性受到了挑战。

沙特阿拉伯是全球最大的原油生产国之一，美国通过卡舒吉事件向沙特阿拉伯施压要求增产原油，加之美联储货币政策的不断收紧，导致原油价格从 10 月初的 72 美元下跌至 12 月底的 42 美元左右。这样大幅度的调整为我们提供了一个理想的商品多头配置机会。

假设在 10 月，我们没有严格遵循资金管理的原则，而是选择大规模布局，那么 11 月和 12 月广晟有色和沪深 300 指数持续调整后，我们将无法持续买入降低持仓成本，同时也没有闲余资金配置原油商品期货。

读者可能会好奇，除了这些成功的案例，我们在衍生品市场上是否曾经出现过大的回撤甚至是亏损？答案是肯定的，我会在本书的期权章节详细介绍由于资金管理不善，导致投资失败的案例。

所以，无论是期货交易还是期权交易，资金管理都是立足之本！既然资金管理如此重要，那什么是资金管理？市面上关于交易领域的资金管理主题的书籍为何寥寥无几？

5.2 专业资金管理的书籍，为何寥寥无几

5.2.1 什么是资金管理

无论是海外高校的 MBA 教材，还是国内注册会计师的教材，都对"财务管理"有着准确的定义和解释。然而，要找到一种全面、精确、能让大多数市

场参与者接受的关于"资金管理"的定义却相当困难。

在CHATCPT上，对资金管理的定义如下：

衍生品市场的资金管理是指在衍生品交易中有效管理资金、控制风险并优化回报的一系列策略和方法。它涉及确定适当的资金分配、风险管理、杠杆控制、资金流管理以及监控和调整投资组合等方面的工作。资金管理的目标是保护投资者的资金免受市场波动的影响，并确保投资者有足够的资金来满足交易要求。通过有效的资金管理，投资者可以降低风险、增加投资组合的稳定性，并在市场中寻求更好的投资回报。

由于市场参与主体不同，投资策略和资金偏好也存在差异，所以大家对资金管理的理解各有不同，比方说左侧交易和右侧交易对资金管理的理解就截然不同。

左侧交易者强调安全边际，在严格做好资金预算的情况下，他们会提前在底部布局多单或高位布局空单。而右侧交易者会在趋势确认突破后增加头寸提升杠杆，甚至考虑通过浮盈加仓来提高持仓头寸。

同样，短线和中长线交易对于资金管理的理解模式也有着明显差异：日内交易员有严格的止损止盈策略，他们往往会将杠杆保持在3倍以上；而对于中长线的交易风格来说，可能2倍的杠杆就是他们的账户极限了。

所以，不同交易风格对应的资金管理风格也会截然不同。不过，任何一位保持长期盈利的交易员，都不会否认资金管理的重要性。同样，他们丰富的交易决策，也都是围绕着适当的资金分配、风险管理、杠杆控制，以及对市场行情监控和头寸的持仓组合等方面的工作进行展开的。

既然资金管理在期货交易中扮演着如此重要的角色，那么如果我们要学习资金管理，是否能够像财务分析或者技术分析那样，购买书籍自学呢？

5.2.2 书海茫茫：为何专业资金管理书籍如此罕见

当我们打开当当或者京东网搜索关于资金管理主题的书籍，会发现结果寥寥无几。搜索通常会显示四个结果，包括《操盘手的资金管理系统：锁定利润规避破产风险》《资金管理新论：资产配置的一个新框架》《资金管理方法及其应用》《期货交易者资金管理策略》。

这四本书的作者都来自国外，以技术分析和趋势交易为基础，围绕右侧交易介绍资金的加仓、减仓策略。市面上到目前为止，还没有一本和左侧交易相关的资金管理类书籍。所以我们在创建自己的衍生品交易系统时，如何将资金管理和建仓相结合，确实花费了一些功夫。好在我们团队成员大多具有比较良好的财务背景，最后通过表格工具解决了这个问题。这些年在衍生品市场，我们能够每年实现持续稳定的盈利，没有出现过亏损，也都是基于这套资金管理系统！

国内散户对投资的理解，很大一部分精力放在预测行情上，并没有对资金管理有足够的重视，这是实盘交易中一个很大的误区。在任何时候，只要我们参与市场就会面临不确定性，市场分析难免会出错，并且任何一次亏损可能让我们之前的努力和利润都付诸东流。因此，我坚信，在投资实践中，想要获得稳定的盈利能力，我们首先应该讲解的是资金管理。为了理解在期货市场为什么很多投资者，尤其是散户缺乏有效的资金管理理念和体系，我们可以从内在思维和外部因素两个维度来理解这个现象。

首先，内在思维。许多市场参与者都是从小资金开始做起。想象一个比较典型的场景：一个大学毕业生工作不久积攒了一些资本，可能是 5 万元，也可能是 10 万元，如果有家庭支持，可能达到 20 万元或更多。对于一位年收入 12 万元左右的年轻人，利用 10 万元的本金在市场操作，他们的盈利预期会是多少？很少有人会在刚进入市场，就制定 20% 左右的收益预期——大部分新人即使没有憧憬资金翻倍，也会认为实现 50% 的盈利不是一件特别困难的事情。

所以，如果他们以 10 万元本金，实现超过 5 万元投资收益的时候，再加上 12 万元的工资收入，那么他们的年收入将会接近 20 万元，这是大部分人的想法。然而，这种收益率可以持续吗？

以世界顶级投资者巴菲特为例，他年轻时的年化收益率稳定在 30%，资产规模增大后，收益率稳定在 21% 左右。很多市场参与者在行情配合的时候，可能一个月或者一个季度就可以实现超过 30% 的收益。有了类似的经历，许多个人投资者就容易对自己的投资结果有过高的期望，往往选择满仓操作。类似操作即使实现阶段性的盈利，当他们的资金规模从 10 万增长到 20 万元，再到 30 万元甚至更多的时候，他们可能依然没有意识到引入资金管理的必要性，继续选择高仓位操作，将自己的资金完全暴露在风险之中。

全国期货实盘大赛的冠军汪星敏在一次视频采访中提到，小资金应该重视 20% 的收益率，那些期望年收益 50% 甚至更多的投资者，一年过去，有多少人真的盈利了？其实，最后大多数人都在亏损。

因此，无论是 5 万元起步的小资金，还是 500 万元的资金，都需要在早期结合自己的交易策略建立资金管理体系。

其次，外部因素。很多期货新手开户时，往往被一个又一个暴富的故事吸引入市。部分财经自媒体有意无意地讲述着普通人成长为亿万富翁的故事来吸引眼球，增加流量。

每年的期货实盘大赛的冠军都能实现数十倍的收益，这也成为很多新人向往的一面：有朝一日，我会不会也是其中一员？

然而，近 3 年实盘大赛的数据显示，机构投资者的盈利优势越来越明显，而轻量组的中小投资者亏损比例和幅度却普遍较高。这样的结果，一方面反映了机构投资者在风险控制方面具有天然的优势：控制亏损以后，盈利就变得相对容易。他们会通过良好的资金管理和风险控制，以及多样化的策略组合来应对市场的不确定性。另一方面也揭示了中小投资者试图"以小博大"的冒险心态，可能有很多报名参赛的选手抱着赌一把的心态，即使这笔钱亏完了也可以承受——我们不能完全否定这种心态和行为存在一些合理性。但是作为普通人，我们应该尽量站在胜率比较大的那一面，建立起科学的投资观，而不是赌徒的心态。

所以，如果个人投资者将期货市场视为高杠杆高收益、实现一夜暴富的场所，他们就会对资金管理缺乏足够的重视，导致这类书籍的关注度和需求将会非常有限。因此，即使有人想要出版类似主题的书籍，也可能会面临市场需求不足，销量十分有限的窘境——比起控制风险，人们更喜欢学习如何提高胜率和快速致富。

5.2.3 金融智慧的宝藏：市场上的投资书籍分类解析

这一小节和资金管理的关系不大，但是对于提高金融思维和专业素养具有一定的参考意义。

从大学开始，我就通过阅读大量的金融投资类书籍，增加对投资的理解。大学毕业我去图书馆打印书籍借阅的清单，发现累计借阅超过 300 本的书籍，其中一半是和商科相关的。

工作后，我也保持着每年 20 本以上专业类书籍的阅读量。随着阅历的增加，专业知识的提升以及交易体系的不断完善，会发现专业书籍对自己的启发在逐渐减少——即便这样，我依然坚持定期采购书籍学习：有时候，哪怕只是几页纸甚至只言片语的观点，也可能对我们的思维和交易策略有着灵光一现的启发。

所以每次跟团队成员推荐书单的时候，我都会强调读书的重要性，尤其是随着我们资金体量的增加，通过阅读来实现"一本万利"的例子并不罕见。

常见的投资类书籍，大致分为以下几类：金融史、人物传记、技术分析、学术教材及理财规划。

金融史和人物传记都有着鲜明的社科类图书特性，通过叙述历史和金融市场的重要人物，可以窥探历史的演变过程和时代的变迁。这类书籍可以帮助读者开阔视野，增加读者的定力和洞察力。市场出现惊涛骇浪的暴跌，放在历史的长河中可能只是K线图上的几根大阴线。同样，在金融市场取得再大的成就，如果没有用这些资金去反哺产业或者回报社会，那也仅仅只是一个数字。

所以，每当读完一本本沉甸甸的金融历史或者人物传记时，我都会思考几个问题：自己在家庭中扮演什么角色？自己在当下社会中扮演什么角色？自己在历史中扮演什么角色？这些反思，有助于让我们跳出当下的行情，对得失看得更加平淡。

然后，说说技术分析类的书籍。技术分析类的书籍之所以热门是因为其具有直观性和易读性。无论是证券期货公司的投资顾问还是自学为主的投资者，都可以把书中的各种指标、形态模板套用在现实行情走势中。但是，技术分析更多是聚焦过去已经发生的行情，无法一直准确预测未来的市场动向。例如，技术分析三大假设之一的"趋势会延续"，万一趋势没有延续怎么办？同样，当市场为半强势市场，基本面信息和参与者的预期没有充分地反映在市场中，技术分析又如何体现其准确性？

很多技术分析类的书籍在结尾会带有宗教色彩般的总结：如果没有通过技术分析赚到钱，不是因为技术分析不足，而是由于你还没学到家——如果愿望没有达成，可能是心不诚。

此外，各个指标也会存在互相冲突的信号。在这里，我无意诋毁技术分析，因为我也经常使用均线来设定止盈目标。但是就像其他分析工具一样，技术分析有其局限性，可以参考，但不要迷信。

对学术教材类的书籍，例如注册会计师或特许金融分析师（CFA）等，虽然相关内容可能不会直接提升我们的投资收益，但这些教材能够提高我们的专业知识，帮助我们更深入地理解复杂的金融体系。另一类比较浅显的理财规划类图书，专业程度相对较弱，这类书籍可能更贴近市场，结合大量的案例进行讲解，也具有一定的学习价值。

通过对各类金融投资书籍的学习，可以帮助我们构建比较严谨的逻辑链条，更加客观全面地看待我们的收益率。当大家谈论收益率的时候，如果知道下面几个指标以后，可能就不会简单地认为收益率高低是衡量投资水平的唯一指标了。

5.3 抛开资金管理比较收益率，犹如竹篮打水

5.3.1 几个指标项下的收益率思考

收益率，是衡量投资收益的一个重要指标。无论是资金庞大的基础设施项目还是我们的二级市场交易，投资者都需要通过收益率来评估项目的回报情况。显然，收益率越高，项目的盈利能力就越强。

回顾自己最近10年在商品市场的表现，2014年至2018年，我们在湖北碳市场的年均收益率大约在38%；2019年至2022年，在国内的衍生品市场，我们的收益率大约为22%。

当我们成立自己的阳光私募基金，路演介绍我们过往的年化收益率在15%~30%时，湖北的很多投资方往往会流露出一丝失望的表情。有的投资方直接指出来，如果在期货市场不能实现50%的收益率，他们宁愿把资金投入股票市场。相对于湖北地区，沿海地区的投资人对资金的收益率期望明显要低一些，他们认为如果能连续实现年化15%以上的收益率，就已经是非常不错的水平了。

我认为出现这种现象是因为江浙地区的投资者有更多与海外资本接触的机会，因此他们对全球资产的整体回报率有着更加全面的理解。然而，一位在浙江工作多年的朋友指出，沿海地区的经济活力和经济体量是内陆无法比拟的。在资本市场日益透明的今天，好的投资项目越来越稀缺，投资收益也因此被压缩，高回报的投资项目数量明显减少，资金开始寻找新的投向。在保证资金安全的前提下，即使牺牲了高回报，只要能实现复利增长，稳定的投资模式也一样会受到欢迎。

在固有思维里面，收益率越高说明盈利能力越强。但专业投资者，常常会借助其他指标，来评估投资表现的稳定性和可持续性。因为高收益率固然不错，但通过孤注一掷重仓押对了方向，那下一次还能复制类似的高收益率吗？

因此，夏普率和回撤率就成为衡量收益稳定性时经常被使用的两个指标了。

夏普率，作为一种广为投资者使用的收益评估指标，用于量化每单位风险所产生的超额回报。然而，它也有一些缺点和不足：

首先，夏普率是一种绝对比率，对市场环境并无考虑。在整体市场表现糟糕的情况下，一个基金可能表现得较差，但其夏普率可能依然较高，因为它相对于其他基金来说仍然表现优秀。

其次，夏普率并未考虑到投资的时间期限。长期投资者更关心长期的累积收益，而夏普率则更侧重于短期的风险调整回报。

最后，不同的投资策略对风险的容忍程度各异。有些策略可能短期波动较大，但长期回报较高，这种情况下使用夏普率可能过于严苛。

另一个常用指标是回撤率，这是一个评估投资风险的重要指标，表示投资组合从最高点到最低点的负收益。然而，回撤率也并非完全可靠：

首先，最大回撤只考虑了最高点和最低点之间的收益，没有考虑这个过程中的时间因素。比如，一只基金可能经历了一个长时间的小幅回撤，而另一只基金可能经历了一个短时间的大幅回撤，尽管两者的最大回撤可能相同，但它们对投资者的心理压力和实际损失影响并不相同。

其次，回撤率的计算只关注当前的回撤，会忽略过往的回撤。这可能导致一些重复的大幅回撤被忽视，而这些回撤可能暗示着投资策略存在问题。

再次，回撤的恢复时间也未被考虑在内。回撤的幅度虽然重要，但恢复的时间同样关键。如果一只基金经历了大幅回撤，但能在短时间内恢复，那么对于长期投资者来说，这种短期的波动可能并不重要。反之，如果恢复时间过长，即使回撤幅度不大，也可能导致实际损失加大。

最后，回撤指标只关注了负面情况，没有考虑到基金的收益情况。一只基金的回撤率即使再高，但如果其风控较好，风险调整后的回报可能依然优秀。

因此，对于我们而言，虽然会参考夏普率和回撤率，但更重视的是账户的"杠杆使用比例"。

期货账户由于保证金制度，最大杠杆可达 9 倍，而最小杠杆在空仓状态下为 0。我们的交易策略，经过反复的极限测试和市场实盘以后，我们都会把自己的杠杆上限控制在 1.5 倍以内。这并不是说要一直保持账户的 1.5 倍杠杆，而是设定最大的杠杆比例上限来控制风险，获取稳定收益，这是我们风控的底线。关于杠杆算法的具体步骤，我们会在建仓环节中进行详细介绍（见图 5-8）。

品种名称	甲醇09											
第一次开仓价格	2470											
市场现价	1580											
合约单位数量	10											
保证金比例	9%											
品种计划资金	120000											

阶段	品种价格	涨跌幅	买入数量	累计持有	开仓均价	单笔合约价值	累计合约价值	账面浮动盈亏	保证金	累计保证金	资金合计	账户可用资金	账户权益	资金使用效率
	2470	0%	9	9	2470.00	222300	222300	-80100	20007.00	20007.00	100107.00	19893.00	39900	50.14%
	2395.9	-3%	0	9	2470.00	0	222300	-80100	0.00	20007.00	100107.00	19893.00	39900	50.14%
	2321.8	-6%	0	9	2470.00	0	222300	-80100	0.00	20007.00	100107.00	19893.00	39900	50.14%
	2247.7	-9%	0	9	2470.00	0	222300	-80100	0.00	20007.00	100107.00	19893.00	39900	50.14%
	2173.6	-12%	0	9	2470.00	0	222300	-80100	0.00	20007.00	100107.00	19893.00	39900	50.14%
	2099.5	-15%	0	9	2470.00	0	222300	-80100	0.00	20007.00	100107.00	19893.00	39900	50.14%
下跌建仓阶段	2025.4	-18%	1	10	2425.54	20254	242554	-64554	1822.86	21829.86	106383.86	13616.14	35446	61.59%
	1951.3	-21%	0	10	2425.54	0	242554	-64554	0.00	21829.86	106383.86	13616.14	35446	61.59%
	1877.2	-24%	1	11	2375.69	18772	261326	-87526	1689.48	23519.34	111045.34	8954.66	32474	72.43%
	1803.1	-27%	1	12	2327.98	18031	279357	-89757	1622.79	25142.13	114899.13	5100.87	30243	83.13%
	1729	-30%	0	12	2327.98	0	279357	-89757	0.00	25142.13	114899.13	5100.87	30243	83.13%
	1654.9	-33%	1	13	2276.20	16549	295906	-90506	1489.41	26631.54	117137.54	2862.46	29494	90.29%
	1580.8	-36%	1	14	2226.53	15808	311714	-90514	1422.72	28054.26	118568.26	1431.74	29486	95.14%
	1506.7	-39%	0	14	2226.53	0	311714	-90514	0.00	28054.26	118568.26	1431.74	29486	95.14%
	1432.6	-42%	1	15	2173.60	14326	326040	-89040	1289.34	29343.60	118383.60	1616.40	30960	94.78%

图 5-8　我们的风控表格

需要明确的是，不同交易策略的资金管理模式会有很大的差异，我们所设定的风控体系，主要服务于我们交易系统的建仓体系和持仓环节。

5.3.2　盈利出金，真的会拖累收益率吗

盈利出金，是指把账户已经兑现的收益转出交易账户，转入银行卡进行留存的操作行为。许多有经验的投资者往往会主动把资金分为场内资金和场外资金。场内资金通常是指账户此时可用于交易的资金，场外资金是指存放在银行账户，可以随时转入投资账户的银行资金。

可能有读者会认为，类似出金操作会导致账户可以动用的本金减少，将会拉低整体收益率。确实，如果我们将利润留存在账户进行再投资，在理想状况下会获取更大的利润，但是为什么还是有那么多优秀的交易员，会选择盈利出金，设置场内、场外两个账户呢？

一方面，选择出金可以让投资者拥有一个冷静期。如果不转出资金，投资者看到账户可观的利润，往往会由于自信心的增加以及对行情不切实际的幻想，又重新进行操作。普通人连续盈利以后头脑难免发热，对自己的交易水平和盈利预期都发生转变，容易盲目下单从而将自己置于一个比较被动的处境。当我们坚持账户出金以后，账户回到了原点，就可以进入"空杯"状态，避免水满则溢的情况。

另一方面，出金以后我们依然可以随时入金，有利于分批次建仓。很多投资者看到一个品种进入自己理想的价位，往往无法抑制冲动，重仓或满仓布局。当资金全部出动完成建仓，标的物价格往往还会继续下跌，这个时候如果没有资金储备，只能被动地选择等待或者止损了。但是如果启用场外资金，则可以在标的物下跌到一定阶段，转入资金继续买入。转入资金的操作，给了投资者

一个冷静期，让投资者反思现在持有的筹码是不是应该止损，或者等等再抄底。

所以，盈利出金看起来会拖累收益率，但是我们通过出金获得的冷静，反而会促进我们拥有更加客观准确的判断，从而提高我们的胜率。

除了通过出金可以帮助我们取得稳定的收益率，我们还可以把家庭当作企业，建立属于家庭的"资产负债率"，以企业的财务视角更加全面地看待投资和家庭理财的关系，进一步增强我们的资金管理能力。

5.4 如何建立家庭的资产负债表

5.4.1 期货投资和家庭理财的奇妙结合

2018年秋天，我和妻子小芸提出试水商品市场的想法。虽然她是经济学科班出身，也见证了这些年我在碳排放权市场的稳定收益，但她还是有些担心——因为期货市场的口碑实在不太理想。

那年我们刚刚举办完婚礼，如果期货交易出现巨大亏损，对于刚成立的家庭来说会造成非常被动的局面。经过商量，我们决定拿出30万元作为初始投资本金，并且事先约定，如果亏损超过10万元就停止尝试，退出商品期货市场。

回头看，这是一个理性而重要的开局。

首先，我得到了家庭的支持。很多朋友在做期货交易时，尤其遇到行情不太顺利的时候，都会对家人保密。期货市场的声誉欠佳，常常与"自杀""离婚""负债累累"等负面新闻挂钩，因此有朋友会偷偷开设账户交易，甚至晚上在家需要下单时，瞒着家人去洗手间交易！

所以，无论是否已经成家，我们在进行投资理财时，都应该明确投资规划。即使不是财务科班出身，掌握简单的家庭收支管理也是家庭理财的基础技能。准备进行哪些投资，可能出现什么问题和挑战，同时预期的收益是多少，都需要提前规划好，并与家人进行商量。

其次，我们在刚开始就设定了止损线。10万元是我们开始期货交易之前就设定好的亏损上限，这一点非常重要。即使我们连续5年在湖北碳排放市场取得了稳定收益，但是湖北碳市场的分析框架是否适用于全国乃至全球的商品衍生品市场，我们自己也不太确定。所以面对不熟悉的新生事物，主动设定一个亏损上限就如同开车系上了安全带。这样就不会因为账户亏损而产生太多的负面情绪，进而滋生赌博和孤注一掷的心态，不断加大投入妄图回本。

2018年至2020年，我们一直把期货市场作为家庭理财的一部分。直到经历了2020年的金融风暴，仍然取得了36%的收益后，我们才开始认真考虑是否将衍生品交易作为职业发展的一个方向。所以，我们要明确入市目标，为什么要尝试进入期货市场？

我在给学员培训的第一堂课就会强调，我们学习期货交易将会接触到很多知识框架，比如全球贸易、全球政治、产业发展等。但学习这些新知识的唯一目的是要在期货市场获得稳定的收益。投资应该服务于家庭财富的增长，即使掌握了再多的知识，分析过程再精彩，我们也要尽量避免账户出现"一顿分析猛如虎，一看本金亏成土"的情况。

所以，在期货投资中，无论积累多么丰厚的利润，也不要忘记入市初心：实现财富的稳定积累。除了心态的调整，建立家庭的"资产负债表"，将会从定量的角度帮助我们有效地进行家庭资产的管理配置。

5.4.2 解密家庭资产负债表

这是一本旨在教授读者如何操作期货和期权交易的书，为何还要引入财务知识？

无论是在2018年把期货作为家庭理财收入新的增长点，还是在2022年之后成为私募基金经理，我们交易决策的出发点都是基于资金安全的前提下获取合理的利润。从财务的视角出发管理衍生品的风险，是我们这些年能在市场存活的重要一环。在和一些大型化工集团交流的时候，这个观点也得到了对方领导的认可。他们的期货部门在设立之初，往往是业务部门主导，财务部门提供协助。但运行一段时间后发现，业务部门偏向激进的策略，超过交易计划的头寸增加了账户风险，导致风控环节管理不到位，容易诱发风险。经过半年多运行，他们将管理架构调整为财务部门制定交易头寸上限、实时监控下单，业务部门进行实操。经过一段时间磨合，他们的期现结合业务开展得也比较顺利了。

由此可见，引入一些基本的财务知识将会有效地提高我们的风控水平。企业财务的三张表，尤其是资产负债表，对我们整个家庭的财务规划，有着非常明显的提升作用。当我还是一名在校学生的时候，老师就以很形象的比喻描述了三张表的关系：

资产负债表是底子，即企业的家底。

利润表是面子，企业的盈利能力决定了企业的面子。

现金流量表是企业的日子，企业日子过得是顺畅还是捉襟见肘，要看企业的现金流量表。

结合这三个形象的比喻，我们再来看看财务三张表的定义，就能大致了解资产负债表、利润表和现金流量表的用途了。

资产负债表：它描述了一个企业在特定时间点的财务状况。资产负债表列出了企业的资产（如现金、存货、固定资产等）、负债（如应付账款、短期债务、长期债务等）和股东权益。

利润表：也称为收入表或损益表，它显示了企业在特定时期内（如一个季度或一年）的经营成果。它列出了企业的收入、成本和支出，最后得出净利润。

现金流量表：它显示了一个企业在特定时期内现金和现金等价物的流入和流出。现金流量表通常分为经营活动、投资活动和筹资活动三个部分。

这三张表是企业财务报告的基础，分析它们可以帮助投资者、债权人和企业管理者理解企业的经营状况、财务健康状况和未来发展前景。例如，资产负债表可以显示企业的偿债能力，利润表可以显示企业的盈利能力，而现金流量表可以显示企业的现金流状况。无论是家庭还是企业，都可以用这三张表来管理财务。许多大家熟知的记账应用程序的编制逻辑，都借鉴了利润表，通过记录每天的收入和开支，统计每月的家庭现金收支结余。

然而，我认为这种理财方式相对烦琐，流水账的记录方式更适合学生阶段。在不考虑房产的前提下，中国家庭流动资产总额大多不会超过千万元，所以资产负债表可能是最有用的财务管理工具。

5.4.3 如何建立家庭资产负债表

家庭与企业资产负债表最大的不同在于，家庭的资产负债表剔除了不动产等无法迅速变现的资产，因此更加准确的说法应该是"家庭流动资产负债表"。

与企业的资产负债表的主体结构类似，家庭的资产负债表也包含资产、负债、所有者权益，同样遵循会计公式：

$$资产 = 负债 + 净资产（所有者权益）$$

表 5-1 中的项目和金额是一个常规通用的模板。使用这个模板的朋友，可以根据自己家庭的实际情况增减项目，作为家庭理财的工具。

表 5-1　个人资产负债表模板

资产科目	金额（元）	负债科目	金额（元）
活期存货	100000	全年房贷支出	60000
银行理财	200000	全年车贷支出	18000
货币基金	300000	应付 A 资金	200000
股票账户	100000	应付 B 资金	300000
碳排放权账户	200000	交通信用卡	1000
期货账户	500000	广发信用卡	2000
外汇保证金	100000	招商信用卡	3000
应收账款	200000	华夏信用卡	1000
		中信信用卡	2000
净资产合计	913000		
资产合计	1500000	负债合计	587000

通过上面的模板可以看到，表格左侧包括：

（1）现金＋银行存款＋货币基金（固定收益类项目）。

这三个科目是最安全的理财方式，它们很难出现本金亏损的情况。但是由于其低风险，所以收益也非常有限。不过正因为如此，我们更要高度重视这三个科目。巴菲特管理的伯克希尔·哈撒韦公司，每年都有大量的现金储备。

李嘉诚在公开的采访中曾经表示："1950 年我开始做生意，要是我不注意现金流，世界很多风波随时可以（让我的公司）出现变迁的。所以我秉承一个原则，发展不忘稳健，稳健就不忘发展，所以我有额外的资金，在很多时候可以随时进军别的行业。"

2023 年第一季度，伯克希尔的现金储备从 2022 年第四季度的 1280 亿美元增加逾 20 亿美元至 1306 亿美元，突破 1300 亿美元大关，创下 2021 年底以来最高。就像巴菲特手握千亿现金，随时准备在金融危机时收购廉价的金融资产。我们也应该高度重视现金资产的价值，无论是平衡持仓风险，还是出现市场崩盘时的抄底，现金资产都会让我们牢牢地掌握交易的主动权！

（2）权益类投资项目（股票＋碳排放权＋期货期权保证金＋外汇保证金）。

这些资产都具有一定的风险，也是我们家庭资产收入增长的主要来源。每年的 12 月，我都会对来年的投资规模做一个估算，然后等次年 2 月确定当年投资规模的上限。为什么要等到 2 月以后才能确定这个上限金额？和很多朋友一样，我们的很多投资分红奖金需要等到 1 月甚至 2 月才会兑现，所以会根据手上的现金储备来决定投资规模。

（3）应收账款（出借给他人的资金借款）。

购房对于很多家庭来说属于重大开支，尤其是在北上广深等城市置业，动辄千万元的房产往往需要三五百万元甚至更多的首付资金。所以亲朋好友之间的资金拆借行为，都会计入这个科目。

表格的右侧包括：

1）每月房贷支出。可以单月录入，也可以录入一个季度甚至半年的房贷数据。

2）每月车贷支出。参考房贷。

3）应付账款（他人提供的借款或委托理财资金）。参与碳排放市场期间，由于湖北碳市场的开户和出入金比较烦琐，所以一些朋友和同事会把资金委托给我，集中在一个账户统一管理。类似这样的资金，我们可以归集到"应付账款"的科目之中。

4）各类信用卡负债。信用卡每一期的账单，都计入这个科目。

我们可以将个人的资产负债表的左右两侧视为两个"池子"：资产池和负债池。两个池子的资金流入和流出决定了"净资产"的数值：

$$净资产 = 资产合计 - 负债合计$$

净资产就是真正属于我们家庭的资产了。

5.4.4 人到中年，危中有机

大多数上班族，薪酬的增长到了一定阶段就会遇到职业天花板。毕竟中高层的岗位数量比较有限。同样，薪酬收入较高的互联网计算机行业的从业者到了 35~40 岁，也会面临着被动调整岗位甚至被裁员的压力。身边越来越多的朋友在 30 岁以后都会感慨：人到中年，上有老下有小，单位还有狠领导，生活如何才算好？所以，下面这个公式中的投资收益，就成了很多朋友努力的方向。

$$全年总收入 = 薪酬收入 + 投资收益$$

通过公式不难发现，通过增加"投资收益"来增加家庭收入，对于提振家庭全年收入的效果，要比单纯依靠薪酬收入的增长，具备更好的弹性和更理想的投入产出比。

如果希望实现投资收益的稳定增长，离不开两个核心要素：稳定的投资收益率和我们可以用于投资的资产规模：

$$投资收益 = 收益率 \times 资产规模$$

国家和企业可以通过债务来扩大资产规模。对于家庭和个人，同样可以通过合理的债务结构来增加家庭资产。

有位湖北宜昌的同学在 2016 年初拿出 12 万元储蓄，并通过网贷等方式贷出 2 万元，合计 14 万元。他用这 14 万元在武汉黄陂买了一套均价为 4400 元/平方米、面积约 109 平方米的房产。按照 30% 的首付比例，只用支付 14.4 万元就购买了这套房子。

2018 年，他以 12000 元/平方米的价格卖出了那套房子，获得 83 万元的收益。扣除了 2016 年至 2018 年的利息支出和网贷成本，净收益接近 80 万元。这位同学利用网贷和低比例首付政策加杠杆，短短两年时间就实现了 700% 的收益率，是一笔非常成功的投资。虽然绝对收益金额并不算惊人，但是这种合理利用金融工具加杠杆的操作手法值得我们学习和借鉴。

值得注意的是，这个举债投资的项目之所以能取得成功，是因为正好赶上了 2016 年至 2018 年，房地产景气度比较高的时代。2020 年以后，由于新冠疫情导致居民收入锐减，断贷的案例和提前还款的现象也在增多。2022 年开始，随着国内利率不断下调，好的投资渠道越来越少，不少购房者选择提前还贷，来降低家庭负债中的利息支出。

需要强调的是，举债行为也存在一定的风险。和企业一样，如果家庭和个人无法偿还债务本金，或者资金成本的利率超过了投资的收益率，资金链就会面临紧张甚至断裂的风险。

因此，我们在考虑通过债务加杠杆时，应当注意以下三点：

（1）负债的资金成本，即利息开支。如果通过项目收益可以覆盖资金成本，即投资收益率＞负债利率，那么家庭净资产就能实现增长。这个收益率不是按照月份和季度来衡量，而是要以年度为衡量单位，争取长期稳定的复利式增长。

（2）负债的总规模。对于没有资金管理经验和财务管理经验的朋友，负债的总规模不应该超过家庭流动资产的 50%，假设一个家庭拥有 100 万元的现金资产，那么负债规模不应该超过 50 万元。同样，在介绍收益率相关评估指标的时候我提到了"杠杆使用比例"，作为初学者，我们的账户杠杆不应该超过

1.5 倍。

（3）负债的期限。负债的期限越长，对于投资项目的回款压力就越小。对于短期贷款，需要考虑能否展期和续贷，否则并不适合用于较长周期的投资项目。同时，也不建议新人利用短贷进行短线交易。

通过负债增加资产规模后，在输多赢少的金融市场中，如何去实现稳定的收益？巴菲特曾经说过："人生就像滚雪球，最重要的是发现很湿的雪和很长的坡。"

对于家庭理财而言，那条长长的坡究竟在哪里？

5.4.5 家庭财富中那条长长的坡

家庭金融投资的初衷是让资产类科目不断做大，实现家庭财富的稳定增长。遗憾的是，身边很多朋友在股票和期货市场的投资却使家庭资产缩水，资产池子不仅没有增大反而缩小了。

许多朋友在 2008 年、2015 年、2018 年、2022 年、2023 年的 A 股市场投资中不仅亏掉了之前的收益，还损失了不少本金。可能需要一年甚至数年的工作，才可以完成"填坑"，家庭财富的积累速度也因此受到了影响。

说到复利增长，永远也绕不开巴菲特。时光飞逝，16 年前，当我还是个学生的时候，把市面所有能买到的巴菲特的相关书籍都通读了一遍，对他的职业生涯充满了钦佩。现在，1930 年出生的巴菲特老先生已经 93 岁的高龄，依然活跃在投资一线。他的投资业绩和职业生涯都成了我们无法逾越的高峰。

巴菲特虽然没有著书立说，但是每年的年会和股东大会，都流传了很多金句。在巴菲特众多耳熟能详的语录中，这一条原则可能最为有名。不仅适合职业投资者，也同样可以被大部分家庭理财借鉴：

"原则一：永远不要亏钱；原则二：永远不要忘记第一条。"

Rule No.1：Never lose money. Rule No.2：Never forget rule No.1."

第一次听到这句话，是在 2008 年 4 月，华中科技大学东九楼，教授"证券分析"的楚鹰老师提到的。那时我阅历尚浅，觉得这句话平淡无奇，索然无味——谁想去亏钱呢？

直到 15 年后的今天，当我逐渐掌握了持续盈利的能力，才体会到这句话的深刻含义，现在看来，这句话包含了两层意思：

（1）如果亏钱，意味着需要花更多的时间去弥补亏损。对于一条向上的收益率曲线，当利润出现回撤，尤其是大幅度回撤，即使后面的操作开始盈利，也需要一段时间去弥补前期的亏损，业绩才能回升到前期的高点。亏钱不仅会消耗资金，也会消耗时间。

图 5-9 是一位朋友在 2022 年 1 月至 2023 年 2 月的账户的收益率曲线。可以看到，2022 年 6 月中旬以后，收益率曲线出现了一个大幅回撤，将之前接近 12% 的收益全部抹去。经过了 4 个月的时间，到 2022 年 12 月中旬才恢复到 6 月的高点，直到 2023 年初才突破 12% 创出新高。因此，回撤亏损带来的不仅是利润的减少，也是时间的浪费。

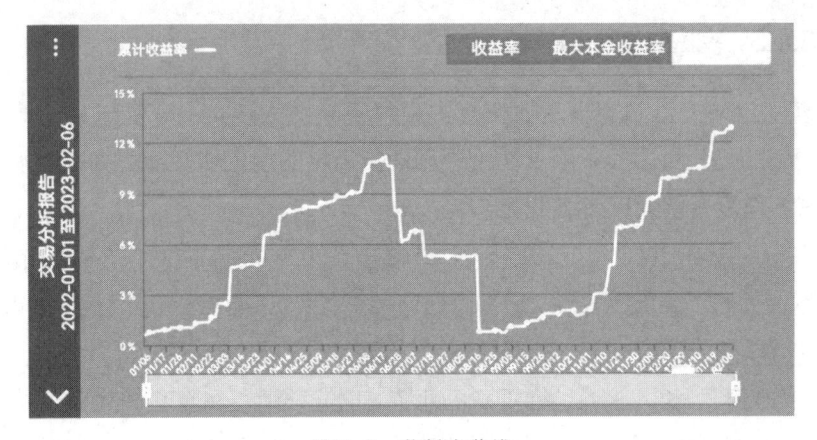

图 5-9 收益率曲线

所以，当没有确定性机会的时候，我们是抓紧时间选择不太有把握的品种搏一把，还是等待更好的获利机会？前者可能会导致账户亏损，后者的等待看起来耽误些许时间，但是等待的周期通常来说会远小于补亏的时间周期。

（2）亏钱会导致心态的失衡。亏钱后，许多朋友通常会急于弥补亏损。当 100 万元的资金亏损 30%，只剩下 70 万元的时候，想要恢复到 100 万元的资金，需要在 70 万元的基础上增长 43%。亏损以后，人们往往会通过提高仓位捕捉住行情。然而，当过高的仓位遇到不利的走势，不仅难以回本，还有可能导致亏损的扩大，使得账户陷入更加被动的局面。我见过很多朋友因为亏损导致心态失衡，然后亏损持续放大，直到现在他们依然深陷其中，无法自拔。

所以，当我们打开家庭资产负债表，把目光放到股票账户、外汇账户、期货账户的时候，应该选择哪条赛道呢？

上节提到过，巴菲特曾经说过："人生就像滚雪球，最重要的是发现很湿的雪和很长的坡。"

2009年2月，这句话被印在了巴菲特授权的自传《滚雪球》的封底。当时拿到这本书，不禁想到，我人生的坡道和很湿的雪球会在哪里？

那个时候，我还是一名在校学生，除了A股市场，似乎也没有更多的选择。回顾这些年几个市场的投资业绩：

2008年，进入股市：盈亏交错，整体没赚到什么钱；

2014年，进入湖北碳市场：连续8年盈利；

2018年，进入商品期货市场：连续5年盈利。

诚然，有极少部分投资者能够在A股市场持续获利，实现财富的稳定增长。但是就我自己和身边大部分朋友的经历而言，商品期货期权市场，更有可能成为那一条长长的坡，而我们的交易系统可能就是"很湿的雪"。

这本书试图对过往10年，我们在商品市场的交易经验进行总结，并且结合实盘案例，让大家更加深刻地理解我们的交易系统和投资策略。如果说资金管理是我们交易系统的基石，建仓则是交易的起点，并且和资金管理环环相扣。

第6章

期货盈利的起点：建仓

6.1 杠杆力量：为何杠杆是你的盟友

提及期货交易，很多朋友都会"谈期色变"。这在很大程度上和期货交易中的保证金制度和杠杆效应有关。在杠杆交易中，投资者只需准备一小部分的交易保证金，就可以控制更大价值的期货合约，从而使他们有机会以较少的资金参与到更大的持仓中。所以，杠杆交易是一种负债的投资，一旦动用了杠杆，相当于动用了负债额度！

对于大多数普通人来说，由于初始本金比较有限，如果能够合理应用负债额度，杠杆将会成为我们投资的朋友。

6.1.1 合理负债，企业壮大的必经之路

就像企业的资产负债表可以应用在家庭一样，我们也可以借鉴企业经营的视角，来理解杠杆和负债的关系。

无论在国内还是国外，大多数企业在创立初期和成长阶段都需要持续融资以扩大经营规模，推动企业成长。这种融资若来自股东，则以直接融资的方式出现，股东以注册资本金的形式投入公司。随着公司规模的扩大，一些优质企业甚至可以通过上市进行直接融资。

同时，银行也可以向合格的企业发放信用贷款，或者评估企业拥有的固定资产，然后进行资产抵押贷款。企业经营中的资产负债率，往往是衡量企业举债的常用指标。通常来说，这些负债的规模都不会超过企业的总资产。所以合理的负债，对大多数企业的成长可以说是必不可少的环节。从企业的角度理解了负债的必要性，会帮助我们交易时更加理性地看待期货账户的杠杆和负债问题。

6.1.2 杠杆的艺术：时机与方法

期货市场的盈利模式多种多样，可以是以产业为代表的期现结合，可以是以算法为核心的量化交易，也可以是以技术分析为主的趋势交易，或者以产业供需为代表的基本面分析等。不同的策略，对于账户杠杆的使用情况各不相同。但是，对于我们个人投资者来说，有一个比较确定的结论：并非每时每刻我们都需要使用杠杆交易。

就像企业在投资项目前会评估市场前景和投资环节的不确定性，我们在下单之前也应全面考虑交易计划的风险收益比。

如果当前点位的交易需求可有可无，我们通常会选择放弃下单，等待更好的机会出现。

如果当前点位的胜率一般，没有七成以上的把握时，我们会轻仓介入，尽量避免使用杠杆交易。

当历史性的机会出现，比如2020年金融海啸期间，全球油价暴跌，产油国的原油生产成本和当下油价出现严重倒挂，这就是我们应该使用杠杆的时候！

在决定使用多大杠杆前，我们还需要了解一些期货账户资金管理方面的交易知识，我们习惯地把它们称为期货账户三要素！

6.2 期货账户的三要素：合约价值、保证金制度、资金使用率

对于尚未涉足期货市场的朋友，或者有了一些交易经验的参与者，在交易之前都需要理解期货账户中的三个要素：合约价值、保证金制度、资金使用率。这三个要素不仅连接了期货实盘中的资金管理和建仓这两个重要环节，而且在我们制订和执行交易计划过程中，也扮演着重要角色。

6.2.1 合约价值解析

期货中的合约价值是指期货合约所代表的标的资产的当前价值。它表示了交易者在特定期货合约上所持有的头寸价值。

有些朋友认为期货风险大，是因为他们不太了解合约价值的概念。我们以菜粕品种为例，看看什么是合约价值。

菜粕也叫菜籽粕，菜籽经过机械压榨后得到菜籽油和菜籽粕。菜籽粕主要作为饲料，用于牲畜和鱼类的喂养。

图 6-1 是菜籽粕期货的合约资料。这张表格中的信息比较多，打开任何一个新品种的介绍，我都会首先关注"交易单位"这个关键指标。"交易单位"在有些地方又被称为"合约乘数"，都表示一手期货合约的单位数量。

图 6-1 菜籽粕合约明细

2023 年 8 月 8 日，菜籽粕 2405 合约的收盘价为 2919 元 / 吨（见图 6-2）。

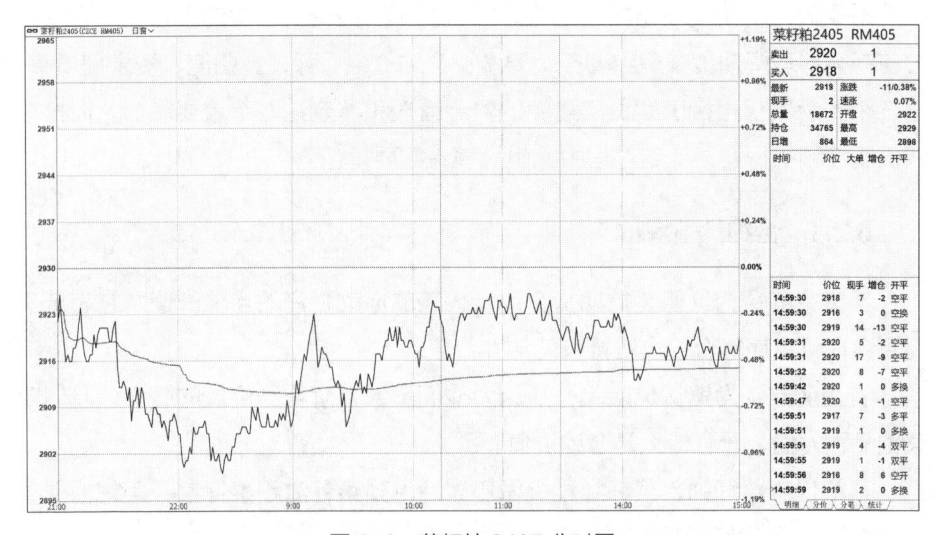

图 6-2 菜籽粕 2405 分时图

合约价值的计算公式为

合约价值＝合约乘数（交易单位）× 标的资产价格

菜籽粕的合约乘数为 10 吨 / 手，如果买入 1 手菜籽粕，相当于在账户虚拟持有 10 吨的菜籽粕多单。所以，1 手菜籽粕的合约价值为 2919 元 / 吨 ×10 吨 / 手＝29190 元 / 手。在日常交易中为了方便心算和统计，一般都会忽略数字后面的单位，简化为 2919×10=29190 元，因此 1 手菜籽粕的合约价值约为 2.92 万元。

翻看菜籽粕挂牌以来的历史走势 K 线图（见图 6-3），01 合约的最低价格出现在 2015 年 11 月 23 日，盘中下跌至 1756 元 / 吨的历史最低价。如果我们以现价 2919 元 / 吨买入 1 手菜籽粕合约，假设跌至历史最低点 1756 元 / 吨，则对应亏损为（1756-2919）×10=-11630 元。

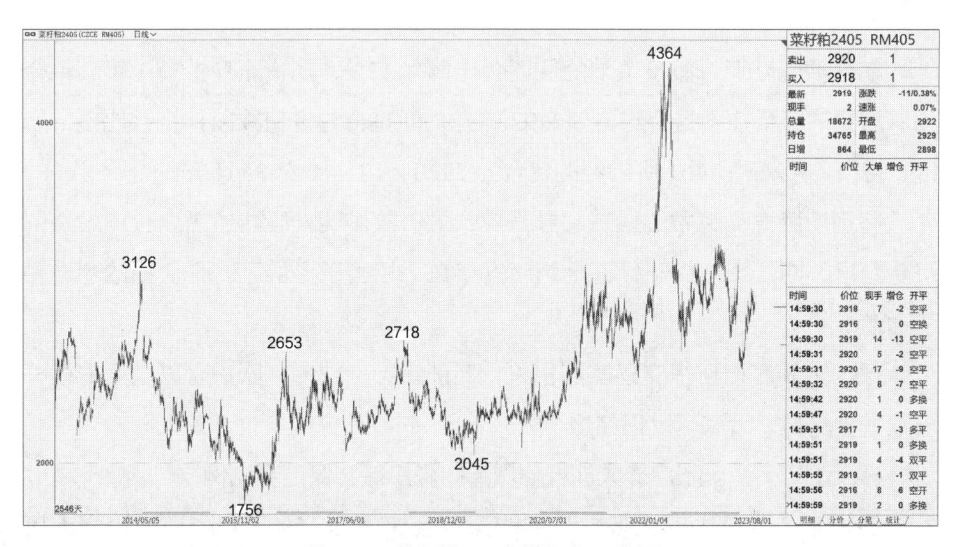

图 6-3 菜籽粕 05 合约历史 K 线图

所以回到本节的开头：很多朋友认为期货风险很大，是因为没有理解合约价值的概念。对于一个 10 万元初始资金的账户，即使我们在菜籽粕处于一个相对高位的时候买入 1 手菜籽粕，遇到极端情况菜籽粕跌至历史最低位 1756 元 / 吨，账户的损失为 11630 元。相比 10 万元的初始投资，亏损幅度约为 11.63%，风险完全可控。

既然风险可控，为什么很多期货参与者，包括一些经验丰富的交易员，会在短时间内出现巨额亏损甚至爆仓呢？

这就需要引入交易账户的第二核心要素：保证金制度。

6.2.2 保证金制度和杠杆

在期货交易中，交易所会设定一个最低保证金，通常在 8% 左右。期货公司在这个最低保证金的基础上，另外加收 1%~5%，作为客户账户的实际保证金。所以国内的期货市场比较常见的保证金比例为 10%~15%。

期货市场的设立初衷是为了服务商品生产者和贸易商，帮他们锁定未来一段时间或者某个时间点的价格和风险；保证金制度也是为了降低现货买卖双方资金占用。买卖双方只需要以相比现货商品价值的很小比例资金作为定金或者押金，就可以达成未来商品交易的价格协议，这就是保证金制度的由来。

在这项制度下，假设菜粕的保证金比例为 12%，期货账户持有 1 手菜粕合约所需要的资金并不是合约价值 2.92 万元，而是合约价值乘以保证金比例。所以，持有 1 手菜粕 2401 所需要的资金为 2920×10×12%=3504 元。

有别于股票交易中的融资融券账户，融资额度买卖股票还需要付出融资的资金利息，期货账户由于保证金制度的存在，相当于提供了一个快捷的免息融资通道。

保证金制度和杠杆交易密切相关，保证金比例越低，账户可以动用的杠杆倍数就会越高，大家可以记住这个公式：

$$账户最大杠杆倍数 = 1/账户综合保证金比例$$

假设某个账户中的大多数品种的保证金比例为 15%，则账户理论最大可使用杠杆为 1/15%=6.67；假设保证金比例为 20%，则账户最大可使用杠杆为 1/20%=5。

理解了合约价值和保证金以后，我们还需要注意三要素中最为魅惑的一个指标：资金使用率。

6.2.3 资金使用率，误导芸芸众生

在期货交易中，资金使用率是指投资者在交易中所使用的保证金占其总权益的比例。这个指标反映了投资者在交易中使用了多少杠杆，或者说借用了多

少资金来进行期货交易。

资金使用率的计算公式如下：

$$资金使用率 = 已用保证金 / 账户总权益 \times 100\%$$

很多股票投资者进入期货市场后发现，自己的资金使用率不高，账户躺着大量的现金，结合自己的股票投资经验，认为账户闲置资金过多，不太符合自己的交易经验，所以在不知不觉中加大了仓位。相较而言，很多没有股票和基金经验的小白进入期货市场，看到资金使用率这一栏，都会认真和我讨论资金使用率多少合适。

不同的交易风格，对资金使用率的上限会有不同的标准，就我们的交易系统而言，将资金使用率维持在 15%~25% 是一个比较安全的区间。即使遇到市场极端行情，我们持有的标的物出现暴跌，资金使用率被动提升至 30%，我们依然具备分批次持续买入的能力。

将账户杠杆系数维持在 1.5 倍以内，资金使用率维持在 30% 以内，是我们期货交易的两条安全警戒线。通过了解不同品种的合约价值，则是开启建仓的第一步。

6.3　期货的建仓之道

6.3.1　了解各个品种的合约价值

国内的期货市场，包含了商品期货和金融期货。对初学者和资金体量较小的朋友，我都会建议先从商品期货开始学习，因为金融期货的合约价值偏大，不太适合新手入门。以沪深 300 合约为例，其合约乘数是 300，沪深 300 09 合约在 2023 年 5 月 18 日的收盘价为 3914 点，对应的合约价值为 1174000 元。动辄百万元合约价值的金融期货，对于很多朋友来说风险都比较高，这也是金融期货开户时需要 50 万元入金验资，同时参加考试的原因。

我选取了一些流动性比较好的期货合约，结合 2023 年 5 月 18 日的收盘价，整理出一份常见的期货品种的合约价值（见表 6-1）。

表6-1 常见期货品种合约价值、保证金统计表

所属板块	品种名称	商品挂牌代码	收盘价	合约乘数	合约价值（元）	保证金比例（%）	每手保证金（元）
石油化工	沥青2401	BU	3524	10	35240	15	5286
	低硫燃油2401	FU	2907	10	29070	15	4361
	原油2401	SC	520	1000	520000	15	78000
	液化石油气2401	LPG	4229	20	84580	15	12687
煤化工	甲醇2401	MA	2314	10	23140	15	3471
	尿素2401	UR	1816	20	36320	15	5448
	纯碱2401	SA	1640	20	32800	15	4920
有色金属	镍2401	NI	152500	1	152500	15	22875
	铜2401	CU	65230	5	326150	15	48923
	铝2401	AL	18045	5	90225	15	13534
贵金属	黄金2401	AU	414	1000	414000	15	62100
	白银2401	AG	5471	15	82065	15	12310
农产品	菜粕2401	RM	2693	10	26930	15	4040
	豆粕2401	M	3559	10	35590	15	5339
	菜油2401	OI	7847	10	78470	15	11771
	豆油2401	Y	7120	10	71200	15	10680
	白糖2401	SR	6600	10	66000	15	9900

可以看到，不同商品的合约价值存在比较大的差异，对于新人来说熟悉并了解各个常见品种的合约价值是学会期货算账的必修课。我们通常都会建议，无论手头有多少资金，做商品期货的时候尽量选择品种合约价值比较小的商品入手。小品种无论计算盈亏，还是考虑加减仓都会让人感觉轻松一些。对于左侧建仓策略，我们采取分批次买入的策略，选择合约价值比较小的品种更适合我们的加仓操作。随着资金体量的增加，对于建仓和加仓节奏有了比较深入的理解，就可以选择合约价值比较大的品种进行配置了。

6.3.2 选择适合你资金规模的交易品种

选品种，不仅要考虑品种的基本面和当前的走势，还需要结合账户里的资金体量来确定合适的品种。总的来说，账户资金越多，可选择的合约品种就越多。无论资金多少，我们都需要做好账户资金的预算工作。

在这里我们引入两个公式：

$$持仓杠杆 = 持仓合约价值 / 账户权益$$

$$账户权益 = 持仓合约保证金 + 账户可用资金$$

以 10 万元账户为例，来看看上面两个公式的应用。

假设我们在 2023 年 5 月 18 日买入 1 手甲醇 2401 合约，保证金比例为 15%，则：

对应的合约价值为 2314×10=23140 元；

对应保证金为 23140×15%=3471 元；

持仓杠杆 = 持仓合约价值 / 账户权益 =23140/100000=23.14%；

账户权益 = 持仓合约保证金 + 账户可用资金 =3471+96529=100000 元。

可以看到，我们的持仓杠杆仅仅为 23.14%。可能有朋友疑惑，为什么要用"仅仅"来强调我们的杠杆比例？

如果大家还记得上节的这个公式，就可以很快推算我们账户的最大购买力：

账户最大杠杆倍数 =1/ 合约综合保证金比例 =1/15%=6.67 倍 =667%。

比起 667% 最大购买力，23.14% 被形容为"仅仅"，一点也不过分。同样，我们可以继续测算需要持有多少手甲醇，账户才会达到 6.67 倍的最大杠杆，这就用到了下面一个公式：

账户最大持仓数量=最大购买力 / 单笔合约价值 =（100000×6.67）/23140=28 手

是的，你没有看错，10 万元资金就可以撬动 28 手甲醇对应的 66.7 万元的合约价值！

我们账户的盈利和亏损，都会围绕持仓合约价值的总和展开。同样是 10% 的涨幅，1 手甲醇给账户带来的盈利为

2314×10×10%=2314 元；

满仓 28 手甲醇，给账户带来的盈利为

2314×10×28×10%=64792 元。

通过对比可以发现同样是 10% 的涨幅，1 手甲醇和满仓 28 手甲醇，带来的盈利却相差了 20 倍之多。满仓情况下，10% 的涨幅就可以给账户实现 64.78% 的收益率，这正是期货的魅力所在。

然而，一枚硬币总有两面：期货市场暴富的另一面是爆仓，如何避免爆仓，是我们在这个市场生存下去的必备技能！

6.3.3　掌控杠杆：为何保持在 1.5 倍以内

无论是管理自己的基金产品，还是之前指导学员，我对风控的要求都是将账户杠杆控制在 1.5 倍以内，即持仓合约价值 / 账户权益 ≤ 1.5 倍。

10 万元账户，可以购买 15 万元的合约价值，以 2315 元 / 吨计算，大约持有 6 手的甲醇多单，对应的合约价值是 138900 元。

为什么风控体系会要求杠杆数量控制在 1.5 倍？这就涉及期货市场非常凶险的一面：账户爆仓。每次建仓之前，我们都需要计算账户在什么情境下会出现爆仓。

这里引入一个非常重要的爆仓公式：

$$爆仓跌幅 = 1 / 杠杆账户倍数$$

如果我们满仓 6.67 倍杠杆，爆仓跌幅 =1/ 杠杆账户倍数 =1/6.67=15%；

如果我们的杠杆为 1.5 倍，爆仓跌幅 =1/ 杠杆账户倍数 =1/1.5=66%。

在实际操作中，当我们账户的可用资金接近 0 的时候，期货公司会通知客户追加保证金或者平掉部分持仓头寸用来释放保证金。在这个过程中账户资金的实际变动和理论金额会存在小幅偏差，所以这个爆仓跌幅的计算方法不是完全精准。不过，对于大多数人而言，这个简化的算法已经足够推算出爆仓跌幅的比例，从而根据相应跌幅制定合理的建仓数量。

回到 1.5 倍杠杆的讨论。如果我们在 2315 元 / 吨的区间一次性买入 6 手甲醇，则当甲醇出现 66% 的跌幅时，对应点位为 2315×34%=787 点，将会出现爆仓！

通过图 6-4 可以看到，甲醇 01 合约的历史最低值大约在 1700 点附近。而爆仓点位在 787 点。这意味着，在账户 1.5 倍杠杆的基础上，甲醇只有在历史最低值的基础上继续打五折，才会出现爆仓的情况。

通过极限压力测试，可以让我们在建仓时就知道账户出现爆仓的点位是多少，这是一种比较完备的事前风控手段，也是我们在期货市场得以生存和稳定发展的根基。

第 6 章　期货盈利的起点：建仓

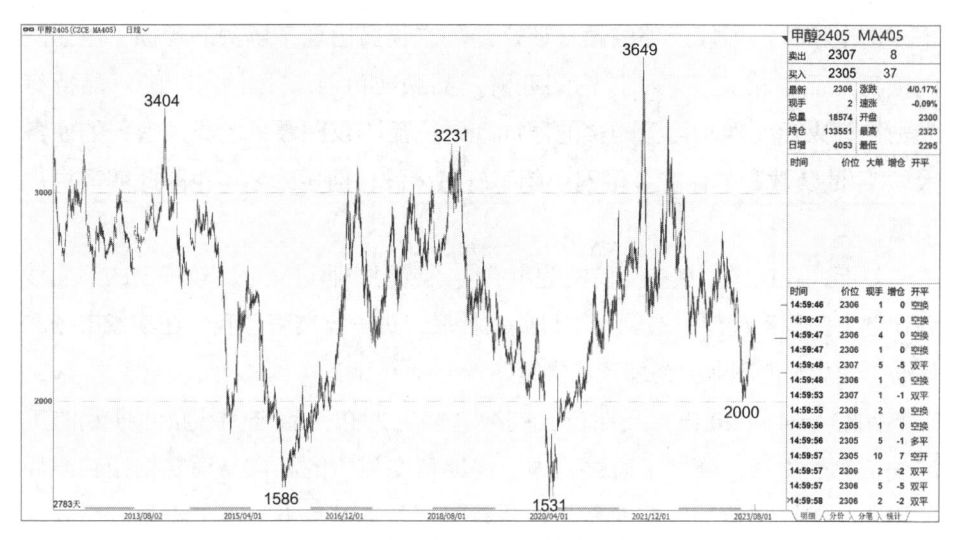

图 6-4　甲醇 05 合约历史走势

6.4　资金未动，计划先行

6.4.1　2020 年，我们如何成功抄底"负数原油"

2020 年 4 月 20 日，美国纽约商品交易所挂牌的原油 05 合约价格跌破 0 元关口，最低价跌至 –40.32 美元，震惊世界（见图 6-5）。

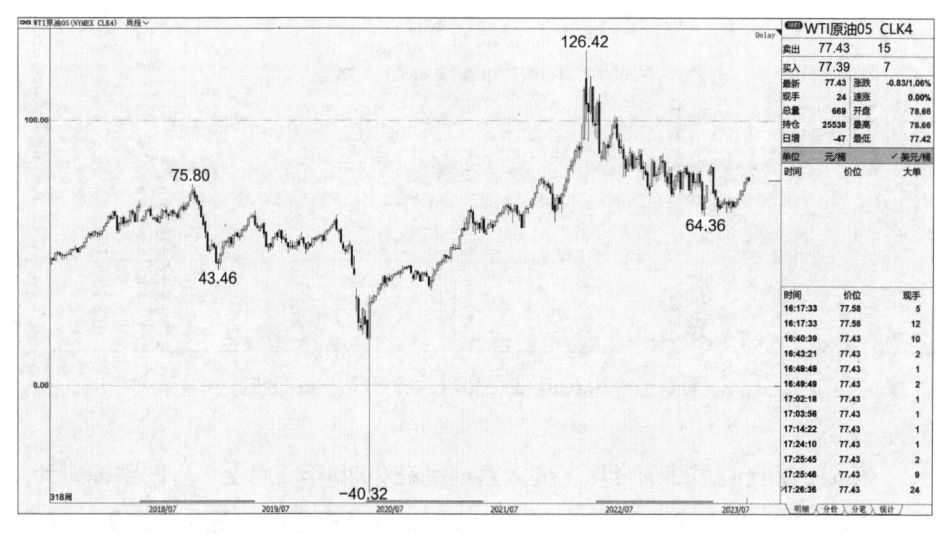

图 6-5　美国 WIT 原油 05 合约在 2020 年 4 月跌至负值

139

这个事件，不仅让那些做多该合约的交易员出现了巨额的亏损，也让国内银行产品中和美盘原油挂钩的理财产品跌成负值。"原油宝"的产品持有人一夜醒来后发现，自己购买的原油理财产品不仅归零，还成为银行的债务人。"原油负数"事件在金融圈引起了轩然大波，期货的名声也因此变得更加不堪。

然而，在这样一次史无前例的事件中，我们却通过一个比较周密的原油抄底计划，获得了理想收益。也正是此次抄底，进一步增强了我们在期货市场的信心，为后来的职业之路埋下了伏笔。

2020年4月20日，我在自己的公众号上发布了篇名为《原油抄底的策略浅析》的文章，分享了通过国内上海期货交易所的沥青品种变相抄底原油的思路。这篇文章的发布时间，回头看可谓是非常精准！下午收盘以后分享了这个抄底策略，当天凌晨转点后，美国和欧洲的原油市场泥沙俱下，哀声遍野。

虽然原油的极端负值行情出现在4月20日，但我们的抄底行为在3月20日就已经开始了（见图6-6）。

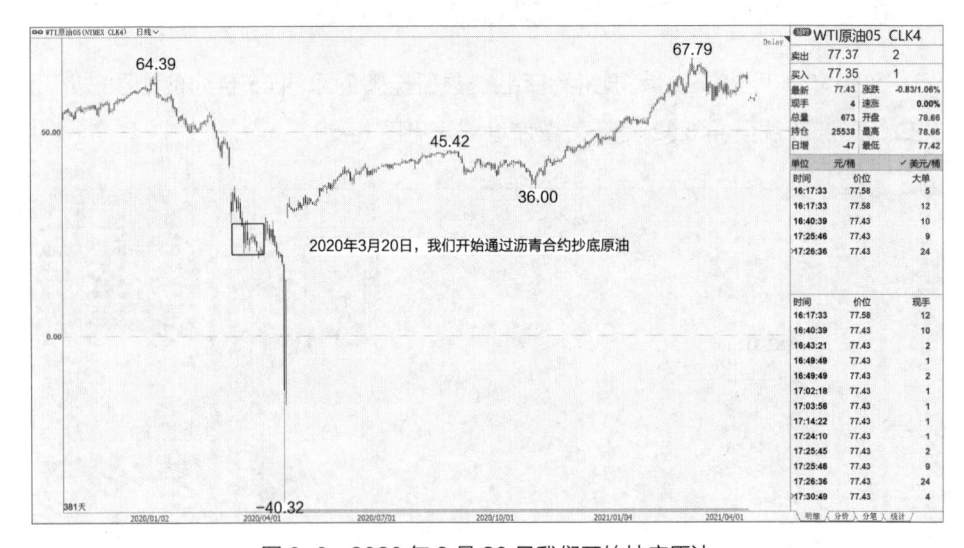

图6-6　2020年3月20日我们开始抄底原油

表6-2是我们跟踪的全球主要大宗商品在2020年2月至3月的跌幅统计。梳理全球过往100年系统性风险事件，我们认为此次原油的暴跌可能是一次千载难逢的抄底机会，在3月的交易笔记中记录：

表6-2 2020年2月17日至3月13日全球主要品种价格变化

板块	品种	2月17日收盘	3月13日收盘	跌幅（%）
全球主要指数	道琼斯	29389	23185	21.11
	日经	23523	17431	25.90
	韩国	2242	1771	21.01
	欧洲50	3853	2571	33.27
	A50	13859	12720	8.22
	沪深300	4077	3788	7.09
全球商品	美油	52.2	32.93	36.92
	布伦特	57.54	36.35	36.83
	铜	5822	5392	7.39
	锌	2175	1949	10.39
	镍	13155	12300	6.50
	棉花	68.42	60.5	11.58
	美豆	894	858	4.03
	比特币	10406	5320	48.88
国内品种	沥青12	3004	2336	22.24
	沥青06	2992	2118	29.21
	燃料油09	2315	1729	25.31
	燃料油05	2249	1584	29.57
	上海原油06	410	267	34.88
	上海原油09	416	296	28.85
	PTA09	4606	3920	14.89
	棉花09	13735	12210	11.10
	橡胶09	11885	10750	9.55
	沪镍01	105310	100020	5.02

"回顾过去百年金融市场的大灾难：1929年大萧条，1987年大崩盘，2000年互联网金融破灭，2008年全球金融危机，2020年全球新冠疫情。受此次疫情影响，美股反复熔断，美油持续暴跌（从50美元跌至45美元，然后见到了33美元、27美元，最后是20美元），不到一个月时间，跌幅达到了惊人的60%。

作为大宗商品之王，原油在一周内出现超过50%的跌幅，非常罕见，这可能是一次极其珍贵的底部买入机会"。

公开新闻显示，国家已经在组织运力去产油国把廉价的原油源源不断地运输回来。在中国船舶业协会的官网中，甚至把原油的暴跌描述为"这简直是天上掉金砖一般的喜讯"（见图6-7）。

图6-7　2020年3月18日中国船舶业协会的一则新闻

第 6 章 期货盈利的起点：建仓

无论是原油的调整幅度，还是能化等相关产业对于原油的刚性需求，都让资本嗅到了原油抄底的机会。确定方向后，接下来就是制定具体的抄底方案！

当时，很多有经验的投资者都和我聊过抄底原油的想法。我建议他们根据自己的资金体量、风险偏好和持有期限来制定交易方案，在安全的前提下把握这个千载难逢的机会！

首先，我们需要明确，通过什么品种抄底原油？

当时可供我们选择的标的和市场比较丰富，包括外盘商品期货、国内商品期货、海内外和原油挂钩的 ETF 基金以及和原油挂钩的股票。在这么多可供选择的标的物面前，我们重点考虑了下面三个抄底要素，这些要素不仅适用于当年的原油抄底，也同样适用于农产品、煤化工等大多数商品的底部布局机会：

（1）品种的相关性。普通投资者无法通过国内期货公司直接交易海外商品市场的标的，所以只能在国内商品市场寻找和原油走势紧密度较高的品种，变相地进行抄底。国内的标的，应该尽量和美国原油或者布伦特原油的走势比较接近，两者的走势越接近，说明其相关性越高。一般来说，如果两个品种的相关系数大于 0.8，就可以视为相关性较高。

在 2020 年的原油化工体系中，沥青和原油的相关性比 PTA 和原油的关联度高很多（见图 6-8）。

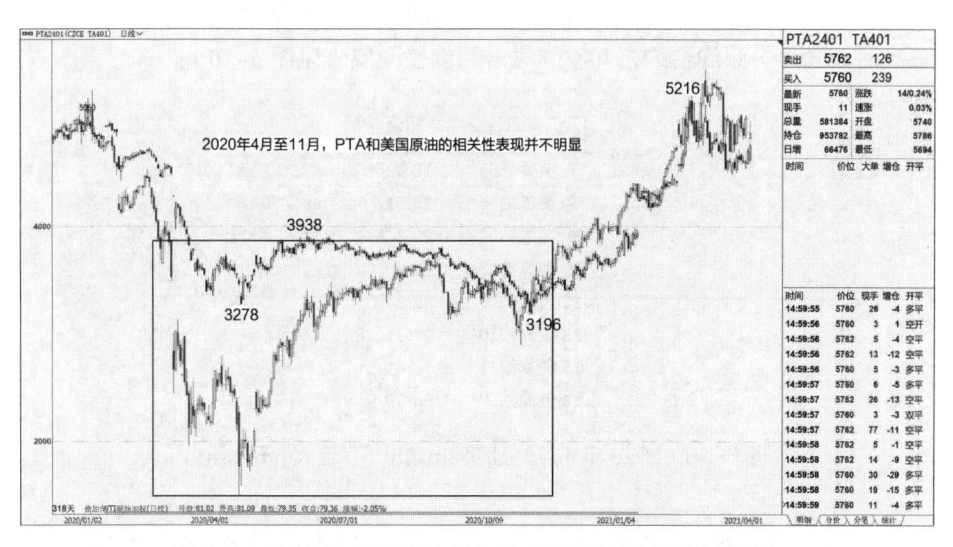

图 6-8　2020 年 3 月至 11 月 PTA 和美国 WTI 原油走势对比

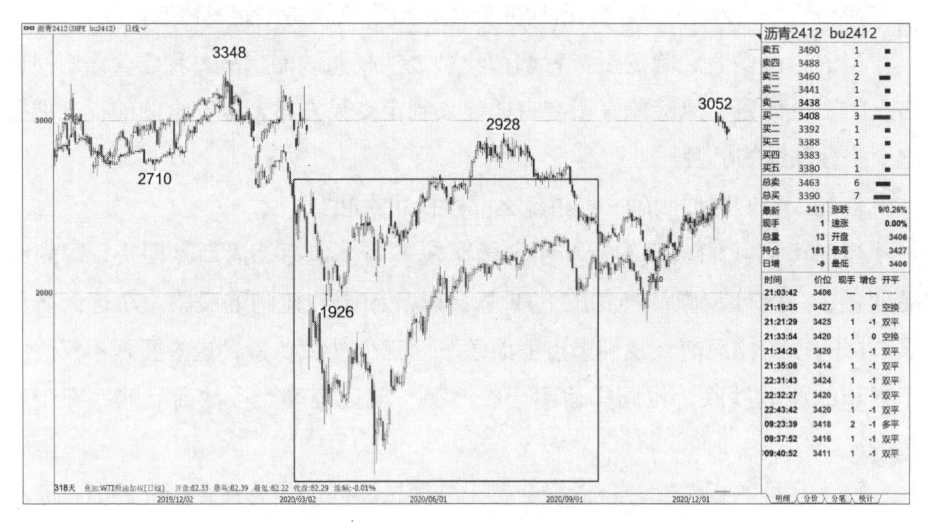

图 6-9 是沥青 12 合约和美国 WTI 原油品种的走势对比。

图 6-9　2020 年第二季度沥青和 WTI 原油走势对比

（2）持有期限和合约结构。与股票不同，商品期货有很多月份，并且各个月份的报价差异很大。如果近期合约价格比较低，远期合约价格比较高，则为升水结构（Cantango）；反之，近期合约价格比较高，远期比较低，则为贴水结构（Back）。

可以看到，美国原油的报价在 2020 年第二季度呈现了非常显著的升水结构特征，12 月的合约价格几乎是 5 月合约价格的 2 倍。我们可以从两个角度去理解当时不同月份原油合约之间不同寻常的价差现象（见图 6-10）：

序号	合约名称	最新
7	美原油05	18.32
8	美原油06	25.51
9	美原油07	29.84
10	美原油08	31.40
11	美原油09	32.24
12	美原油10	32.81
13	美原油11	33.61
14	美原油12	34.09

图 6-10　2020 年 4 月美国原油市场出现了巨大的升水结构

1）原油近期和远期合约报价差异巨大，代表了市场投资者、现货生产商、贸易商对原油市场当前和未来供需关系的一种预判。新冠疫情导致了全球生产活动的放缓、停滞，原油需求端的急剧下滑体现在了近月的弱势价格上；远月价格高于近月，也反映投资者对于全球经济活动恢复以后，未来原油需求端改善的预期。

2）巨大价差包含了现货商囤积原油的成本（仓储费＋资金成本）。2020年3月以后，所有人都意识到油价已经处于历史低位，贸易商和现货生产商纷纷踊跃囤货。在地球上，能找到的用于储油的空罐子越来越少，全球的原油贸易商纷纷选择通过海上的巨型油轮囤油，导致了对油轮需求的激增，囤货成本也随之增加。

（3）原油相关品种的单位合约价值。通过比较发现，内地工商银行的原油基金每份只要人民币190元，而上海原油期货每份合约价值为25万元。所以需要结合自己的资金体量筛选标的物，尤其对于资金体量比较小的投资者，如果直接选择国内的原油期货，可能在分批次建仓的环节会有些力不从心。

综合评估上面提到的三个抄底要素，不难发现，此次原油抄底方案最困难的在于第二点"持有期限"。

由于美油出现了超级升水——近月价格低，远月价格高：5月到期合约和12月到期合约之间相差16美元。买入05合约抄底从价格层面确实最划算，但是05合约面临到期后的展期问题，在升水结构下移仓展期将直接抬高我们的持仓成本，让我们处于一个比较被动的局面。

所以，虽然新闻不断报道原油价格屡创新低，但并不代表我们就能在20美元附近抄底原油资产——2020年上半年原油合约的升水结构，是每个企图抄底原油的投资者无法逾越的鸿沟（见图6-11）。

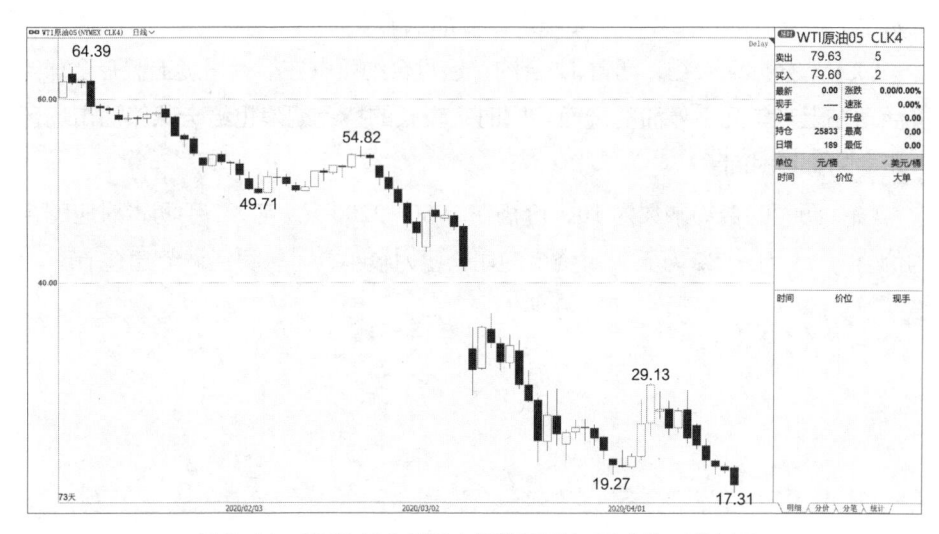

图6-11　2020年3月至4月美国原油05合约一路向下

既然没有办法绕开升水结构，我们只能选择面对。通过原油和其他品种的相关性比较，以及对国内商品需求的分析，我们最终选择了沥青作为原油的替代品。图 6-12 的下面 K 线图是美国 WTI 的原油走势，而上面 K 线则是沥青的走势图。可以看到，沥青和原油走势基本一致。

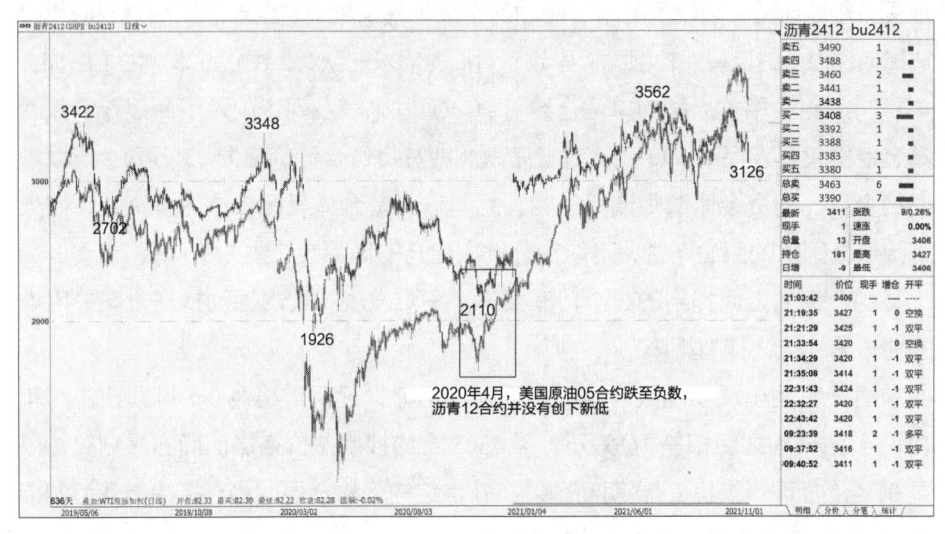

图 6-12　2020 年 4 月，美国原油 05 合约跌至负数，沥青 12 合约没有创出新低

最终确定沥青作为原油的替代品，基于以下几点考量：

（1）通过图 6-13、图 6-14 不难发现，沥青和燃料油的上游产品都是原油。这两个品种在石油化工体系中是最靠近原油端的下游产品。

（2）选择远期合约，沥青 12 合约。远月合约可以在很大程度上避开全球经济活动在上半年几乎停滞的局面。同时，较长的持有期限也给全球原油市场留下足够的修复时间。

（3）沥青的合约乘数为 10，价格在 1900~2200 元 / 吨，1 手沥青对应的合约价值为 1.9 万 ~2.2 万元，对资金的建仓压力较小，可以灵活调节建仓节奏。

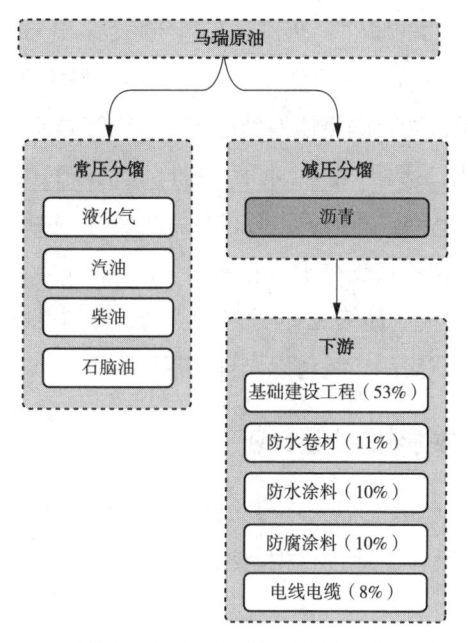

图6-13 原油下游产业链关系

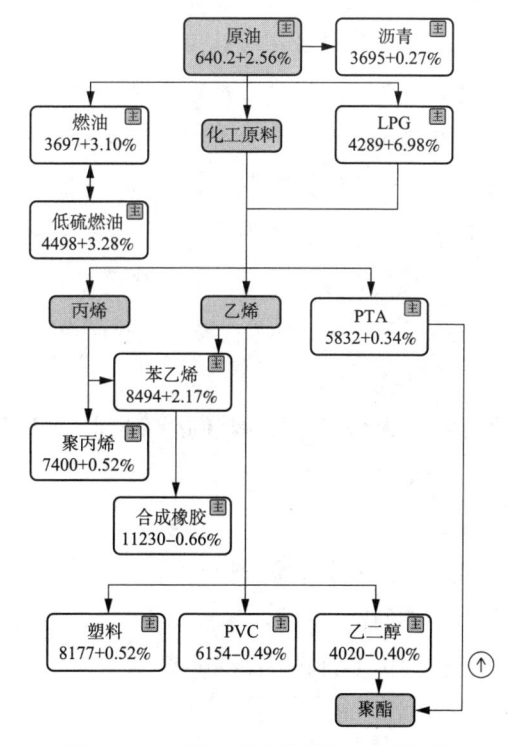

图6-14 原油下游产业链各个品种逻辑

（4）除了具有原油的属性，沥青还有黑色系品种（铁矿石、螺纹钢、焦煤焦炭）的基建属性。2020年3月至4月，黑色系的整体表现相较其他品种更加抗跌，因为市场普遍认为我国疫情得到控制后，会通过基建项目刺激经济增长。在消费大幅下滑、出口不景气的背景下，推出大基建的预期越发强烈。大规模基建项目受益的期货品种里面，固体形态的品种主要为铁矿石和螺纹钢，液体类则是沥青。因此，沥青不仅受益于原油的反弹，也同时会受益于基建项目。

基于上述分析，我们最终选择了2020年12月到期的沥青12合约作为原油抄底的标的。品种确定后，就可以制订交易计划了。

6.4.2 手把手教你制订交易计划

制订交易计划，可以在很大程度上让我们避免鲁莽行事。在交易下单前，把后续可能出现的不利行情和突发因素都纳入考虑范畴，也可以帮助我们克服恐惧心理。

我一直比较推崇马克·道格拉斯在《交易心理分析》一书中的两段话：

"最好的交易者有很多与众不同的思考方式。他们学会了一种心态结构，能够让他们在毫不恐惧的情况下交易；同时，这种心态能够防止他们变得鲁莽从事，犯下以恐惧为基础的错误。这种心态结构由很多因素组成，基础是他们进行交易时几乎完全排除恐惧和鲁莽的影响，这两种基本特性让他们能够创造长期成果。你学会这种心态后进行交易时，也会不再恐惧。"

"消除恐惧只是成功公式的一半，另一半是必须培养出自制力。杰出的交易者知道内部纪律或心智机制很重要，可以对抗伴随着一连串交易获利后，欣喜若狂或过度自信形成的不利影响。如果交易者没有学会怎么检视和控制自己，获利会变成极为危险的事情。"

所以交易计划可以在很大程度上帮助我们消除恐惧，培养自制力。

制订计划包含以下步骤：

（1）使用多少资金？

（2）在什么点位介入？介入多少资金规模？

（3）这个品种的特性如何？

接下来，我们对上述三个步骤展开详细讲解：

（1）使用多少资金？

单个品种应该给予多大规模的交易资金，这是交易计划的第一步。

许多朋友在下单前，习惯计算这一单可能带来多少利润，却常常忽略了此次交易中可能的损失。在我看来，下单前的首要任务就是预估损失。无论在脑海还是通过表格，我们都应该提前预估在建仓后如果标的物的价格下跌了20%，我的账户会受到多大的冲击？

通过测算可能的损失，可以倒推出比较安全的建仓点位。

2020年3月抄底沥青，初次的介入价格大约在2300点附近。因为正处于金融海啸的风暴眼，前期原油和沥青虽然已经出现了深度调整，但出于谨慎性原则考虑，我们会把沥青的极端跌幅比例设定在40%，对应1200点的位置。

除了沥青品种，在建仓前我也会估算在接下来的一段时间，通常是1~3个月可能会涉足的品种，并为它们预留资金。如此一来，无论对单个品种还是多个品种，我都能有充足的准备来应对可能的突发事件，不会等到风险来临时措手不及，惊慌失措。

（2）在什么点位介入？介入多少规模？

①梳理市场信息；

②拟定交易策略；

③执行计划，跟踪评估计划和市场的贴合度。

交易策略需要考虑的因素包括预估品种的运行方向、分批次入场的点位、账户资金最大购买力等一系列因素。同时，也要持续评估市场的驱动力，把握市场运行的主要矛盾。

（3）这个品种的特性如何？

不同的投资品种有着不同的特性。最常见的影响因素包括：

①季节性供求关系变化；

②上下游供需变化；

③品种本身的波动性；

④成本支撑；

⑤对宏观经济的敏感度。

我们或许无法在短时间内完全把握住以上这些品种特性，但是日复一日地跟踪这些核心变量，将会有效提升我们的分析准确性，提高市场的敏感度。

需要注意的是，能源品种的波动率显著高于农产品；因此在分批次建仓能化品种时，可以考虑适当地拉大间距。

完成上述三个步骤的评估，我们就可以通过表格把建仓的点位和数量做一个定量的测算。图 6-15 是我们自己使用的建仓计划表，表格包含了“品种计划资金”“第一次开仓点位”“市场现价”“累计合约价值”等变量。输入计划建仓的点位和数量后，表格就可以直观地显示我们的持仓成本、持仓数量、账面浮亏、账户可用资金余额等一系列资金管理指标，从而推算出账户的最大风险承受能力。资金体量比较小的朋友，可以直接用笔和纸进行演算。对于机构投资者或者资金体量比较大的朋友，可以考虑采用表格模板或者购买交易程序进行测算。

品种名称	铁矿石09
第一次开仓价格	650
市场现价	530
合约单位数量	10
保证金比例	9%
品种计划资金	300000

阶段	品种价格	涨跌幅	买入数量	累计持有	开仓均价	单笔合约价值	累计合约价值	账面浮动盈亏	保证金	累计保证金	资金合计	账户可用资金	账户权益	资金使用效率
下跌建仓阶段	650	0%	1	1	650.00	6500	6500	-1200	585.00	585.00	1785.00	298215.00	298800	0.20%
	630.5	-3%	0	1	650.00	0	6500	-1200	0.00	585.00	1785.00	298215.00	298800	0.20%
	611	-6%	2	3	624.00	12220	18720	-2820	1099.80	1684.80	4504.80	295495.20	297180	0.57%
	591.5	-9%	0	3	624.00	0	18720	-2820	0.00	1684.80	4504.80	295495.20	297180	0.57%
	572	-12%	2	5	603.20	11440	30160	-3660	1029.60	2714.40	6374.40	293625.60	296340	0.92%
	552.5	-15%	1	6	594.75	5525	35685	-3885	497.25	3211.65	7096.65	292903.35	296115	1.08%
	533	-18%	1	7	585.93	5330	41015	-3915	479.70	3691.35	7606.35	292393.65	296085	1.25%
	513.5	-21%	0	7	585.93	0	41015	-3915	0.00	3691.35	7606.35	292393.65	296085	1.25%
	494	-24%	0	7	585.93	0	41015	-3915	0.00	3691.35	7606.35	292393.65	296085	1.25%
	474.5	-27%	0	7	585.93	0	41015	-3915	0.00	3691.35	7606.35	292393.65	296085	1.25%
	455	-30%	0	7	585.93	0	41015	-3915	0.00	3691.35	7606.35	292393.65	296085	1.25%
	435.5	-33%	0	7	585.93	0	41015	-3915	0.00	3691.35	7606.35	292393.65	296085	1.25%
	416	-36%	0	7	585.93	0	41015	-3915	0.00	3691.35	7606.35	292393.65	296085	1.25%
	396.5	-39%	0	7	585.93	0	41015	-3915	0.00	3691.35	7606.35	292393.65	296085	1.25%
	377	-42%	0	7	585.93	0	41015	-3915	0.00	3691.35	7606.35	292393.65	296085	1.25%

图 6-15　通过表格定量推演出资金计划

6.4.3 极端行情，如何应对

当我在 2023 年 5 月下旬完成这一章的时候，国内的商品市场，尤其是煤化工板块正在经历一场大跌。纯碱、甲醇、尿素等煤化工品种，从 4 月开始出现了剧烈的调整（见表 6-3）。我身边的几位朋友，因为他们手头的多单数量太多，甚至面临着追加保证金的风险。

表 6-3　煤化工跌幅对比

日期	甲醇 01	纯碱 01	尿素 01
4 月 18 日	2501	1953	2032
5 月 26 日	2066	1418	1630
下跌点位	435	535	402
对应跌幅（%）	17.39	27.39	19.78

以甲醇 01 为例，从 4 月 18 日前后的 2500 点附近，仅用了短短 40 天，就下跌至 5 月 26 日的 2060 点附近（见图 6-16）。如果我们在 5 月上旬，2400 点的时候就开始买入甲醇多单，那么我们应该如何应对这样的暴跌呢？

第 6 章 期货盈利的起点：建仓

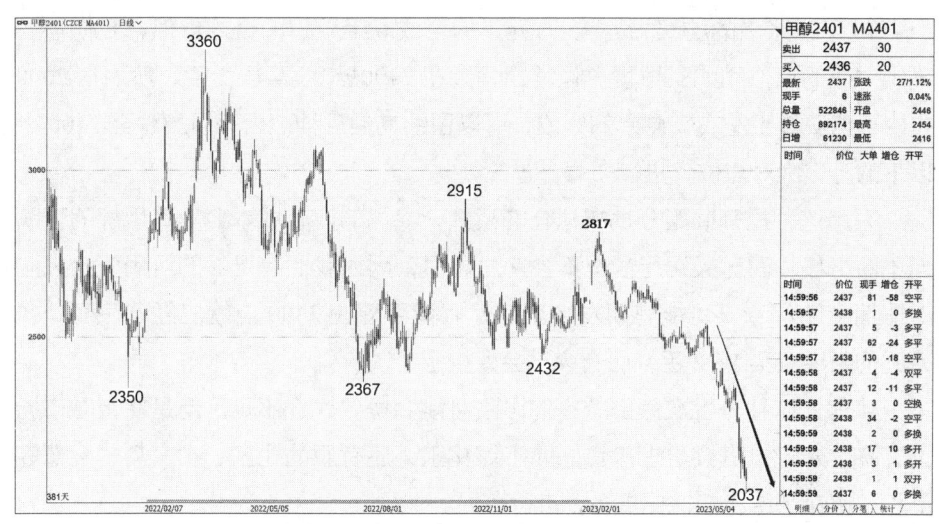

图 6-16　2023 年 6 月甲醇大幅调整

首先，在 2400 点开仓之前，我们就应该做好资金预算。以 10 万元账户为例。按照 1.5 倍杠杆上限，我们原则上可以购买 15 万元合约价值的甲醇 01。

其次，在 2400 的点位应该买几手？

通过最近 3 年的 K 线图可以看到，甲醇在 2021—2023 年 4 月前的价格运行区间围绕 2400~3000 点箱体震荡运行（见图 6-17）。2400 点，也是 2020 年 5 月至 2023 年 5 月甲醇合约震荡的底部区间。所以在 5 月上旬，选择 2400 点一线建仓符合底部做多的原理。

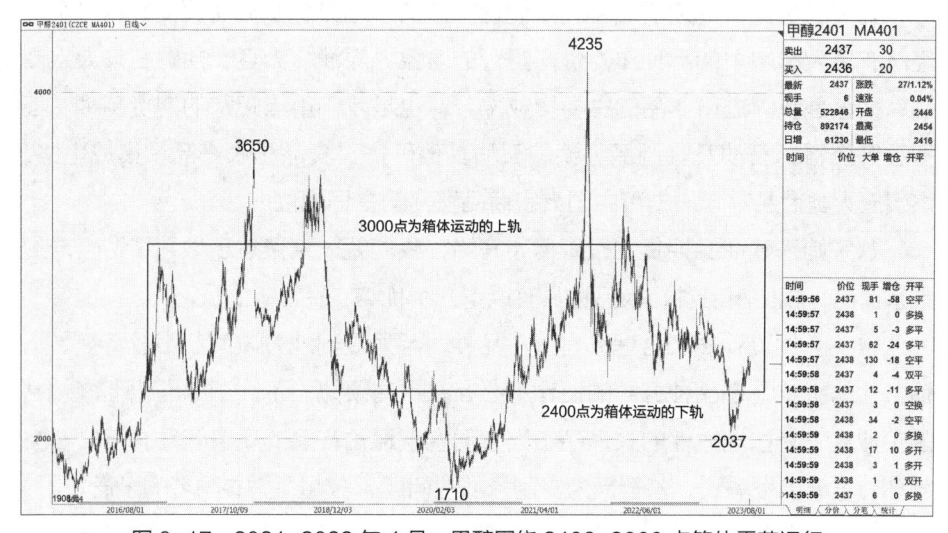

图 6-17　2021~2023 年 4 月，甲醇围绕 2400~3000 点箱体震荡运行

10万元账户的购买力为15万元，折合成6手甲醇的合约价值，我们需要确定对应的点位和购买数量。通常，我会在2400点购买1~2手，然后在2000点附近购买2手左右，剩余的仓位，可以留给其他品种或者等甲醇跌至1700点以下的历史绝对点位，进行布局。

采用这种拉开间距分批次建仓的模式，我们的建仓成本会随着甲醇的下跌而不断下移。面对极端行情也不会产生恐惧，因为我们有足够的可用资金去应对账面上的浮亏。可能有朋友会疑惑，假设甲醇在2400点就已经到底了，10万元的账户只买1~2手，底仓会不会太少了？

确实，这种分批次底部做多的思路可能会导致底仓不足。但是在金融市场上，资金永远比机会更加珍贵。除了煤化工，还有原油化工、农产品、金属等品种，都在等待我们挖掘机会，进行布局。

6.5 选择大于努力：哪些品种更容易盈利

6.5.1 大品种的魅力，小品种的陷阱

中国期货业协会在《2022年度期货市场发展概述》中披露了一项数据：截至2022年底，中国大陆上市的期货期权品种数量达到了110个。其中商品类占比较大，共有93个（包含65个期货和28个期权），而金融类则有17个（包含7个期货和10个期权）。

面对种类繁多的期货品种，我们通常倾向于选择那些流动性良好、对全球经济有重大影响力的品种作为资产配置的对象。原油、大豆、铁矿石等大宗商品，一直是我国进口商品的主要构成部分，也是我们重点跟踪的期货品种。根据公开资料，石油及其制品、铁矿石和其他矿产、食品和农产品、集成电路、煤炭五大类商品常年占据着中国大宗商品贸易的主导地位。

从开始搭建商品期货的投研框架开始，我们就一直聚焦于学习了解全球的大宗商品。相比小品种，大品种具有以下几个优势：

（1）合约设计更加合理。有些小品种，因为受到地方政策、产业特征、运输条件的影响，在品种合约的设计上会存在一些缺陷。不同于标准化程度较高的工业品，有些地方性的农产品不太方便客观评估产品的质量标准，所以在交割环节容易引发争议，甚至因为交割标准的问题，激起各方参与者的矛盾。

而全球品种由于参与者众多，挂牌时间也比较长，经历了时间的考验。交

易所通过不断修改完善交易规则，让交易品种向着更加公平公允的方向去发展，也在一定程度上帮助投资者规避了风险。

（2）流动性更好。国内期货市场中，有些谷物类品种的成交量和持仓量都非常小。作为国家粮食安全的命脉，大肆炒作粮食价格，危害人民群众的口粮，不仅不符合国家的利益，也会激起民愤。流动性较差的品种可能会导致买卖双方难以找到交易对手，或者只能以较大的滑点成交，不利于参与者的自由进出。

（3）全球品种的信息透明度通常更高。作为全球大宗商品之王的原油市场，从欧佩克组织到主要产油国，从行业协会到商品交易所，从大型做市商到咨询机构，每天24小时不断滚动播报原油市场的资讯。

不仅仅是原油，铁矿石的产销数据也同样备受全球钢铁产业链相关利益主体的关注。以2019年1月25日巴西淡水河谷的溃坝事件为例，这次事故引发了大规模的山体泥石流，造成了270人死亡。作为全球三大铁矿石生产商之一的淡水河谷，出现了严重的溃坝事件，触发了全球交易员对铁矿石供应的担忧（见图6-18）。

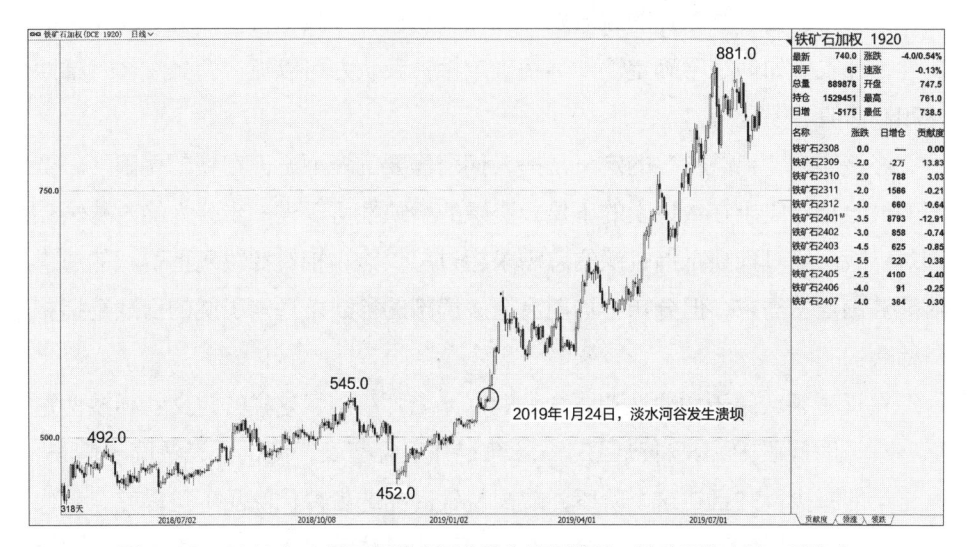

图6-18　2019年1月巴西淡水河谷发生溃坝以后，铁矿石的走势一骑绝尘

从1月25日的溃坝事件发生开始，各类新闻媒体持续跟踪报道了救援行动；26日、27日的周末，已经有第三方咨询机构发布了溃坝事件对淡水河谷一季度发货量影响的数据预测。

然而，对于一些地方性的小品种，情况却大不相同。这些关于小品种的信息报道的来源并不透明，很多冰冻灾害的照片、视频经常通过微信群、微博等社交媒体进行传播，很少有类似美豆种植面积的数据披露。这一方面是因为这些品种的产地比较分散，难以有效覆盖调研；另一方面国内的第三方咨询机构并未覆盖这些小品种的产销数据，因此难以进行持续的跟踪和报道。

因此，避开小品种会放弃一些盈利的机会，但同样帮助我们避开了投资陷阱。毕竟，这些小品种常常和当地的产业以及财政收入密切相关，投资环境复杂多变。在这种情况下，避开这些"龙潭虎穴"，也未尝不是一个理智的选择。

6.5.2 股票市场的多头机会

上面提到了拥抱市场中的"大品种"，接下来我们继续讨论哪些品种比较容易上涨，适合逢低做多。

通常来说，具有稀缺性，或者阶段稀缺性的品种比较容易出现上涨行情。这种稀缺性，不仅包含了商品期货，也包含了股票。

A股市场由于其特殊的政治属性和社会属性，导致了行情研判充满了不确定性，那我们如何在不确定性中寻找确定性？我认为可以抓住两条主线：稀缺性和低估值。

经济学对"稀缺性"的定义是指人们所需要的资源方面存在的局限性，资源的供给相对需求在数量上的不足。资源的稀缺性可以进一步分为绝对稀缺和相对稀缺。绝对稀缺是指资源的总需求超过总供给，相对稀缺是指资源的总供给能够满足总需求，但分布不均衡会造成局部的稀缺，通常所说的稀缺是指相对稀缺。

在投资领域关于稀缺性的概念，时寒冰老师给出了这样的定义：稀缺性是指在某个时间段内，某种商品的需求稳定并呈现增长，而供应无法同步增长，甚至可能减少，并且在这个阶段，缺少替代商品或者替代商品不足以完全替代该商品，从而导致该商品的供给在此时间段内无法满足需求。这里的需求包括消费需求和投资需求。这个定义包含几个重要的特点：

（1）供给有限；

（2）缺少替代商品或者替代商品不足；

（3）需求稳定和增长。

强调在某个阶段内的稀缺性，是因为投资通常有时间限定，某些商品在某一特定时间段内有投资价值，而在另外的时间段没有投资价值。

稀缺性选股，最典型的例子就是贵州茅台。地域、工艺技术、国酒，三重属性加持，使得贵州茅台具有良好的护城河效应。但是茅台的股价已经起飞，并不适合大众投资。

对于个人投资者，应该如何利用稀缺性选股呢？

图 6-19 是我跟踪 10 年以上的稀缺资源类股票。

初始	代码	名称		最新	涨幅%	涨跌	总量	现量	买入价	卖出价	涨速%	换手%	金额
1	000792	盐湖股份		19.65	0.20	0.04	10.4万	1418	19.64	19.65	0.00	0.19	2.04亿
2	600547	山东黄金		25.09	0.44	0.11	10.4万	1015	25.09	25.10	-0.04	0.29	2.59亿
3	000762	西藏矿业		30.23	0.83	0.25	11.3万	717	30.23	30.24	0.03	2.17	3.44亿
4	600346	恒力石化	R	15.33	1.25	0.19	8.44万	1756	15.32	15.33	0.13	0.12	1.29亿
5	000426	兴业银锡		9.15	1.33	0.12	14.1万	1691	9.14	9.15	0.00	0.95	1.29亿
6	002466	天齐锂业		65.28	0.57	0.37	11.9万	1135	65.27	65.28	0.00	0.81	7.78亿
7	600961	株冶集团		8.99	-0.33	-0.03	3.39万	189	8.99	9.00	0.00	0.64	3051万
8	600516	方大炭素		6.19	-0.16	-0.01	15.5万	1785	6.18	6.19	0.16	0.38	9585万
9	002378	章源钨业		6.12	-0.49	-0.03	8.54万	785	6.12	6.14	-0.16	0.72	5226万
10	002428	云南锗业		13.87	-1.14	-0.16	23.1万	3027	13.86	13.87	0.00	3.59	3.23亿
11	000758	中色股份	R	5.06	0.00	0.00	16.8万	1648	5.05	5.06	0.00	0.85	8472万
12	002192	融捷股份		60.32	0.03	0.02	4.29万	810	60.32	60.33	0.00	1.66	2.60亿
13	002353	杰瑞股份		28.39	1.72	0.48	6.33万	700	28.38	28.39	0.00	0.92	1.79亿
14	300228	富瑞特装		6.02	1.69	0.10	17.3万	1118	6.01	6.02	0.00	3.20	1.04亿
15	603993	洛阳钼业		6.09	-0.65	-0.04	52.4万	8116	6.09	6.10	0.16	0.30	3.19亿
16	600459	贵研铂业		15.29	-1.16	-0.18	5.75万	1221	15.28	15.29	0.07	0.78	8786万
17	002167	东方锆业		7.25	0.14	0.01	5.82万	744	7.24	7.25	0.14	0.85	4217万
18	600549	厦门钨业		19.05	-0.21	-0.04	4.90万	782	19.04	19.05	0.00	0.35	9351万
19	300618	寒锐钴业		34.23	-0.26	-0.09	1.62万	324	34.22	34.23	-0.03	0.59	5548万
20	603799	华友钴业		51.46	0.12	0.06	9.47万	678	51.46	51.47	-0.02	0.56	4.87亿
21	000960	锡业股份		15.65	-0.32	-0.05	13.5万	1639	15.64	15.65	-0.06	0.82	2.10亿
22	000962	东方钽业		13.13	-2.09	-0.28	20.4万	2605	13.12	13.13	0.00	4.62	2.67亿
23	000831	中国稀土		32.00	0.00	0.00	10.6万	1889	31.99	32.00	0.00	1.08	3.37亿
24	600392	盛和资源		12.73	-0.47	-0.06	5.39万	1081	12.73	12.74	0.00	0.31	6880万
25	600111	北方稀土		24.80	-0.48	-0.12	15.0万	3325	24.79	24.80	-0.08	0.41	3.72亿
26	600259	广晟有色	R	37.65	-0.21	-0.08	1.84万	313	37.60	37.65	0.19	0.56	6903万

图 6-19　长期跟踪的部分稀缺资源类股票

稀缺资源类股票主要涵盖了稀土和稀有小金属（钨、钽、镉、钴、镍）等资源。这类资源由于不可再生、储量稀缺等特性。同时随着新能源电池、航空业、电子工业的发展，这些稀缺资源具有广阔的应用前景。这些资源被称为工业添加剂或者工业味精，在新能源领域不可或缺。随着新能源汽车市场占有率的不断攀升，对镍、锂等稀有金属的需求将进一步被强化。

需要强调的是，本书提到的案例仅仅是提供思路而不是直接推荐股票。各位读者可以借鉴这些思路去寻找适合自己的投资品种，而不是不假思索、不计成本地跟单操作。独立而冷静地思考是每一位成熟投资者的必备品质！

下面我们以"广晟有色"为例，看看如何通过稀缺性的思路选择股票：

（1）稀土板块。A股市场中正宗的稀土板块股票有中国稀土、包钢稀土、五矿稀土、盛和资源、广晟有色。为什么选择重点关注广晟有色？因为稀土分为重稀土和轻稀土。轻稀土不仅分布在中国，美国、澳大利亚等国家也有比较丰富的矿藏资源，但全球重稀土的供应和储量主要来自中国。这5只稀土股票里面，广晟有色的重稀土储量占比最高。稀土自身具备稀缺性，而重稀土则因其稀缺性而更加珍贵。

（2）市值小，波动率高。截至2023年5月30日，广晟有色的市值不到120亿元，小市值意味着资金可以更容易地炒作，使其具备波动率大、弹性好的特征。

图6-20是广晟有色最近10年的走势，可以看到广晟有色过往10年一直围绕30~60元进行箱体震荡，这样的走势和许多商品几乎一致。

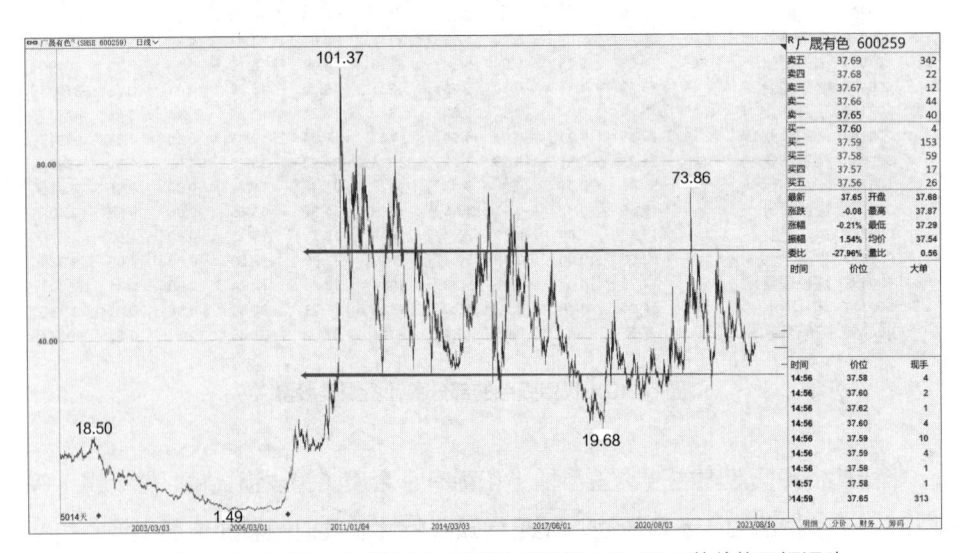

图6-20　2010年至2013年广晟有色长期围绕30~60元的价格区间运动

（3）国有背景。国内的稀缺资源，大多控制在国企手中。广东省广晟资产经营有限公司为广晟有色的控股股东。广晟资产经营有限公司是一家经广东省政府批准设立的国有独资企业，于1999年12月30日正式挂牌成立，注册资本

10亿元人民币,是广东省人民政府国有资产监督管理委员会监管的大型国企之一。作为国企,当广晟有色的业绩不太理想出现亏损时,子公司常常可以收到当地政府的财政补贴,避免退市。

如果看懂了广晟有色的稀缺性,我们就可以考虑在30元附近分批次建仓,采用左侧交易进行布局。一旦价格突破40元甚至更高时,再分批次止盈。通过在股价运行的箱体上下沿进行高抛低吸操作,获得稳定的收益。

除了广晟有色,大家还可以举一反三,总结华友钴业和寒锐钴业等资源型股票的操作特性。

相比储量有限的小金属类资源,全球大宗商品中又有哪些品种具备做多潜力呢?

6.5.3 商品市场的多头机会

商品做多的逻辑通常比股票丰富。除了底部低估值和稀缺性概念,工业品生产设备的检修导致产品供应减少,或者极端天气对农产品生产的影响,都可以成为商品价格上涨的催化剂。

翻阅国内商品期货走势的时候,我们不难发现,有些商品在价格低位停留的时间较短,而有些商品在价格低位停留的时间较长。因此,理解不同商品价格走势差异的原因,对我们选择品种显得尤为重要。

我归纳了符合商品做多的几个常见逻辑,供大家参考。

(1)当农产品价格接近甚至低于生产成本时,往往可以考虑布局多单。

这个观点在傅海棠老师的《一个农民的亿万传奇》一书中被多次提到,并深入人心,此类逻辑尤其适用于农业相关的品种。当农民种植的作物连续数年出现亏损时,种植意愿将大大降低,他们可能会减少种植面积,改种其他作物,甚至放弃种植。由于农产品的生长周期较长,供应弹性较小,因此一旦出现减产,产品价格就容易出现强势而持续的上涨。"农产品看供应,工业品看需求"正是这个道理。

翻看2008年至2023年的国内商品行情,黑色产业链从2011年到2015年,经历了漫长的熊市(见图6-21)。

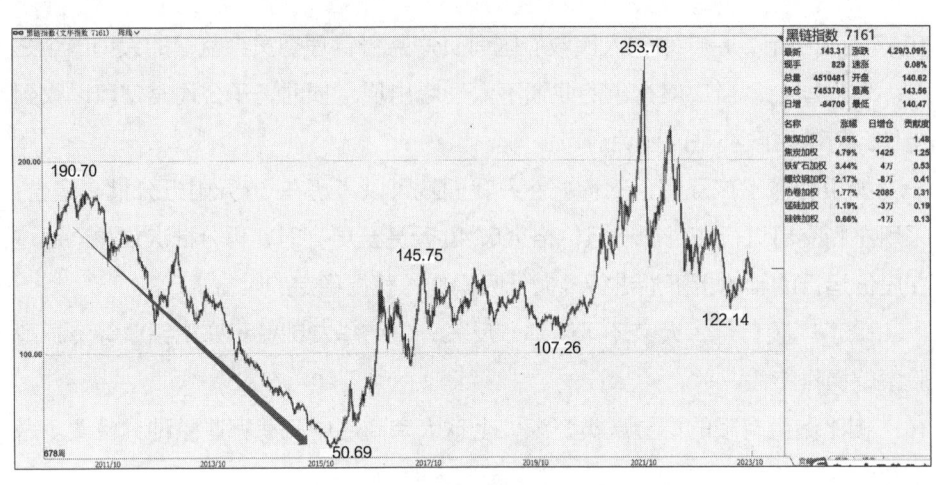

图 6-21　黑色产业链经过了 5 年的漫长调整

黑色产业链指数在这期间更是从 2011 年 2 月的 190 点跌至 2015 年 12 月的 50 点。如果不是在 2015 年底，国家推出供给侧结构性改革，通过采取环保限产、限制新增产能等一系列措施有效降低了工业品的供给，黑色工业品的调整可能还会延续下去！

而同时期的豆粕等农产品，依然保持着内在的运行逻辑，没有受到太大的影响。所以，商品的成本支撑逻辑，在某种程度上更加适合农产品，比如白糖、豆粕、菜粕等品种。

（2）资源型国家的财政收入也会成为商品底部做多的重要支撑。纵观全球的产业分工，有些国家主要从事生产和加工，比如 20 世纪 70 年代的"亚洲四小龙"，90 年代以后的中国，以及 2018 年以后的越南。而像澳大利亚、加拿大等国家，它们拥有丰富的资源，包括原油、矿石储备，同时种植业和养殖业也十分发达。这些国家的商品的出口直接关系到它们的财政收入、经济增长以及货币稳定性。因此，这些国家非常关注本国出口商品的价格。

无论是由沙特阿拉伯领导的欧佩克+组织，还是以俄罗斯为代表的非欧佩克组织，包括美国的页岩油生产商，它们对油价的变动都非常敏感。2020 年 3 月，全球新冠疫情暴发，几大产油国进行了部长级会议，但由于未能达成减产协议，3 月 6 日，全球原油市场出现了跳空低开，留下了一个罕见的跳空缺口（见图 6-22）。

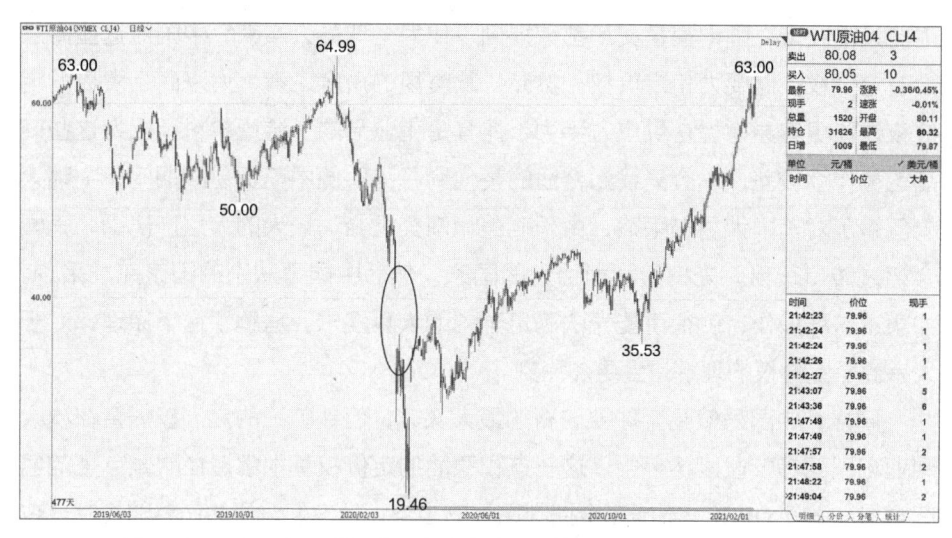

图 6-22　2020 年 3 月，由于主要产油国未能达成减产协议原油跳空低开

可能有读者会好奇，既然大家都是主要产油国，维护原油价格不是共同的目标吗？高油价既然可以带来更多的财政收入，为什么在全球疫情如此确定的大背景下，各个产油国还拒绝减产？

天下熙熙，皆为利来，天下攘攘，皆为利往。产油国的分歧点不在于是否应该迅速减产，而是各个产油国对各自应该承担的减产规模没有达成一致目标。减产协议一旦达成，其生效时间可能长达半年甚至更久。事实上，最终达成的减产协议显示：

经历三天的艰难博弈，OPEC+ 联盟的减产协议终于达成，延续一个月的全球原油价格战或将结束。根据 4 月 13 日早间披露的 OPEC 官方协议，OPEC+ 成员同意在 2020 年 5—6 月削减 970 万桶/日原油产出，为期两个月。2020 年下半年将减产 770 万桶/日；2021 年 1 月起减产 580 万桶/日至 2022 年 4 月 30 日，并将在 2021 年 12 月审核是否要进一步延期。（财新网）

所以，在原油盘面价格跌破成本价以后，产油国担忧的不仅仅是价格低迷的问题，更加担心如果自己承担过多的减产份额后，当原油价格恢复至正常水平甚至进入牛市后，因为减产导致的市场份额的减少，将会更加持久和深远地影响财政收入！理解了这一点，我们在布局低位的原油相关品种时，会更加从容和自信。

在我国进口的大宗商品里，原油、铁矿石、大豆、煤炭、天然气的贸易额占比通常较大。国内很多文章都曾提到，作为全球最大买家，中国对这些商品没有定价权，需要力争定价权。然而，从贸易的角度来看，大宗商品贸易的定价权往往更容易掌握在供应方手中，尤其是工业品的上游原材料。因为这些商品的替代性较差，不容易找到合适的替代商品。即便中美贸易战期间，中国大幅压缩了对美国大豆的采购，由于北美和南美是全球最大的大豆产出国，美国会通过转口贸易，先把大豆卖给别的国家，然后中国再从别的国家完成采购。如果不这样操作，就很可能无法满足国内的大豆需求。理解了这个原理，对于大宗商品定价权的理解也会更加深刻。

同样，中国虽然是全球铁矿石的最大买家，但铁矿石的定价权一直在澳大利亚和巴西等矿业巨头手中。这一点和原油的定价权基本掌握在欧佩克+的情况类似：即使OPEC+不能完全控制原油的走势，但它们对原油产量的控制，也会在中长期影响原油的价格。

相较于原油，海外矿业巨头在国内建立了复杂的利益链条，使得他们更加容易操控铁矿石的价格，造成了铁矿石"易涨难跌"的局面。以胡士泰间谍案为代表的相关事件，揭开了这种复杂利益关系的冰山一角。对此感兴趣的读者可以通过互联网查阅该案件的详细报道。

确定适合做多的品种后，接下来我们就可以寻找对应品种的底部区域，进行建仓了！

6.6 如何寻找底部区域

底部做多，需要解决两个问题：
（1）如何克服建仓后头寸浮亏带来的恐惧感？
（2）底部如何确定？
本节会对这两个问题进行解答！

6.6.1 克服左侧建仓的恐惧

大家在阅读《股票作手回忆录》时，都会为利弗莫尔丰富的投资经历和对人性的洞察力所折服。不过，在操作手法方面，这本书对我的启发相对有限。因为利弗莫尔是趋势交易的鼻祖，所以他的操作手法多为价格突破关键压力点位后继续加仓，追逐趋势。而我则是左侧交易，去逢低布局，等待商品的均值回归，属于完全不同的交易派系。

　　大约在 2018 年 12 月，我读到他的另一本著作《股票作手操盘术》，这本书的知名度远不及《股票作手回忆录》。书里提及他在美国金融市场 1900—1930 年的交易手法，主要通过黑板上的表格呈现行情报价，然后通过表格中不断更新的数字，确定行情是否突破，这与我们现在的行情报价方式截然不同。

　　我们现在的行情报价依赖于计算机和互联网的飞速发展，而在利弗莫尔逝世 6 年后的 1946 年，全球第一台通用计算机"ENIAC"才出现在美国的宾夕法尼亚大学。计算机在华尔街的普及则要等到 1990 年以后了。不过，当我看到书中的表格，却有了一种醍醐灌顶的感觉：这些表格中的数字，虽然没有 K 线图那么直观，但不是正好可以量化市场行情和我们账户头寸的变化吗？

　　经过一年多的测试，我把股票、期货、碳排放市场的资金管理都集成在了表格上。通过这些年的实盘交易，发现使用表格管理账户有几个好处。

　　首先，通过表格管理数据，可以在很大程度上解决 K 线图趋势延续所带来的情绪波动问题。以 2020 年 3 月全球金融市场的剧烈震荡为例，图 6-23 是沥青 12 合约 3 月以来的 K 线图。图形的下跌趋势不仅流畅连贯，而且看不到任何反弹反转的希望。

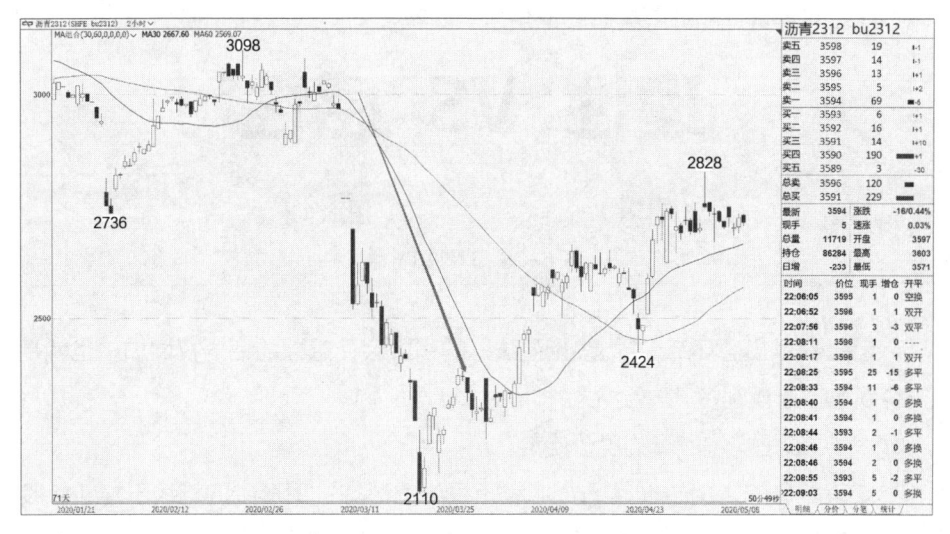

图 6-23　2020 年 3 月沥青 12 合约均线一路下行

在图 6-24 表格模板上输入各个建仓点位，执行买入计划，就可以在很大程度上解决因为市场恐慌情绪加剧，导致不敢下单、底部做多执行力不足的问题。

阶段	品种价格	涨跌幅	买入数量	累计持有	开仓均价	单笔合约价值	累计合约价值	账面浮动盈亏	保证金	累计保证金	资金合计	账户可用资金	账户权益	资金使用效率
	2400	0%	1	1	2400.00	24000	24000	-4000	2160.00	2160.00	6160.00	193840.00	196000	1.10%
	2328	-3%	2	3	2352.00	46560	70560	-10560	4190.40	6350.40	16910.60	183089.60	189440	3.35%
	2256	-6%	3	6	2304.00	67680	138240	-18240	6091.20	12441.60	30681.60	169318.40	181760	6.85%
	2184	-9%	4	10	2256.00	87360	225600	-25600	7862.40	20304.00	43904.00	154096.00	174400	11.64%
	2112	-12%	5	15	2208.00	105600	331200	-31200	9504.00	29808.00	61008.00	138992.00	168800	17.66%
下跌建仓阶段	2040	-15%	4	19	2172.63	81600	412800	-32900	7344.00	37152.00	69952.00	130048.00	167200	22.22%
	1968	-18%	1	20	2162.40	19680	432480	-32480	1771.20	38923.20	71403.20	128596.80	167520	23.23%
	1896	-21%	0	20	2162.40	0	432480	-32480	0.00	38923.20	71403.20	128596.80	167520	23.23%
	1824	-24%	0	20	2162.40	0	432480	-32480	0.00	38923.20	71403.20	128596.80	167520	23.23%
	1752	-27%	0	20	2162.40	0	432480	-32480	0.00	38923.20	71403.20	128596.80	167520	23.23%
	1680	-30%	0	20	2162.40	0	432480	-32480	0.00	38923.20	71403.20	128596.80	167520	23.23%
	1608	-33%	0	20	2162.40	0	432480	-32480	0.00	38923.20	71403.20	128596.80	167520	23.23%
	1536	-36%	0	20	2162.40	0	432480	-32480	0.00	38923.20	71403.20	128596.80	167520	23.23%
	1464	-39%	0	20	2162.40	0	432480	-32480	0.00	38923.20	71403.20	128596.80	167520	23.23%
	1392	-42%	0	20	2162.40	0	432480	-32480	0.00	38923.20	71403.20	128596.80	167520	23.23%

图 6-24　沥青表格建仓，可以克服图形趋势带来的恐慌感

通过表格，可以直观地用数字的表现形式，显示当下仓位、资金情况、持仓成本数量和账户杠杆。面对图形的趋势，我们的情绪化思维非常容易左右自己的判断，面对均线整齐排列的空头形态，大脑会不断提示：这样的图形还会继续延续吗？现在买入，下一秒可能就被套牢，要不要再等等？都说买涨不买跌，我现在买入，相当于"接刀子"……一系列负面情绪会钳制我们的大脑，影响先前制订的交易计划的实施！

而表格中的数据会让我们大脑的理性工作机制拥有更多的话语权，降低恐慌情绪和感性在决策中的权重，有效地克服因为市场猛烈下跌而产生的恐惧心理（见图 6-25）。所以在金融海啸的那段时间，我的电脑上显示的不是行情报价软件，而是各个品种的建仓表格和交易计划。

理性 VS 感性

（表格）　　　　（图形）

图 6-25　理性和感性

但是到了止盈环节，"均线止盈法"的引入会让感性的话语权增加，也就是传统观点"让盈利多飞一会儿"。

图 6-26 是安琪酵母的股价走势。

安琪酵母的走势，非常贴合均线止盈法的形态：图形中的均线不掉头，股价走势的趋势就会延续，这时图形图像在决策中的权重就占据了上风。而如果我们采用表格止盈法，会有什么结果？

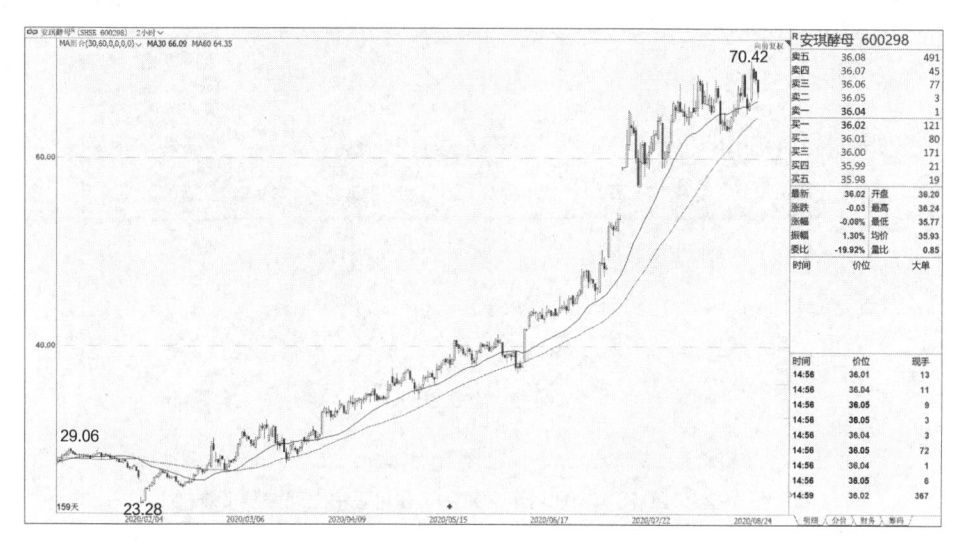

图 6-26　2020 年 4 月至 8 月安琪酵母的均线一路上行

表格会准确显示，我的盈利已经达到 30%、50%、70%……每天看着利润的增长，一颗无处安分的小心脏会随着账面盈利的变化而波动：此刻持仓头寸给我们带来的可能不是盈利的满足，而是对利润回撤的担忧。

通过表格，可以增加理性的话语权，有效克服我们建仓环节的恐惧，通过图形可以实现让利润奔跑的愿望。所以，工具本身没有好坏，关键还是使用工具的人。

6.6.2　基本面分析下的底部追踪

基本面分析包含对宏观经济、产业状况、重点单位生产情况的分析等。作为初学者，我们可以尝试化繁为简，围绕商品库存、商品成本支撑、市场情绪变化、商品历史底部形成背景等要素，逐一展开分析。

（1）供大于求，库存高企。市场经济中，商品价格通常由供需关系决定。当供应过剩、需求不足时，容易出现价格下跌，同时伴随商品累库。

图 6-27 箭头所指的区间，为豆粕 2018 年至 2019 年的 K 线图。豆粕价格从 2018 年 10 月的 3200 元 / 吨下跌至 2019 年 3 月的 2500 元 / 吨附近。

是什么原因导致豆粕在短短半年时间出现近 30% 的跌幅？我们先从豆粕的需求端进行分析。

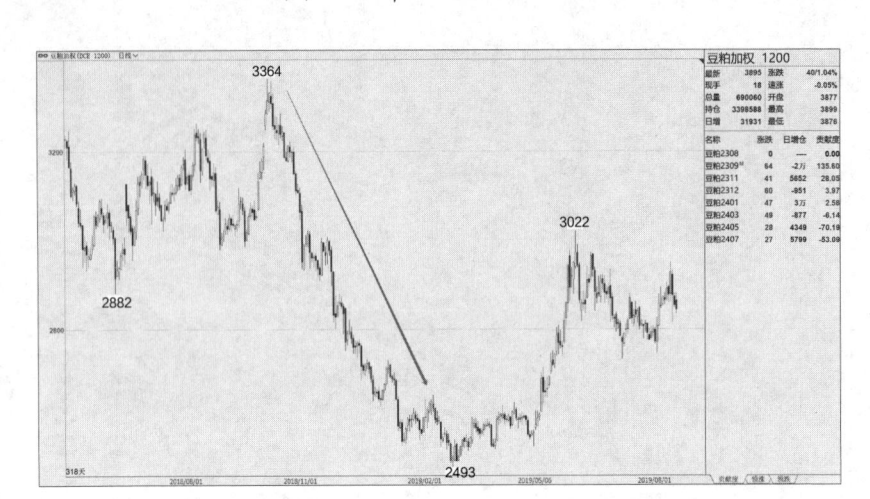

图 6-27 2018 年 10 月至 2019 年 3 月豆粕出现惨烈下跌

豆粕是生猪饲料的主要成分之一。2018 年国内非洲猪瘟蔓延，导致生猪存栏量出现断崖式的下跌。图 6-28 显示的是生猪存栏中的母猪数量，自 2018 年 3 月以后出现了暴跌，从 3600 万头下跌至 2019 年年中的 2000 万头。生猪存栏的减少导致了豆粕需求的减弱，引发了豆粕价格的下跌。

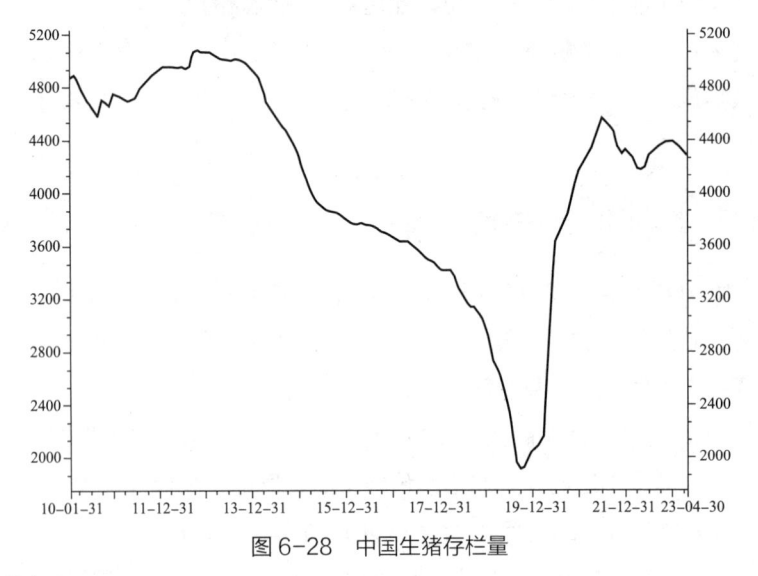

图 6-28 中国生猪存栏量

资料来源：Wind。

此外，从供应端来看，无论是北美产区还是南美产区，大豆产量都处于历史高位。图 6-29 显示，2018 年全球大豆产量创出 2010 年以来的新高。作为大豆压榨的主要产物豆粕，其库存也随之大幅上升。除此之外，大豆压榨的另一个重要产物豆油，由于全球大豆的丰收，也出现了库存过剩的情况。

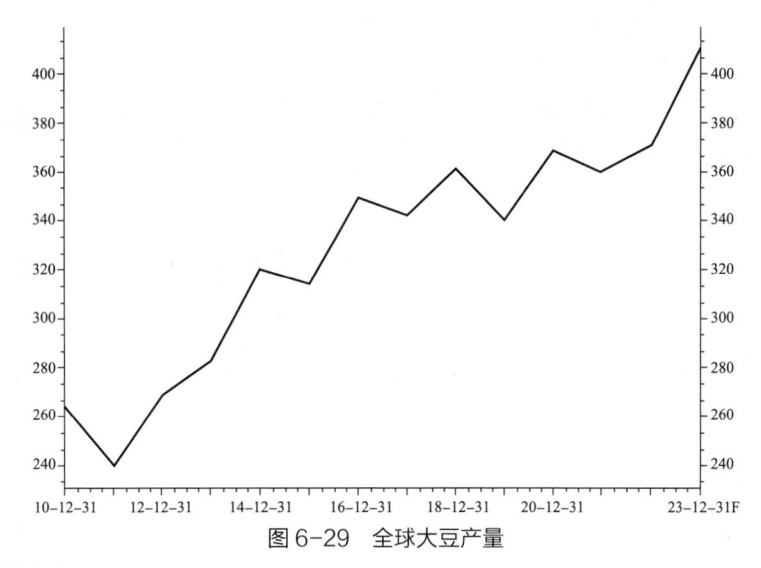

图 6-29　全球大豆产量

资料来源：Wind。

图 6-30 方框为豆油在 2018 年 10 月至 2019 年 7 月的走势。可以看出，豆油价格同样跌至历史低点。大豆压榨会同时产出豆粕和豆油两种产品。豆油可以提炼成生物柴油，替代部分原油，所以豆油作为油脂品种和原油的相关性也比较高。2018 年 10 月以后原油的持续下跌也在很大程度上影响了豆油的走势，所以，在双重因素的共同推动下，豆油也进入了历史底部区域。

图 6-30　2018 年 10 月至 2019 年 7 月豆油底部横盘

所以，在分析商品库存时，我们可以跟踪整个产业链商品的库存情况。通过预判"去库"和"补库"周期，辅助我们判断商品价格的走势。

（2）产业链上游产品成本不断下移，甚至出现坍塌。

2020年3月开始，原油价格的暴跌带动了下游沥青、燃油等化工品种的下跌。前文我们提到了通过沥青多单变相抄底原油的案例。

这个案例中有一个细节：

图6-31为WTI 12合约过去10年的价格走势图。2015年，国际原油市场因为美国页岩油的集中涌入，价格跌至34.06点，对应的沥青加权最低价格在1660点；2020年新冠疫情期间，原油价格最低跌至25.31点，而对应的沥青12合约最低价格为1826点。

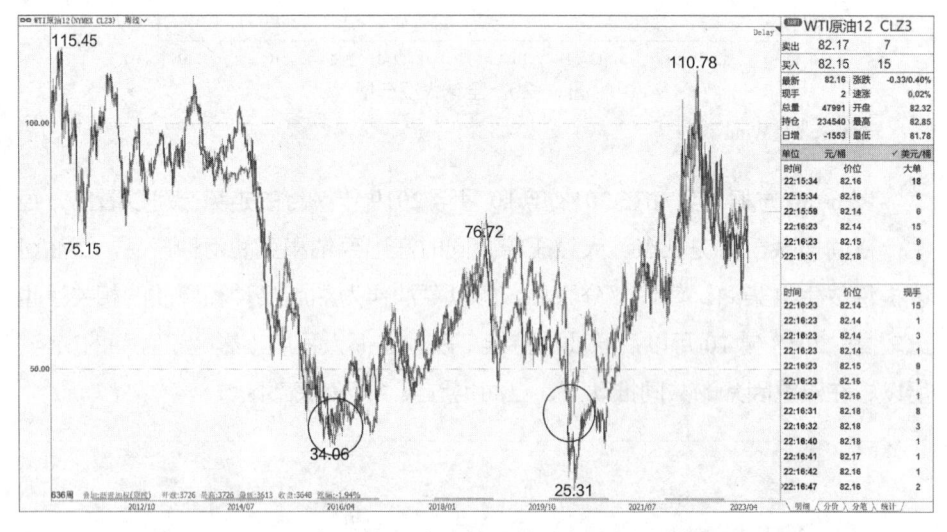

图6-31 2015年和2020年原油两次杀跌，沥青有着不同的表现

沥青作为原油化工产业链中的重要一环，为什么其下跌幅度没有完全跟随原油的步伐呢？

首先，低价的原油并未马上入库工厂，进入沥青的生产加工环节。2020年上半年，石化炼厂的沥青用油大部分还是2019年的进口原油，其成本普遍在50以上。

其次，受制于国内原油相关品种的局限性，很多多头资金都选择沥青作为原油多单的替代品，对沥青合约的"超配"对其价格形成了支撑。

最后，石化巨头有挺价的意愿。2019年底的冬储，国内石化巨头的库存成本在 2700~2800 点附近。即使沥青的上游成本出现坍塌，沥青的生产商也没有在价格低于 2200 点时大量抛售沥青现货。现货端价格的相对牢固，也限制了沥青远期合约的下跌空间。

所以，当煤炭、原油、天然气等上游原材料出现下跌时，我们不仅要关注这些原材料的支撑点位，也需要了解下游生产商对产品库存、销售策略的态度。做交易不能只盯着原油做化工，还应该综合考虑下游化工品的库存、产业链利润、开工率等指标。

对于初学者，这些参考系可能很难马上掌握。在没有十足把握的时候，如果想逢低布局，可以轻仓介入。

（3）恐慌情绪蔓延，大家都认为现金为王。

图 6-32 为 2000 年以来的白银走势。可以看到，2008 年和 2020 年金融海啸期间，白银合约均出现了价格探底的走势。复盘历史走势不难发现，在市场下跌的初期和中期，金银都会发挥其避险属性，它们不仅不跟随其他商品下跌，甚至还可以出现上涨行情。然而，随着市场恐慌情绪的加剧，恐慌指数不断攀升，交易员对现金的需求日益增强，市场开始抛售账户中的金银头寸持仓，换回现金资产。

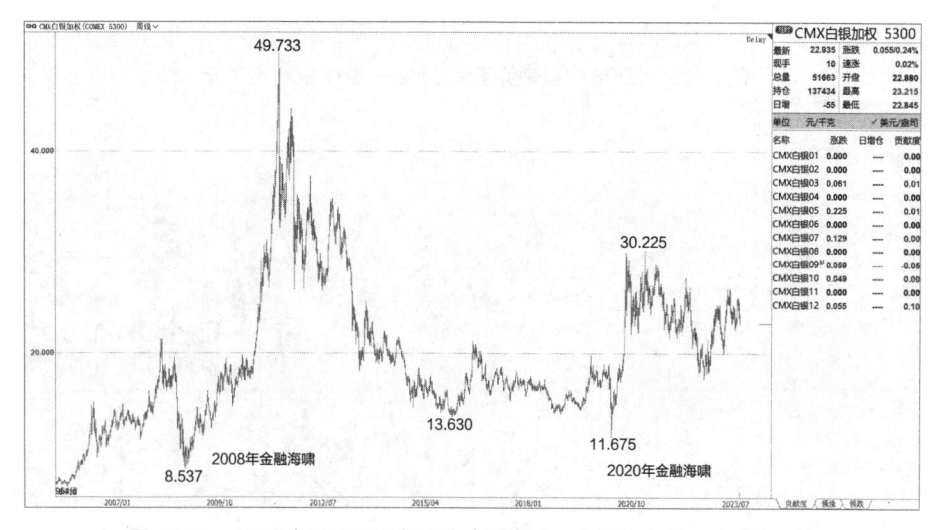

图 6-32　2008 年和 2020 年两次金融海啸，白银都出现了最后的杀跌

因此，当我们看到市场出现恐慌指数猛增，同时金银价格大幅下跌的情况时，也意味着距离市场底部，至少距离阶段性底部已经不远了。

（4）商品进入历史底部区间。

如果我们翻看全球大宗商品最近20年的走势，会发现一个比较有意思的现象：许多农产品的底部位置比较相近，并且农产品的底部比工业品更加确定。

例如，2008年以来，美国大豆的底部价格基本都在800点附近，与之相关的下游产品，如国内豆粕和豆油价格也在2500点和5000点的低位区间形成了有力支撑（见图6-33~图6-35）。

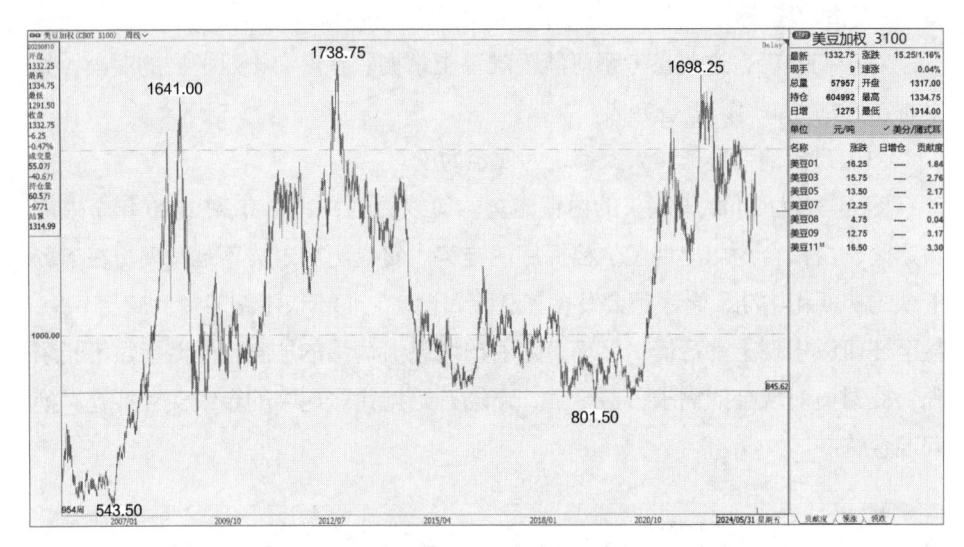

图6-33　2008年以来美国大豆底部一直在800点附近

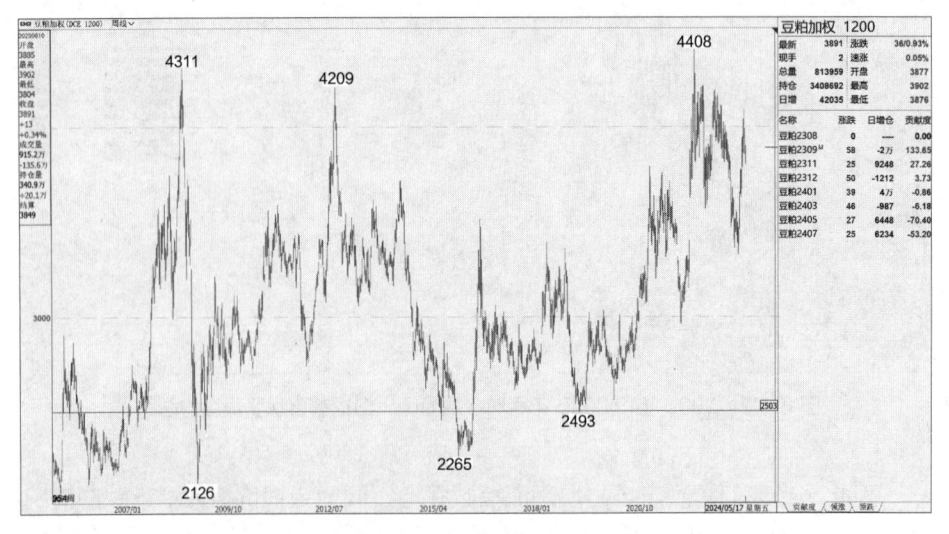

图6-34　2008年以来豆粕底部一直在2400点附近

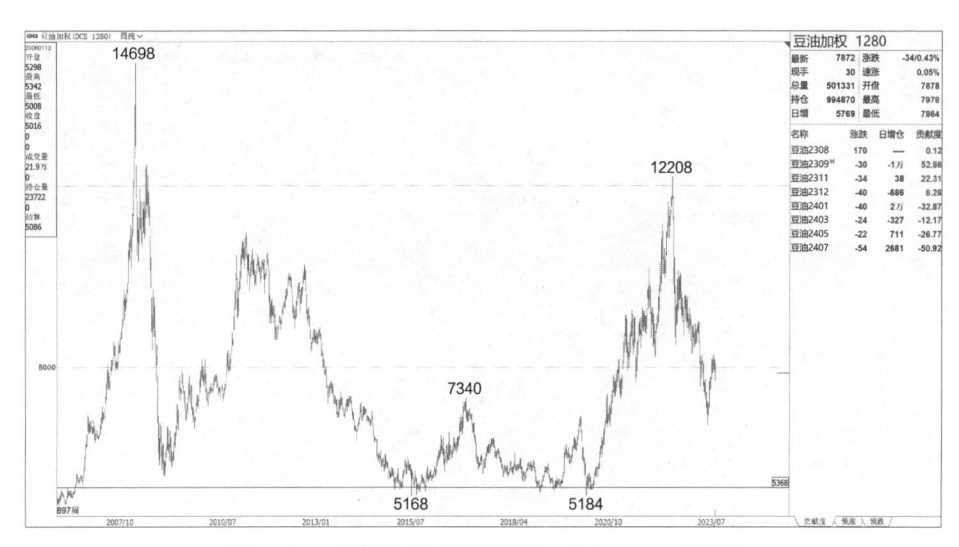

图 6-35　2008 年以来豆油底部一直在 5100 点附近

国内很多期货交易员发现了这个市场规律。当农产品进入历史底部区间以后，他们便开始布局豆粕或者菜粕多单。随着时间的推移，大豆的供需格局出现改善，这些底部农产品将会慢慢脱离底部震荡区间进入牛市行情。

为什么农产品的底部会比较确定，而工业品的底部相对比较脆弱？

这和农产品的生产要素密切相关。农产品的耕作需要大量土地，而土地的增长空间较为有限。即使大豆在全球很多区域都有种植，但因为受到诸如产业成本、各国政策扶持等因素的影响，全球主要的大豆产区仍然集中在北美和南美地区。由于产业分工等原因，多数国家很难在短期内动员大量人力去开垦土地种植大豆，因此大豆的供应弹性较弱。

相比之下，工业产品的情况则截然不同。一旦某种工业产品的价格持续上涨，或者因其需求前景被看好，各地的政府就会积极招商引入配套产业，大兴土木建设工业园区。这些生产线的建设周期通常为 1~3 年，所以能在比较短的时间持续释放新增产能。

2008 年金融危机后，我国推出的 4 万亿政策带动钢铁、水泥、光伏等行业产能的爆发性增长；同样地，2018 年，PTA 波澜壮阔的大牛市行情，也引来了行业史无前例的产能大扩张。

图 6-36 为 PTA 和 WTI 原油走势对照图。由于 2018 年 PTA 出现大牛市，石化企业积极引入 PTA 的装置生产线。

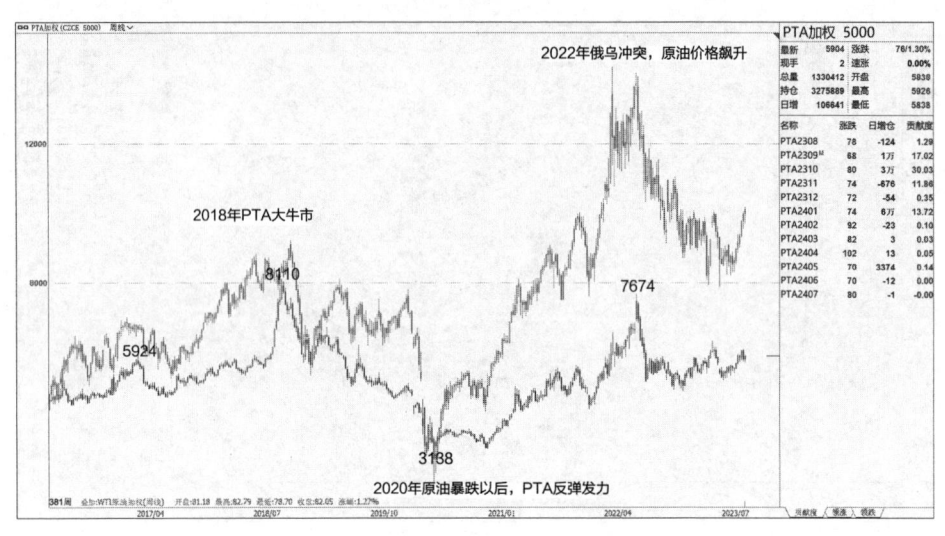

图6-36 2018年至2022年PTA和美国原油走势对比

从图6-37中可以看到，2015年至2018年，PTA的产能出现了缩减。但2018年以后PTA产能再度迅速扩张。

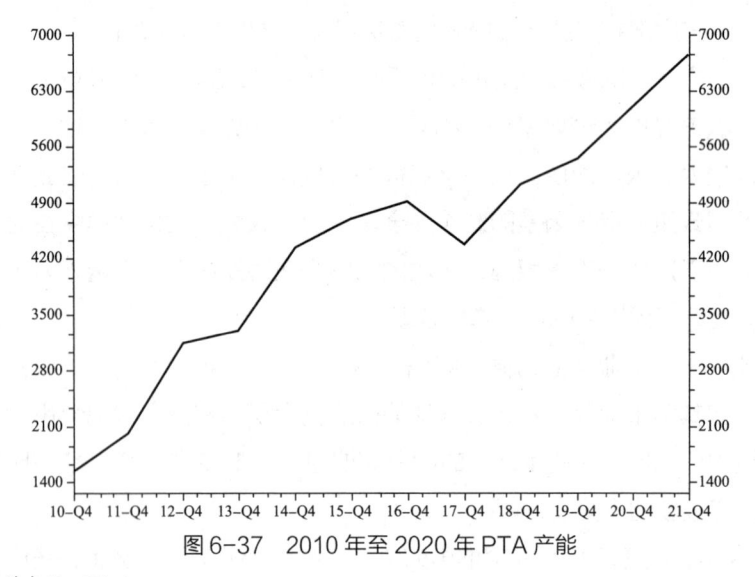

图6-37 2010年至2020年PTA产能

资料来源：Wind。

这些新增产能的释放导致2020年原油价格暴跌时，PTA价格创出历史新低，最低价格跌至3100元/吨——远低于2015年原油暴跌时的4100元/吨（见图6-38）。

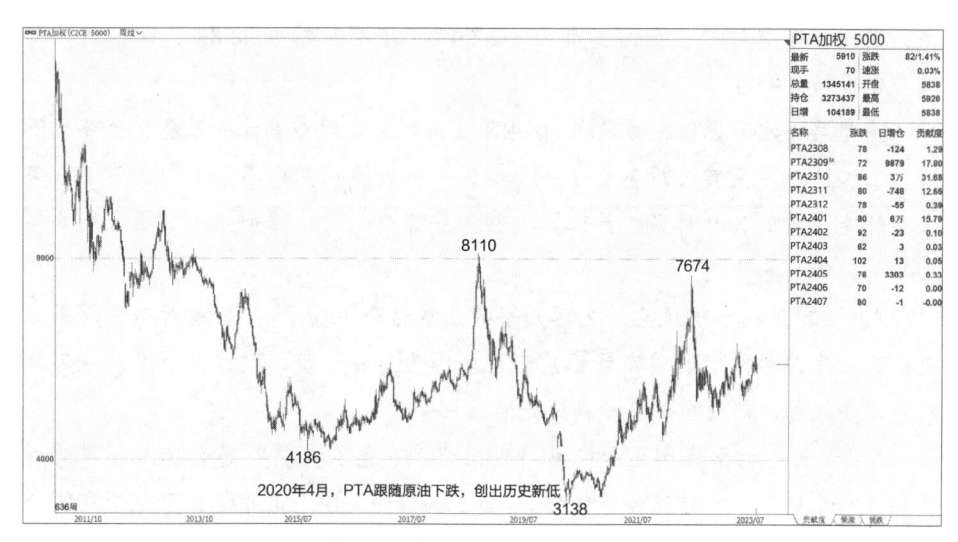

图 6-38　2014 年至 2021 年 PTA 走势

当原油 5 月开始反弹后，PTA 的上涨又显得力不从心。这种颓势一直持续到了 2020 年底，直到 PTA 库存逐渐下降，PTA 的价格终于随着原油价格的回升而步入了牛市。

值得注意的是，即使在 2022 年 3 月俄乌冲突导致原油价格突破 120 美元的高点，PTA 的价格仍然没有突破 2018 年的高位，究其原因，还是 PTA 的新增产能和大量库存抑制了 PTA 的价格弹性。

因此，在寻找工业品底部的时候，我们更倾向于选择产业链上游的相关品种，如动力煤、原油、铁矿石、镍等。这些商品的价格与资源类国家的财政收入密切相关，无论从价格的引导还是对整体产量的约束来看，这些上游产品都具有更大的确定性。所以，在布局工业产品时，我们可以优先考虑此类上游商品。

6.6.3　我们如何抄底 2016 年的湖北碳市场

2022 年 5 月，我接受了《湖北日报》和《南方周末》的采访，报道了本人参与湖北碳市场的一些经历。两家媒体均提到了我们在 2016 年 7 月成功抄底湖北碳市场的案例，下面是《南方周末》的报道原文：

作为湖北省第一批碳交易员，唐星经历了湖北碳交易市场从无到有的全过程。

湖北碳交易市场是交易活跃度最高的地方试点碳市场之一。据中国碳交易网，湖北省碳交易量占全国碳市场的 32.4%，碳交易额占 28.8%，两项均位列地方碳市场第一名。

唐星第一次听说碳交易是在 2014 年 3 月底。当时在湖北一家能化企业负责财务工作的唐星代表公司参加了一个会议，偌大的礼堂内集聚了湖北省 130 多家高耗能企业的 300 百多名员工。这些企业都被列入控排企业，需要在湖北碳市场进行碳交易。

"其实就是一个吹风会，告诉大家要注意这个市场了。"唐星对南方周末记者说，一个月后，湖北碳市场正式启动。因为急着开市，过程很仓促，一起参会的很多人都没搞明白碳交易到底是怎么回事。

"碳到底是无形资产还是交易性金融资产？怎么计量？怎么接入公司的财务体系？这些事一开始完全不明白。"为了搞懂即将参与的市场，唐星所在的企业组建了约 6 个人的碳排放权领导工作小组，他们把市面上能买到的书都买了，从其他国家的碳市场开始学起。

直到开户一年后，唐星才为所在企业操作了首次碳交易。"就是为了履约。"唐星回忆，当时企业配额有缺口，就在碳市场买了一些，整个过程非常平淡。

在给所属企业开户的同时，唐星也给自己开设了个人账户。

唐星是一个投资老手，资本市场对他天然有吸引力。进入大学后，唐星就和朋友共同成立了该校第一届理财协会，开始炒股。毕业时，唐星以每年 15% 左右的收益率积攒下 20 多万元人民币。

碳交易再次触发了他对投资的好奇心，他在湖北碳市场首个履约期内投资了 5 万元试水。但当他把此事分享给一起炒股的朋友时，他们大部分都持观望态度，甚至还有人误以为他要去做煤炭生意。

机会出现在 2016 年，高能耗行业去产能力度加大。7 月 11 日，湖北省发放履约通知，规定履约截止日期为 14 天后的 7 月 25 日。但配额分配很大程度上还是以企业历史排放量为基础决定，导致当年的湖北碳市场碳排放配额供大于求，很多企业进行了抛售，湖北碳市场连续三日到达跌幅限制。

经历了 2008 年金融危机、2015 年股灾的唐星嗅到了机会，7 月 22 日，他以 10.28 元／吨的价格抄底 9 万吨碳配额，到了 12 月，碳价上涨至 19 元／吨，他又择时卖出，最终获利 80 万元，实现了 5 个月超 80% 的收益率。

可能有些朋友对碳市场还比较陌生，在这里先简单普及一下碳市场的基本知识。

当我们在生活、工作或经营企业时，会产生一些温室气体，比如二氧化碳。这些气体是气候变化的原因之一，会导致全球变暖和极端天气。为了减少这些温室气体的排放，一些国家或地区设立了碳排放权市场。这就像是一个大型的"环保交易市场"。政府设定了每年允许排放的总气体量，然后把这些气体分成很多份，每份就是一个"碳排放权许可配额"。

政府每年会给企业或工厂发放一定数量的碳排放权配额指标，表示它们被允许在一年内排放这么多温室气体。如果某家企业排放的气体比它们的发放指标少，它们就可以把多余的证书卖给排放量更多的企业。这样，那些减少了排放的企业就可以获得收益，而高排放企业则需要购买更多的配额，以遵守规定的限制。这种碳排放权市场的目的是鼓励企业减少温室气体的排放，通过经济激励来推动环保行为。

在我国，无论是2012年开始的地方碳市场试点，还是2021年建立的全国碳市场，交易标的物都是企业生产经营过程中产生的二氧化碳配额指标，属于一种虚拟的商品资产。

由于商品属性，碳市场的价格自然会受到供需关系的影响。

2016年履约期，交易的配额是根据2013—2015年工业企业生产数据推算出来的二氧化碳排放量。自2011年开始，工业企业的产品价格就步入了漫长的熊市阶段，所以二氧化碳排放数据逐年递减，导致企业对二氧化碳的需求出现了萎缩。同时，由于二氧化碳配额指标发放较为宽松，供应端出现了大量的盈余配额。

在需求疲软、供应过剩的情况下，湖北碳市场的配额价格从2016年4月的21元开始下跌，短短一个月的时间，跌至16元附近。7月履约开始后，配额价格甚至暴跌至10元附近。

通过分析企业配额之间的供需关系，我们认为之前供过于求的局面，会随着抄底资金的介入和企业履约需求的入场发生改变。因此决定在12元附近开始左侧建仓，分批次买入。

8月以后，湖北碳市场的价格出现修复性反弹，从10元的底部反弹至12月底的19元附近。

碳市场的参与经历，对我后来参与商品市场有两个重要的帮助：

（1）完善利益分析法

读书期间，我通过学习时寒冰老师的博客文章和阅读相关书籍，基本掌握了市场参与主体的利益诉求的分析思路。大学毕业，结合自己在大学期间A股市场的投资经历，我完成了《利益分析法在中国股市中的应用》的毕业论文。

毕业后我在上市公司财务部工作，参与了通过股票定增收购同行业其他企业的项目，切身感受了商业并购行为和一级市场运作的复杂性。

参与碳市场后，我开始深入了解国家对碳达峰和碳中和的规划、交易所对各方参与主体的利益平衡、主管部门对企业履约目标的设定，这些经历都让我对市场参与方的利益博弈和平衡有了进一步的理解。

参与商品期货市场后，我通过利益分析法对产业资本、金融资本、散户、交易所的立场和利益诉求进行分析。例如，在2020年抄底原油时，我们通过利益分析法对全球主要产油国的资本性支出和国家财政状况进行预判，认为原油在低于30美元的价位不会运行太久，因此制定了相关的抄底策略。

（2）建立商品分析框架

在接触碳市场之前，我们的精力主要集中在股票的一二级市场。股票市场的分析框架，大多围绕公司的业绩、同行业的估值水平、必要报酬率等财务指标展开。

而在碳市场中，我们发现配额的供求关系是主导价格变化的核心驱动因素。通过研究碳市场配额的供求关系，以及研判碳市场的政策，为后来搭建商品期货市场的分析框架打下了良好的基础。

2018年，通过调整优化我们之前的碳市场分析体系，逐渐形成了现在的交易框架。在碳市场配额供需分析的框架基础上，增加了影响大宗商品的价格因子。同时针对期货、期权这些金融衍生品的杠杆特点，设计了能够量化的资金管理工具。

回顾过去10年的商品之路，我们在2016年的碳市场抄底行为，和后来在2020年3月参与的全球原油抄底，几乎是同样的故事：两个市场都是由于市场情绪的过度悲观和近期供需关系的极度失衡，导致价格暴跌，给我们提供了一次理想的布局机会。

作为参与者，学习和理解不同市场和品种的特征，然后找出共性和着力点，是做好投资的关键。

除了碳市场和沥青的抄底经历，我们在2020年3月撰写的《白银抄底计划》，也是一个比较成功的底部做多案例。

6.6.4　白银抄底计划

在本书第一章《一次白银抄底的穿仓事件》中，我提到了：

"在 M 同学穿仓以后，我把制作好的《白银抄底计划》发给身边的好朋友，准备开始白银的抄底行动。长期来看，无论是目前的 3000 点位，还是更极端的 2400 点，都是很理想的白银抄底位置。"

现在把这份抄底计划分享出来，大家今后制定抄底方案可以参考类似的思路。

白银抄底计划

（2020 年 3 月）

1. 白银概述

白银是重要的工业原材料，也是具有避险属性的贵金属。2008 年金融危机和此次全球疫情，白银均出现了暴跌。图 6-39 是沪银合约 2012 年上市以来的走势图：上方 K 线是 2011 年黄金的走势图，而下方 K 线是白银的走势图。可以看到，黄金在现阶段依然处于相对高位，而白银合约已经跌至 2011 年以来的底部。

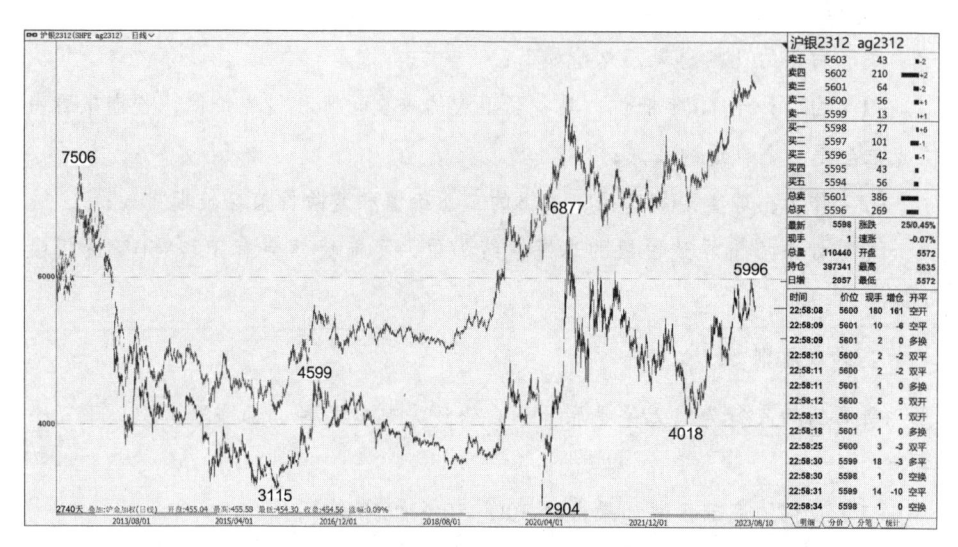

图 6-39　沪银合约 2012 年以来走势

鉴于沪银合约2011年以后才上市，无法看出2000年以来的走势图，我选取了上市时间更久的纽约白银合约作为参考。2002年以来纽约白银从4美元稳步攀升，最高时达到过21美元，2008年金融海啸时最低价格为8.58美元，和目前的12美元相比，有30%的差距。在2011年欧债危机期间，纽约白银跟随黄金同样都表现出避险属性，最高上涨至49美元（见图6-40）。

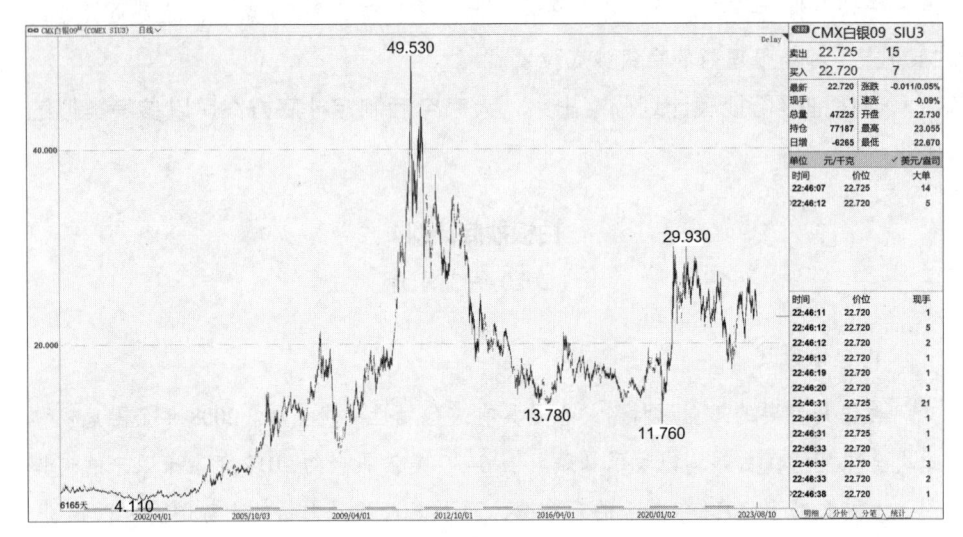

图6-40　2000年以后纽约商品交易所白银09合约价格走势

关于白银的几点思考，总结如下：

（1）白银处于10年低位，具备了很大的安全边际和投资价值，长期来看当下点位会是一个合适的买点；

（2）作为全球重要的商品，白银的工业价值和避险价值会长期有效；

（3）如果疫情导致白银的恐慌情绪加重，可能仍然会有30%~50%的极限下跌空间。

2. 抄底原则

所有的抄底行为，无论是原油、白银还是其他品种，都需要考虑以下三个要素：

（1）目前的底部区域如果再跌30%~50%如何应对；

（2）在底部的盘整时间，3周、3个月甚至1年以上能否接受；

（3）该品种会不会消失退市（比特币、乐视网等品种）。

极限压力测试通过，才会进入抄底环节。

3. 抄底计划

以白银 12 合约为例：

白银 12 合约 3 月 18 日收盘价为 3049 点，1 手白银合约 =15 千克 / 手，意味着 1 手白银合约的价值为 15×3049=45735 元，依照 20% 的保证金比例计算，持有 1 手合约所需要支付的资金为 45735×20%=9147 元

依照图 6-41 表格操作，白银单次下跌 9%，买入 1 手合约，即：

3050（买入 1 手）–2775（买入 1 手）–2501（买入 1 手）–2318（买入 1 手）–1952（买入 1 手），合计买入 5 手合约。则我们持有的合约总价值仅为 188947 元，依然小于我们的预算资金 20 万元。

品种名称	白银12
第一次开仓价格	3050
市场现价	1952
合约单位数量	20
保证金比例	12%
品种计划资金	200000

阶段	品种价格	涨跌幅	买入数量	累计持有	开仓均价	单笔合约价值	累计合约价值	账面浮动盈亏	保证金	累计保证金	资金合计	账户可用资金	账户权益	资金使用效率
下跌建仓阶段	3050	0%	1	1	3050.00	61000	61000	-21960	7320.00	7320.00	29280.00	170720.00	178040	4.11%
	2958.5	-3%	0	1	3050.00	0	61000	-21960	0.00	7320.00	29280.00	170720.00	178040	4.11%
	2867	-6%	0	1	3050.00	0	61000	-21960	0.00	7320.00	29280.00	170720.00	178040	4.11%
	2775.5	-9%	1	2	2912.75	55510	116510	-38430	6661.20	13981.20	52411.20	147588.80	161570	8.65%
	2684	-12%	0	2	2912.75	0	116510	-38430	0.00	13981.20	52411.20	147588.80	161570	8.65%
	2592.5	-15%	0	2	2912.75	0	116510	-38430	0.00	13981.20	52411.20	147588.80	161570	8.65%
	2501	-18%	1	3	2775.50	50020	166530	-49410	6002.40	19983.60	69393.60	130606.40	150590	13.27%
	2409.5	-21%	0	3	2775.50	0	166530	-49410	0.00	19983.60	69393.60	130606.40	150590	13.27%
	2318	-24%	1	4	2661.13	46360	212890	-56730	5563.20	25546.80	82276.80	117723.20	143270	17.83%
	2226.5	-27%	0	4	2661.13	0	212890	-56730	0.00	25546.80	82276.80	117723.20	143270	17.83%
	2135	-30%	0	4	2661.13	0	212890	-56730	0.00	25546.80	82276.80	117723.20	143270	17.83%
	2043.5	-33%	0	4	2661.13	0	212890	-56730	0.00	25546.80	82276.80	117723.20	143270	17.83%
	1952	-36%	0	4	2661.13	0	212890	-56730	0.00	25546.80	82276.80	117723.20	143270	17.83%
	1860.5	-39%	0	4	2661.13	0	212890	-56730	0.00	25546.80	82276.80	117723.20	143270	17.83%
	1769	-42%	0	4	2661.13	0	212890	-56730	0.00	25546.80	82276.80	117723.20	143270	17.83%

图 6-41　白银抄底预算

白银价格下跌 36%，从目前的 3050 点下跌至 1952 点，账面亏损为 42547 元：不会爆仓，亏损也完全可控，这样的操作手法放弃了期货的杠杆。

我们的持仓均价随着市场下跌的买入行为，可以达到 2519 点：如果白银价格恢复到 3600 点，理论账面盈利为（3600–2519）×15×5=81075 元

此次抄底计划存在的问题：

（1）市场大概率不会出现 36% 的跌幅，白银给我们 1952 点（对应 36% 的跌幅）的买入机会，包括出现 2318 点（对应 24% 的跌幅）的买入机会很小，我们可能底部筹码拿得不够多。因此预期 81075 元的利润难以实现。

（2）底部盘整时间不确定，什么时候能涨至 3600 点，甚至 4500 点的高位？

评估此次抄底计划的风险和收益，个人认为白银的抄底计划具备比较理想的风险收益比，可以采取行动。

第 7 章

期货盈利的终极之道：止盈与止损

7.1 止盈：期货交易的黄金法则

"我们的交易系统，基本不会设置止损。"

2021 年之前，当朋友询问我们的止损机制时，我通常如此解释。后来团队成员讨论认为这样的表述不够严谨，会给人一种风控不完善的错觉，我们决定调整表述：当出现更理想的品种或市场变动超出我们预期时，我们会考虑引入止损机制。

回顾 2018 年至 2023 年，我们遇到的止损情况并不多，甚至用两只手就可以数完——这并不是为了彰显我们的交易胜率很高，而是因为我们在交易前通过科学的资金管理，降低了止损介入的概率。

《孙子兵法》一书的开篇：兵者，国之大事，生死之地，存亡之道，不可不察也。这同样适用于期货交易，建仓之前做好交易计划，是关乎账户的存亡之道，不可不察！

7.1.1 止盈比止损更重要

"即使止损错了，也是对的！"

这是我在 2014 年读过的一本期货书上的观点，用来强调止损的重要性。那时，我们刚接触碳市场，对期货市场的认识和理解还不够深刻。后来，又有几位期货交易员在交流中反复与我提到这句话，一再强调止损的重要性——但根据我十多年的经验来看，止盈可能比止损更为关键，因为止盈是唯一能增加账户资产的手段。

如果止损是为了保全账户，那为何我们不在建仓前就做好资金管理和建仓计划，降低止损发生的概率呢？这是我在打磨交易系统时经常思考的问题。

当了解到右侧交易或趋势交易的策略后，我才逐渐理解为何人们总说"即使止损错了也是对的"。在右侧交易中，经过多次试仓和止损，只要抓住一次正确的趋势，趋势产生的利润就可以迅速覆盖之前止损的亏损。如果抱着侥幸的心理选择被动等待和扛单，账户可能会因为扛单而导致亏损的迅速放大，陷入被动。

止损机制是为了确保账户的安全性和可持续性，止损自身并不会创造利润。只有止盈，把账面的浮盈变为实际可用的现金，才能让我们实现这个目标。

7.1.2 止盈，克服人性的弱点

在我看来止盈不仅比止损更重要，也比止损更具挑战性。在某种程度上，止盈可以说是一个逆人性的交易行为。

几乎所有经历过严重亏损的交易员，都曾有过辉煌的业绩，哪怕只是短短一个季度甚至一个月。然而，将巨大的账面浮盈转化为实际收益，不仅需要止盈的行为，更需要智慧。

回顾 2016 年 7 月，我们在湖北碳市场以低于 12 元的价格抄底后，在价格高于 18 元时开始逐步止盈。当时有一位投资者，他对湖北碳市场次年的配额分配政策充满信心，认为在紧平衡的市场预期下，湖北碳市场有可能突破 25 元的价格区间。因此，面对账户接近 50 万元的账面浮盈，他没有选择止盈，而是决定继续持有。

然而到了第二年，湖北碳市场再次出现单边下跌，2017 年 8 月，最低价格跌至 12 元附近，账面的浮盈几乎全部回吐，这位投资者只能无奈地继续持有湖北碳市场的配额。直至 2018 年，在价格回升至 18 元附近时才开始慢慢变现。遗憾的是，2018 年 7 月以后，湖北碳市场出现单边上涨行情，短短两周时间，价格从 18 元涨至 28 元附近。这位投资者因为止盈过早，错过了最丰厚的这一波单边上涨行情。

如果这位投资者在 2016 年 12 月选择部分止盈，不仅可以锁定当年的利润，同时释放的可用资金还能抄底 2017 年的碳市场，赚取第二波收益，为 2018 年的持仓增添更多的从容和耐心。因为错过了一次止盈机会，扰乱了心态，打乱了交易节奏，几乎每位交易员都曾遇到过类似情景。

为什么止盈比止损更困难？

这与我们的正面激励情绪有关。当持仓头寸出现巨大盈利时，大脑分泌多

巴胺产生的愉悦情绪，让我们的潜意识很容易地认为这已经是确定的收益。尤其是对长期持有的头寸，甚至会产生依恋。大学时期我买到人生第一只翻倍股票是中色股份。价格从 11 元涨至 21 元达到止盈目标后，我依依不舍地输入价格卖出变现。看着空空如也的账户，就像失去了一位相识已久的好朋友，感到一种莫名的空虚和失落。

同时，贪婪也是影响止盈操作的一个常见现象。由于行情在后期往往会出现加速上涨，账面利润的增长速度可能是之前的数倍。股票上涨后，上涨的基数也会随之增大：同样都是 10% 的涨停板，越靠近后期的涨停板，账户增加的利润金额会越多。期货浮盈加仓后，持仓数量的增加也会使利润金额加速增长。

面对账面的巨额利润，投资者开始幻想这样的上涨能够延续，他们的财富在不久的将来出现翻倍，甚至实现几何级数的跃迁。随着贪婪情绪的不断发酵，最初设定的止盈目标会被抛之脑后，眼里只剩下还没有兑现但似乎非常确定的账面浮盈。

然而，再凛冽的牛市，也终究有转折和掉头向下的时候。当行情出现转折，只有少数成熟且自律的交易员能够真正做到让利润落袋为安，果断止盈。更多的人会选择等等看，希望价格达到前期高点后再卖出。然而这样的希望往往容易落空，他们最终只能看着利润一点点被侵蚀，最后所剩无几。

相较而言，止损的操作其实要更为简单。

当账户处于浮亏状态时，交易员通常有两种选择：持仓不动或止损离场。期货交易员在止损时会更加果断，因为期货具有杠杆效应，在重仓的情况下不及时对亏损进行干预，可能会引起账户的爆仓和穿仓。因此，期货投资者，尤其是成熟的期货投资者，会比股票投资者更果断地选择止损。

所以，理解了情绪对止盈的影响后，我们也就不难理解止盈为什么比止损更加困难。

7.1.3　止盈的境界

初学者对止盈的认识往往停留在"止盈"是一种必要交易行为和工具，随着市场经验的增加，他们可能会渐渐意识到，止盈也是一种境界。能持续做好止盈，把每一次账面利润落袋为安，不仅需要好的止盈工具，也需要好的止盈心态。

我们可以借用佛教中的"戒""定""慧"来理解止盈的三种境界。

"戒"，指的是一种自我约束。面对诱人的账面利润，如果没有选择将头寸平仓，则只是浮盈。我们需要约束自己的贪婪情绪，戒除幻想，回归现实，落袋为安，才能将账面利润转化为真实的收益，在现实世界中实现财富的增长。

"定"，意味着保持内心的平静。一次，我与同行讨论如何在持续盈利后保持内心平静，抑制心态膨胀。我建议他多去博物馆走走，爬爬山，就不难把眼前的得失看淡了：两三亿年前恐龙遍布地球，但只有极少数的恐龙可以在千万年后形成化石；七八百年前的一棵松树种子，侥幸存活长大，成为闻名遐迩的迎客松；曾侯乙编钟距今已有 2400 年历史，音律依旧动人。我们作为职业交易员，如果有幸盈利三五年或者更长时间，对社会和这个时代能有多少贡献？我们的工作只是在一个零和博弈的市场，把他人口袋的钱装进自己口袋，并没有创造什么社会价值——想明白这一点，是否还会有得意的感觉呢？那位同行听完之后点了点头，将杯中的酒一饮而尽。在那一刻，相信他应该有所触动。

"慧"，是指交易环节所需要的思辨能力。如果止盈后行情仍然在发展，我们不应该为了没有实现的潜在收益而感到懊悔和愤怒。关于止盈后的建议，大家可以参考本章最后一节"止盈与止损后：前进之道"里面详细的建议。

在这本书中，我们花了不少篇幅探讨交易的心态和思维，可能有的读者会认为这些都是常识或者老生常谈。然而，无论我们掌握了多少分析工具，衡量投资水平的唯一标准就是具备持续稳定的盈利能力。稳定盈利的能力，不仅仅需要工具的支持，更需要正确的思维去指导操作！

止盈之所以难，是因为在复杂多变的市场环境中，恐惧和贪婪的情绪始终困扰着我们。止盈的境界跟"舍得"的心态密切相关。当面对账户中的巨大盈利时，哪怕这些头寸可能继续上涨，我们愿意主动让出一些头寸选择平仓，盈利就可以转化为真金白银。如果我们一直紧紧抱住利润不放，在市场行情发生转向时，这些利润可能就会消失殆尽。

拿起容易放下难，人生如此，交易也是如此！

因此，止盈，作为唯一能让账户利润增加的操作，不仅是一种重要的交易行为，也是一种充满思辨哲理的交易境界。

7.1.4 为何必须掌握止盈技巧

为了提升止盈的执行力和止盈点位的精准度，我们需要引入一些常用的止盈指标和工具。正如本书第 5 章资金管理部分引入建仓表格辅助我们管理资金，在执行止盈操作时，我们也需要一些分析工具提升我们的操作准确度。

作为趋势交易的先驱，利弗莫尔 100 年前已经洞悉了人性的弱点。那些在牛市中表现出色的投机客，虽然曾经拥有巨额财富，但最终往往是黯然退场。他书中提到的"民众在繁荣期获得的账面利润，永远停留在了账面上"的现象，至今仍在金融市场不断上演。

市场是有规律的，市场的规律源于不变的人性。而人的情绪总是会随着市场的变化而变化。

在书中，利弗莫尔描述道：

我很早在股市中学到的一个教训，就是华尔街没有新事物，因为投机就像山岳那么古老。股市今天发生的事以前发生过，以后会再度发生。我想我真正没法记住的就是何时和如何发生。我用这种方式记住的事实，就是我利用经验的方法。

华尔街从来不会改变，因为人的本性是从来不会改变的。

在书中，利弗莫尔也道出了止盈困难的原因：止盈需要克服人性的弱点。

他认为，控制不住自己的情绪是投机者真正的死敌：恐惧和贪婪总是存在的，它们就藏在我们的心里。它们在市场外面等着跳进市场来表现，等着机会大赚一把；无论是在什么时候，从根本上来说由于贪婪和恐惧、无知和希望，人们总是按照相同的方法重复自己的行为——这就是为什么那些数字构成的图形和趋势，总是一成不变地重复出现的原因。

因此，引入止盈工具，本质是为了帮助我们克服内心的贪婪，克服我们人性的弱点。接下来，我们会详细介绍在止盈操作中经常使用的静态止盈法和动态止盈法。

7.2　止盈中的六脉神剑

7.2.1　第一式：目标止盈法

适用情景：在建仓阶段设定 1~3 个止盈目标位，当价格达到设定的目标，就按照计划分批止盈。

具体方法：

（1）在市场底部区间进行布局。当账户处于建仓阶段，我们能够比较理性地评估此次操作的预期收益，此时设定止盈目标会比较客观。

（2）标的物价格达到之前设定的目标，就进行止盈操作，止盈的仓位规模不应少于整体仓位的一半。

（3）可以设定1~3个止盈目标点位，但不能过多，以免分散精力，增加执行难度。

注意事项：

止盈点位的设定是"目标止盈法"的关键。如果设定过低，可能会在止盈后产生后悔的情绪；如果设定过高，可能难以达到目标。因此，设立三个止盈点位，可以将自己的期望值设定为基本满意、十分满意和超出预期。这三个点位对应的止盈仓位分别为50%、30%、20%。

操作案例：2020年4月沥青抄底案例

在本书的建仓章节，我们回顾了当时抄底原油的详细思路。通过良好的资金管理体系，我们在分批次布局沥青多单后，原油价格于5月开始止跌并企稳。

5月，观察到国际原油市场的下跌动能基本释放完毕，后续上涨的概率在逐渐增加，我们开始着手制定沥青多单的止盈方案。当时我们的账户大约持有80手的沥青多单，建仓成本在2210。我们设定了三个目标位，分别是2600点、2800点和3000点。这三个目标位是基于沥青12合约底部区间2000点作为参考，分别按照30%、40%和50%的涨幅比例推导而来的点位（见图7-1）。

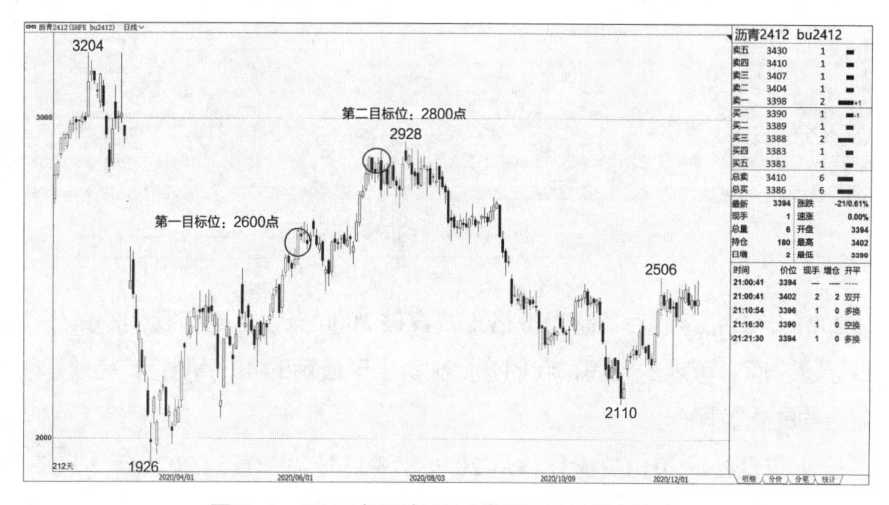

图7-1 2020年沥青12合约的两个止盈目标位

我们的止盈计划从 2600 点开始实施，在 2700~2800 点的价格区间内，我们应该锁定超过 60% 头寸数量的利润，当价格超过 2800 点后，止盈比例应超过 80%，这样做可以确保我们兑现了大部分头寸的利润。

2020 年 6 月初，沥青 12 合约运行至 2600 点，我们减仓约 30 手。在 2600~2800 点的价格区间，我们又减仓大约 20 手。到了 7 月初，当价格达到 2800 点时，我们总的持仓量已经降低到 20 手左右。

随后，沥青价格开始回落。在 2020 年下半年的反弹中，沥青价格未能突破我们当初设定的第三目标位 3000 点，11 月初更是下跌至 2450 点附近。但因为在 6 月至 7 月我们已经锁定了 60 手的利润，所以当价格跌破 2500 点时，我们又重新买入了大约 20 手沥青，这次购入的是 2021 年 6 月到期的沥青合约。剩下的 20 手沥青 12 合约，在 12 月合约到期之前，我们顺势转为次年的 06 沥青合约，即 202106 合约，这样我们总共持有了 40 手沥青（见图 7-2）。

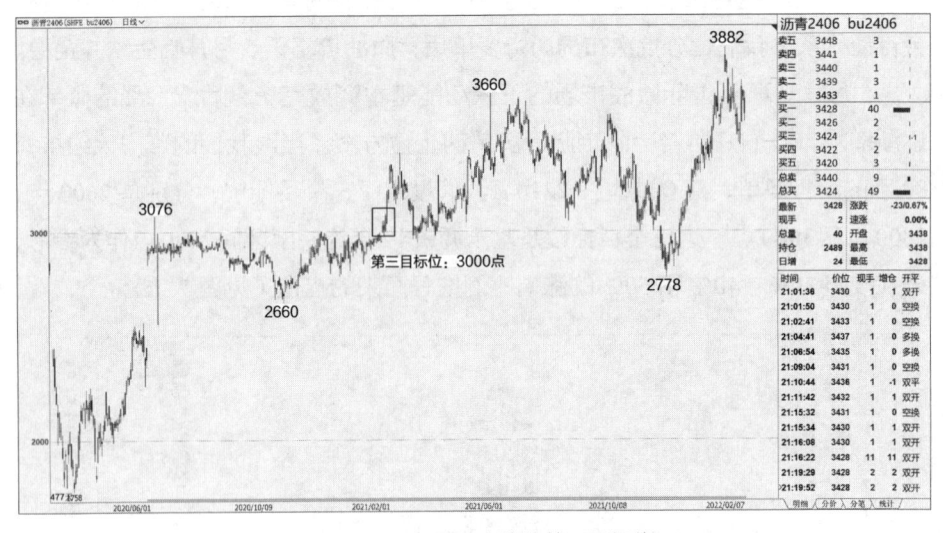

图 7-2　沥青 106 合约的第三目标位

2021 年 2 月春节后，沥青价格正式突破 3000 点，达到了我们的第三个止盈目标位。面对可观的利润，我们分批次卖出了最后的 40 手沥青，完成了所有沥青合约的止盈操作。

此次沥青抄底和止盈操作，从 2020 年 3 月开始一直到 2021 年 2 月结束，跨越了一个完整的年度。我们通过稳健的资金管理体系完成了抄底建仓，并通过对止盈目标位的预判和执行，成功锁定了利润。

尽管 2021 年以后，商品市场出现了波澜壮阔的牛市行情，回头看沥青在 3000 点以下的价格都不算高，但如果放在 2020 年第二季度，当时全球仍然受到新冠疫情的困扰。当某种商品能有 30%~50% 的涨幅，就可以算作一次收获颇丰的投资了。

在此次止盈操作中，最重要的是我们展现出了良好的执行力。沥青从 2000 点反弹至 2600~2800 点的区间后，我们 80 手沥青止盈了 75% 的仓位，保持了良好的心态。

如果面对沥青 5 月至 7 月流畅的上涨行情出现迟疑而没有坚定执行止盈操作，则会面临 2020 年 7 月至 11 月沥青调整的过程中，账面利润大量回吐的被动局面，从而扰乱投资的心态和节奏。因此，好的投资策略必须结合好的执行力，知行合一，才能取得预期甚至超预期的投资结果。

7.2.2 第二式：回调比例止盈法

适用情境：对基本面和技术面分析没有太多深入研究的投资者。

具体方法：

（1）底部建仓后，耐心等待底部盘整结束，形成单边上涨趋势；

（2）当上涨动力减弱，市场出现回调时，开始考虑止盈；

（3）设定一个回调比例，比例区间建议在 5%~20%。确定好比例后，一旦达到预设比例，便开始止盈操作。

注意事项：

（1）回调比例的设定至关重要。大学阶段我读到的一些技术分析书籍里提到，20% 通常是牛熊转折点，因此建议把回调止盈的比例设定为 20%。

然而，在实际操作中，我发现 20% 的回调比例过大。特别是对于商品市场和碳市场，这两个市场的年度波动范围远小于股票市场。由于碳市场的流动性相对较弱，一年的波动范围可能在 20% 以内。因此，在设定回调比例时，应该结合不同市场的品种走势，认真分析其波动规律。

（2）这个方法只适用于上涨趋势下的品种。如果在底部箱体震荡的走势下使用该策略，可能会丢失底部筹码。因此，在运用这个策略时，必须对市场的趋势有清晰的认识。

操作案例：2018 年湖北碳市场的止盈

湖北碳市场在经历了 2016 年、2017 年两年履约期的单边下跌后，在 2018

年进入了稳定期。由于消息面比较平稳，市场价格一直在16~17元/吨窄幅震荡。

进入6月以后，随着2018年履约期的临近，市场中部分先知先觉的机构根据配额供需关系，认为当年配额将出现供不应求的局面。因此，他们开始在市场中吸纳配额，建立多头仓位。同时一些有缺口的控排企业也入市采购配额以完成履约。在两股买盘力量的合力下，湖北碳市场的价格逐渐上涨。

到了7月底，市场价格被推高到20元以上，这是自2016年4月湖北碳市场跌破20元后，首次站稳在20元的关口。我们之前在16元附近建立的配额头寸已积累超过20%的利润，团队开始讨论如何锁定这部分配额利润（见图7-3）。

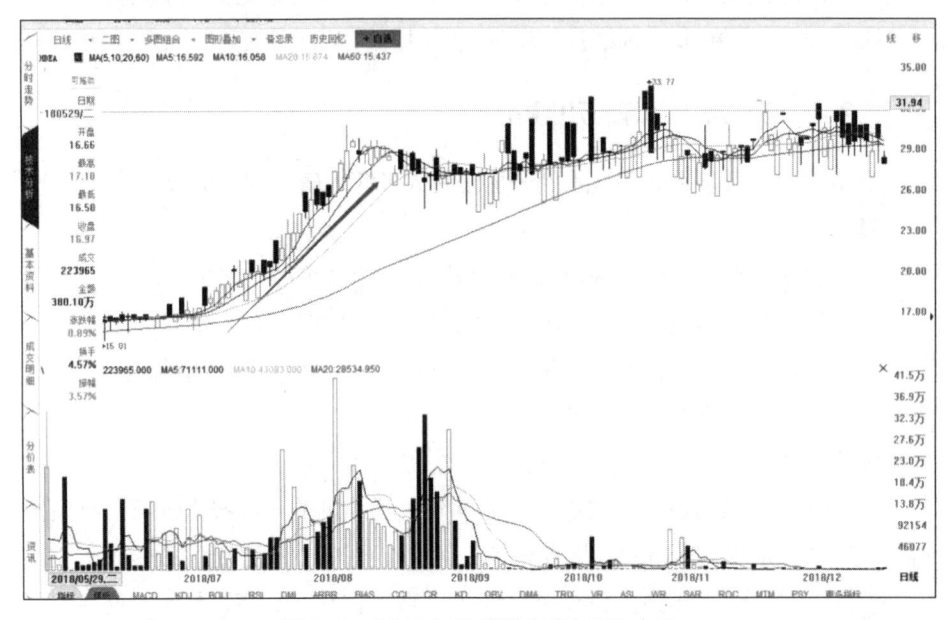

图7-3　2018年7月湖北碳市场的止盈

由于湖北碳市场过往两年进入履约期后都是单边下跌，所以对2018年即将到来的履约行情，即使比较乐观，也没办法准确预测后续的目标点位。尤其在流动性比较缺失的碳市场，缺口企业入场有可能迅速推升价格，也有可能随着履约结束企业买盘力量的突然消失，配额价格出现迅速回落调整。

经过讨论，我们决定采用回调比例止盈法来应对市场的变化。

进入8月，湖北碳市场在25元的平台横盘整理了大约一周时间，出现了上涨乏力的态势，当时有团队成员提出我们要不在这个平台止盈一部分配额，锁定利润。结合当时湖北控排企业的履约进度，我们判断大约还有 30% 的缺口企业没有入场采购，可以等等看。他们的采购行为有希望助力配额突破 25 元的平台，创出一个新的高点。如果行情出现调整，我们在最高位向下回调 6% 和 10% 的两个位置进行止盈，也可以保留非常不错的利润。

到了 8 月 7 日，价格突破了 25 元的平台，创出了 27 元的阶段性高点。后来我们才得知，一些省外机构判断湖北碳市场当年的价格有望突破 30 元，所以他们选择在 25~27 元的价格区间吸纳筹码，准备等待湖北的价格突破 30 元后变现配额，进行一次短线交易。

8 月 9 日，湖北碳市场的价格突破了 30 元，创下开市以来的新高。接下来的两天，价格始终维持在 28~30 元的高位震荡。我们团队根据之前设定的 6% 和 10% 的回调比例，按照最高价 30.97 元计算，对应止盈点位分别是 29 元和 27.83 元。所以，在第三天碳市场的价格未能创出新高时，我们分别在 29 元/吨和 28 元/吨附近完成了所有头寸的止盈。

事实上，直到 2019 年第二季度，30 元的高位才被真正突破，配额价格再次创出新高。完成高位止盈后，经过两个多月的休整，我们开始把目光投向国内的商品期货市场。

对于这次回调比例止盈法的应用，我们设定 6% 和 10% 这两个相对较窄的回调比例，是基于湖北碳市场在过去几年中波动较小的特点。不同市场、不同的品种，我们需要结合它的历史走势和波动率指数，充分考虑其走势特性。

7.2.3 第三式：通道止盈法

适用情境：当 K 线运行在箱体通道时，我们可以结合通道的上轨和下轨采取震荡止盈法。

具体方法：根据通道形成的压力和支撑位进行止盈操作或网格交易。

注意事项：

（1）当 K 线突破上行趋势，价格可能会脱离箱体通道上轨形成的压力位，出现快速拉升。我们可以在价格达到上行压力位附近考虑止盈部分头寸。留出 30% 以内的头寸等待快速拉升阶段的收益。这个比例尽量控制在 30% 以内，如果比例过高，可能会削弱通道止盈的效果。

（2）当 K 线突破通道下轨后，预示着趋势的反转或破位，我们需要在下轨点位 3% 以内的位置设定一个最后止盈的点位。如果价格跌破下轨边缘后，跌幅扩大至3%，则需要迅速止盈全部头寸。

（3）由于我们不进行空头操作，因此不讨论下行的通道形态，但原理类似。

操作案例：2022年下半年，橡胶多单的止盈

图7-4为2022年9-12月橡胶09合约的走势图。通过上下两条平行线构成的通道可以清楚显示，橡胶09合约在经历了10月的充分调整后，空头动能得到释放，形成了一个底部反转的结构。

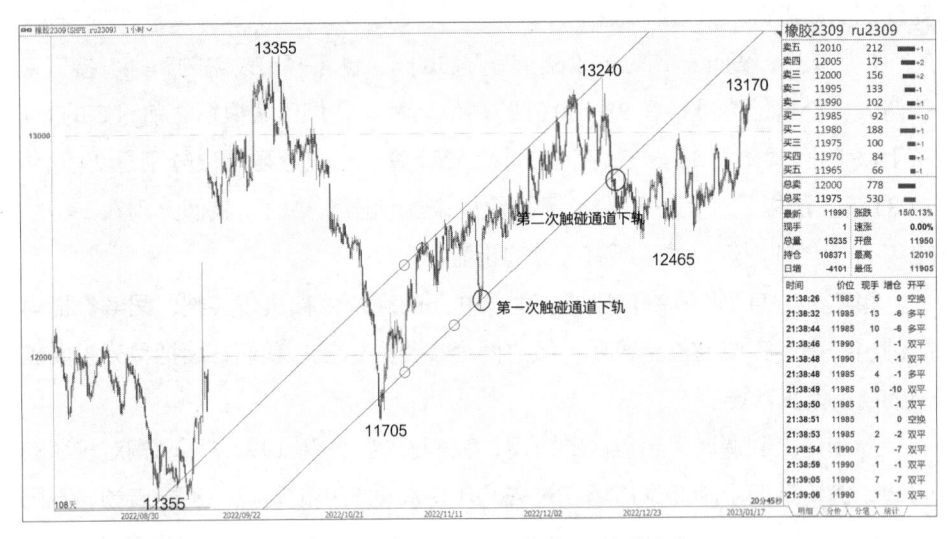

图7-4　2022年9-12月橡胶09合约走势

我们选择了1小时周期的K线图作为通道的样本。我们将10月27日底部11705的点位作为通道下轨的起点，和11月21日的低点12200连成一条线。同时，我们将11月10日以后的K线图上冲形态连成通道上轨，从而形成了一个完整的箱体通道。

根据通道止盈法的原则，在K线图没有跌破通道运行区间的时候，我们可以继续持有头寸，让利润奔跑。

11月21日，当橡胶从12600点附近回调至12200点时，首次触及了箱体下轨。按照通道止盈法的原则，我们需要密切关注后续走势，考虑是否止盈。然而，橡胶09合约在触及下轨后迅速反弹回到通道内。

12月9日，K线多次触及通道上轨，并在约13200点的位置尝试突破上轨最终失败，继续在通道内运行。

12月19日，K线在回落至下轨后，首次跌破下轨，价格约为12700点，并且在连续三个K线周期未能回到通道内，基本可以确定有效突破下轨，需要采取止盈操作以锁定利润。

从12月9日在13200附近调整突破上轨，到12月19日有效跌破12700的下轨支撑，高低点位相距500点，在本轮约1500点的上涨行情中约占了33%的空间。

通道止盈法更适合超级大牛市，对比较小的行情由于止盈信号的滞后性，可能会拖累止盈效果。

操作案例：2022年下半年，金属镍01合约

对于金属镍01合约，从2022年7月的上涨至2023年1月的这轮大牛市中，通道止盈法的优势体现得更为明显。金属镍01合约，从底部约130000点上涨至250000点，涨幅近90%。所以，行情越大，通道止盈法的优势可能越明显（见图7-5）。

图7-5　2022年10月金属镍01合约走势

金属镍01合约，当K线跌破通道后，其走势出现了近乎断崖式的下跌。因此在使用通道止盈法时，一定要注意，当趋势向下破位后，需要立即执行止盈操作，否则可能会因为摧枯拉朽的下跌而回吐更多的利润空间，这对我们操作的执行力也提出了更高的要求！

7.2.4　第四式：恐慌指数 VIX 止盈法

使用情景：VIX 恐慌指数由芝加哥期权交易所计算和发布，最初用于衡量市场对标普 500 股票指数期权在未来 30 天内波动的预期。VIX 指数通常被视为市场对未来股市波动性的预测，因此被称为"恐慌指数"。VIX 指数和隐含波动率有密切的关系。

文华软件在各个期权标的物的基础上开发了对应品种的 VIX 指数。某种程度上，我们可以把 VIX 指数视为隐含波动率的一种表现形式。当市场预期标的物波动率提高时，期权的隐含波动率也会提高，反映在 VIX 指数上，VIX 指数也会随之上升。相反，如果市场预期未来波动率降低，那么期权的隐含波动率也会降低，反映在 VIX 指数上，VIX 指数也会随之下降。

当行情持续暴跌多头溃不成军的时候，我们可以参考 VIX 指数的飙升速度和幅度进行止盈。

具体方法：

（1）如果我们持有空头头寸，并且标的物从顶部下跌幅度超过 30%；

（2）在最近的 2~3 个交易日，标的物累计跌幅超过 10%；

（3）恐慌指数在最近一个月内，从底部开始上涨超过 100%，甚至 150%，有可能是市场见底的标志，这往往是空头止盈的好时机。

注意事项：VIX 止盈法在标的物短期内出现暴跌，以及空头情绪宣泄时准确度较高。对于阴跌的行情，由于标的物的波动率和隐含波动率都未能迅速上升，恐慌指数可能也不会有太大的变化，对于阴跌行情，VIX 的准确度和参考价值不会太大。

图 7-6 是 2022 年 6 月初，铁矿石 VIX 指数与铁矿石 09 合约的走势，可以看到，由于 6 月铁矿石持续急速下跌，导致铁矿石恐慌指数 VIX 迅速攀升。6 月 21 日当天，铁矿石价格从开盘时的 820 点下跌至收盘时的 746 点，跌幅为 9.19%，而当天的 VIX 指数则从 50 点附近飙升至 71 点，涨幅达到了惊人的 40%。所以在这个时候，假设我们持有铁矿石的空单，可以考虑是否需要止盈铁矿石的部分空单。

到了 7 月初，铁矿石的 VIX 指数再次冲高，铁矿石价格也缓慢回落至 650 点附近。这时，VIX 指数的历史高位叠加上铁矿石价格的新低，又一次触发了铁矿石的空头止盈信号。

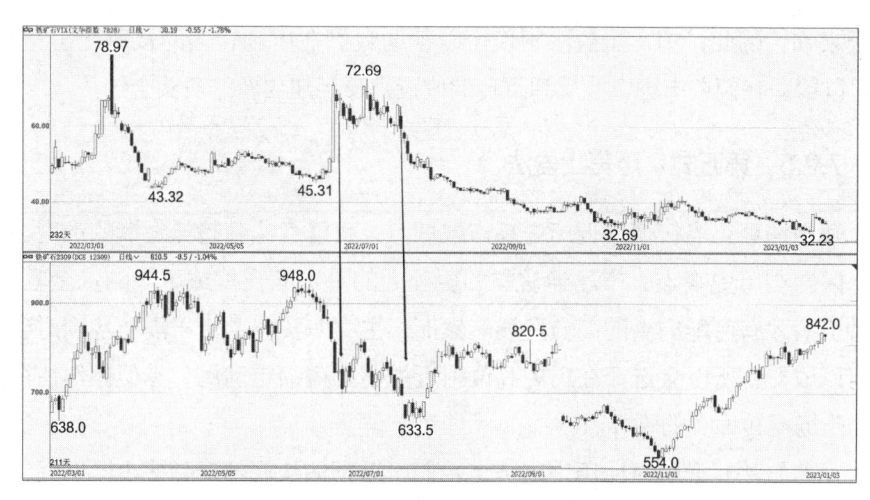

图 7-6　2020 年 6 月、7 月铁矿石暴跌导致铁矿石恐慌指数飙升

回顾沪深 300 指数的 VIX 恐慌指数，我们也会发现，每一次 VIX 达到高点时，都基本对应沪深 300 指数的阶段性底部，甚至历史大底（见图 7-7）。对于空头交易者来说，VIX 止盈法可以作为止盈的参考指标。对于多头交易者而言，它也可以作为我们建仓的辅助指标。这就意味着，当 VIX 指数达到高点，恐慌情绪达到顶峰，市场可能已经处于超卖状态，这可能是开设多头仓位的好时机。

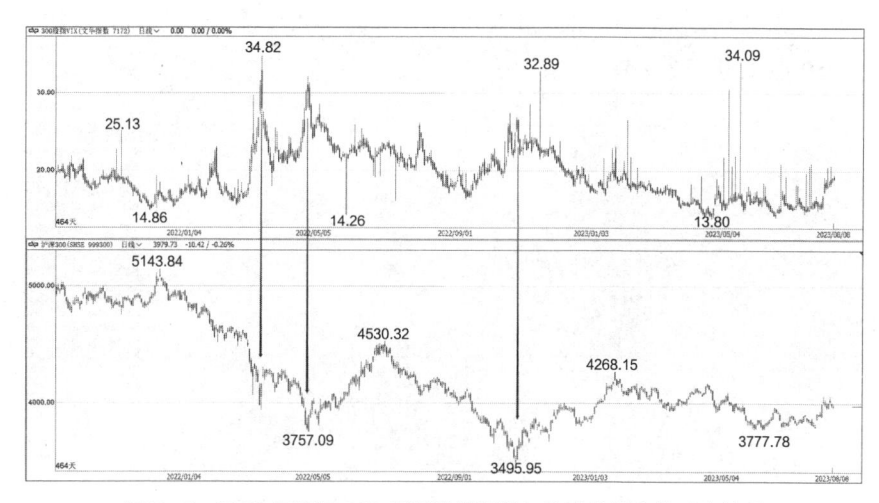

图 7-7　2022 年沪深 300 指数恐慌指数与阶段性低点的对应关系

虽然我们一般不进行空头交易，但通过恐慌指数止盈法，我们可以跟踪空头动能的释放情况。当一段空头行情接近尾声，也意味着我们布局多单的机会

已经来临。因此，VIX止盈法不仅可以帮助我们在市场转弱时及时止盈空单，还可以帮助我们在市场可能反弹反转的位置，反手建立新的多头合约。

7.2.5 第五式：历史止盈法

适用情景：当行情接近历史高点或低点，可能意味着趋势延续的难度在加大。因为在历史高点，市场通常需要更强大的基本面支撑或更多的资金驱动，品种价格才有可能向新的高点发展。然而，主力多头资金由于需要找到对手盘才可以成交，所以会选择在历史高位附近提前止盈锁定利润，类似操作往往会成为市场反转掉头的临界点。

具体方法：通过对比历史走势，我们可以预估从底部反弹多少比例后，上涨趋势可能开始改变，从而提升我们的预测精准度。

注意事项：在接近历史极值点位前，我们就需要制订止盈计划，以防止大资金提前止盈引发市场价格的急速下跌和踩踏行为。

操作案例：铁矿石合约

铁矿石因为其交易活跃且具有良好的弹性，受到许多投资者的欢迎。

回顾过去4年铁矿石的历史走势，可以清楚地看到，除了2021年巴西淡水河谷溃坝事件导致铁矿石价格突破1300点，其他年份铁矿石的顶部基本集中在880~950点（见图7-8）。

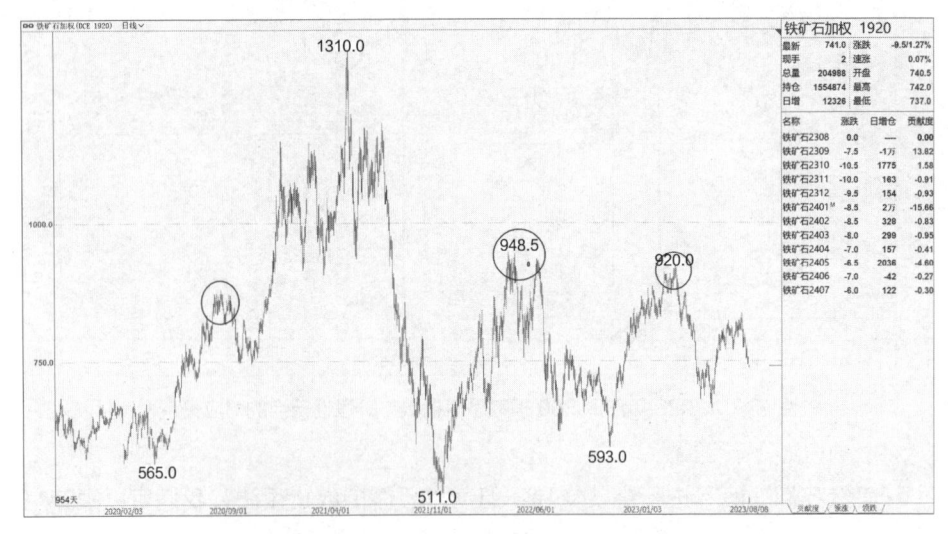

图7-8 2020年至2022年铁矿石阶段性高点规律

第 7 章　期货盈利的终极之道：止盈与止损

有些朋友可能会好奇，为什么铁矿石的历史高点区间如此明显？

这与我国发展改革委对铁矿石价格的态度有密切关系。由于我国钢铁产业的铁矿石主要依赖进口，一旦价格过高就会直接压缩黑色产业链的利润空间，从而侵蚀钢铁企业的利润。因此，当铁矿石价格突破 800 点后，发展改革委等相关部委连续发声，通过出台相关政策和行政命令对铁矿石的多头施压。铁矿石价格在 800~950 点的价格区间，相关主管部委会出台更加密集的政策打压铁矿石现货价格。所以，铁矿石的价格往往在 880~950 点形成顶部。

因此，当我们持有铁矿石的多单，使用历史止盈法时，当价格达到 800 点，可以结合 800~950 点的历史压力位，同时参考发展改革委的态度，择机分批次止盈。

在很多情况下，历史高点并非只有一个点，可能有两个甚至三个。面对这种情况，我们应该如何做出止盈判断呢？

操作案例：广晟有色

图 7-9 是广晟有色 2010 年以来的日 K 线走势图。通过 K 线图，我们可以清楚地看到，广晟有色的股价波动主要围绕 30 元附近的历史支撑位和上方的三根历史压力位展开，压力位分别位于 36 元、46 元和 75 元附近，规律性极强。

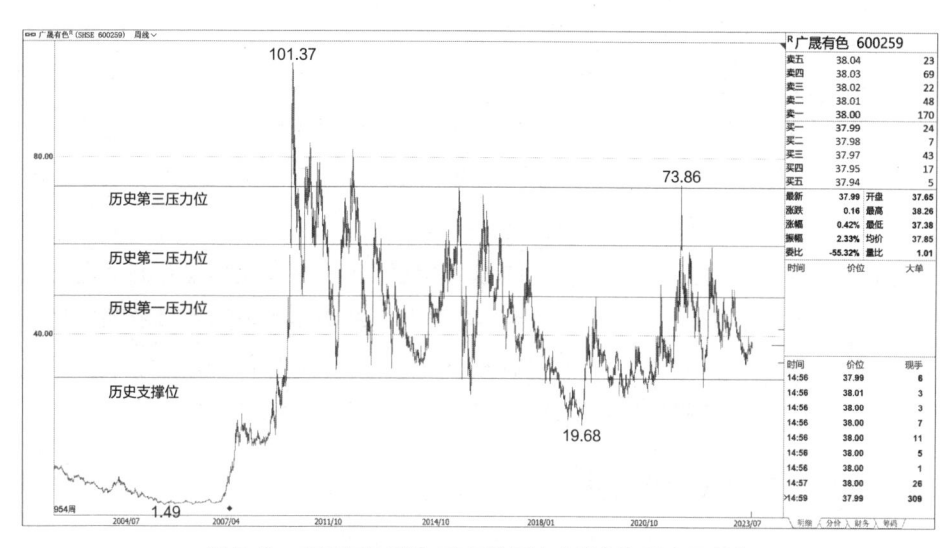

图 7-9　广晟有色最近 10 年的历史支撑位和历史压力位

我们在前面的章节"股票市场的多头机会"中已经针对广晟有色的基本面进行了详细分析，针对这样的走势，我们应该如何止盈呢？

广晟有色的价格下跌到 32 元附近时，我们会在底部区域分批次买入。

随着股价的反弹，我们会在历史压力位附近分批次止盈。通过广晟有色的日 K 线图可以看出，2017 年之前，广晟有色在三个历史压力位出现的频率相对均匀，因此我们可以在三个压力位平均分配仓位来止盈。

然而，从 2018 年开始，广晟有色上冲至 75 元的频率明显减少。最近 5 年只在 2021 年出现过一次突破 75 元的行情，其他时候价格主要集中在 36 元和 46 元附近。鉴于这样的历史走势，我们可以考虑将这两个点位的止盈仓位设置在 40% 以上，留下不超过 20% 的仓位等待 76 元附近的止盈机会。

7.2.6 第六式：板块联动止盈法

适用情景：当同一板块的单个品种或数个品种的走势与现有趋势出现背离，意味着板块的趋势可能发生改变。遇到类似情况，投资者应留意板块的联动效应。

具体方法：

（1）投资者根据品种的属性，往往会将股票或商品进行板块分类，如煤化工板块（甲醇、纯碱、尿素、PVC 等）、油脂板块（菜油、豆油和棕榈油等），以及黑色产业链板块（焦煤、焦炭、螺纹、热卷和铁矿石）。

（2）当这些板块整体上涨时，常常展现出比较紧密的联动性。当板块呈整体上涨的趋势时，如果某个品种突然出现大跌，其他商品的涨幅可能会受此影响而收窄。因此，当观察到某个品种大幅下跌时，投资者可以考虑降低仓位或者对板块中相关品种的头寸进行止盈。

注意事项：当某商品脱离板块联动，可能意味着有些先知先觉的资金已经嗅到了趋势改变的信号。当天收盘后，投资者应密切关注新闻和政策消息的变化，如果有相关消息来佐证趋势的改变，那么当天的夜盘或者第二天开盘前 10 分钟，可能是一个不错的止盈机会。

操作案例：2022 年，棕榈油

在我国商品期货市场中，菜油、豆油、棕榈油以及最近两年刚刚上市的花生，都属于油脂板块。由于油脂品种的替代性较强，它们的市场走势常常呈现出较强相关性，同涨同跌的现象比较常见。

2022 年上半年，由于棕榈油的基本面处于一个紧平衡的状态，叠加印度尼西亚棕榈油转化生物柴油的政策一直比较宽松，增加了棕榈油的需求，所以棕榈油的价格涨幅表现明显强于菜油和豆油。

图 7-10 为 2022 年 7 月棕榈油（上方 K 线）和豆油（下方 K 线）的市场走势。棕榈油价格在 4 月已经达到高点，5 月经过一波回调，在 6 月又创新高。豆油价格在 4 月的表现明显弱于棕榈油，新的价格高点在 6 月初才出现。

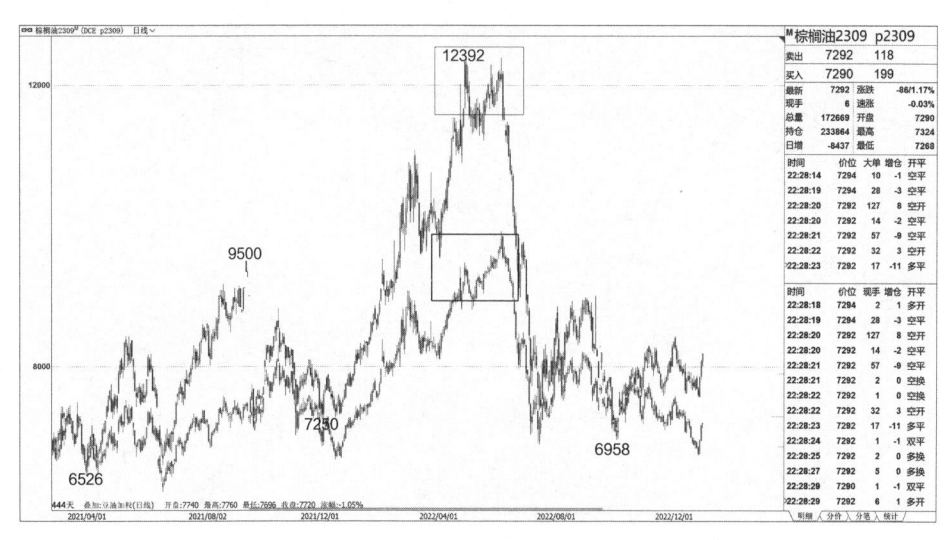

图 7-10　2022 年 7 月棕榈油和豆油走势对比

如果投资者持有豆油的多头合约，可以把棕榈油的走势作为参照，思考下面几个问题：

（1）6 月 9 日，当油脂板块回调时，棕榈油是否继续强势？答案是没有。在 6 月 8 日豆油创新高后，棕榈油并没有突破 4 月初的高点，反而在图形上留下了一种"M 头"的趋势。

（2）到了 6 月 16 日，当豆油确认回调后，面对市场的整体下跌，棕榈油并没有独善其身脱离市场，而是跟随豆油和菜油一起调整，并且调整幅度甚至超过了豆油和菜油。

作为此次上涨的"领头羊"，棕榈油在 6 月初并未创下新高，并且在 6 月中旬市场整体调整时也没有表现出明显的抗跌走势。可以确认，油脂板块的上涨态势已经基本结束，豆油的多单可以考虑止盈了。

值得注意的是，这种板块间的联动并非局限于板块之间。券商系对期货公司增资扩股后，他们在我国的商品期货市场上的参与度越来越高，商品市场和

A 股市场间的联动性也更加明显。

通过图 7-11 我们可以发现，2022 年 10 月底以后，螺纹期货和 A 股市场都出现了强势反弹。当时，大资金意识到我国疫情防控放开后，可能会带动经济的强劲反弹，所以他们开始在股票和商品两个市场同时布局多单，押注中国经济的回暖甚至反转。

图 7-11　2022 年 10 月至 2023 年 4 月螺纹钢和上证指数走势对比

当商品市场和股票市场同时止跌企稳，如果投资者持有空单，根据板块联动止盈法的原则，可以考虑进行止盈空单。

7.3 均线系统，放飞利润

7.3.1 什么是均线系统

均线系统是一种常见的技术分析工具，在股票、期货、外汇等金融市场有着比较广泛的应用。它可以用来判断资产价格的中长期走势，同时，选择短周期的参数指标，也可以用于跟踪短期价格的走势。均线系统的本质是平均价格线，其核心理念是通过计算过去一定周期内的平均价格来平滑价格数据。这种方式有助于过滤掉市场的"噪声"，从而揭示出价格的真实趋势。

均线系统主要有以下几种类型：

（1）简单移动平均线：也被称为算术移动平均线，它是最基础也最常用的一种均线系统。其计算方式是将一定时间周期内的收盘价加总后，再除以该周期的天数，这样就能得出每一天的平均价。

（2）指数平滑移动平均线：也被称为指数加权移动平均线，它的特点是对近期的数据赋予了更大的权重，因此它能够更快地反映价格的变动情况。

（3）加权移动平均线：这种均线系统会对不同时间的价格赋予不同的权重，通常是赋予最近的价格更大的权重。

这些均线系统都是技术分析中常用的工具，不同的均线系统有着各自的特点和适用场景。我们日常使用最多的还是简单移动平均线。

7.3.2 为什么引入了均线止盈法

2018年底，我们经过多次极限压力测试后，形成了资金管理模块和建仓模块的系统雏形。实盘检验证明，只要我们按照既定的建仓原则执行建仓操作，爆仓和穿仓的风险就能得到有效控制。

2019年，我们的燃料油、豆粕、菜粕以及白银底部多单均实现了盈利。然而，我们自己对上面几个品种的止盈点位都不太满意。在2019年上半年，我们的止盈策略并不完善，主要依靠目标止盈法和"拍脑袋"止盈法。这也导致了我们在4200点附近建仓的棕榈油，达到了4550点的目标点位后就完成了止盈。随后，棕榈油继续保持上涨的态势，一直上涨至4800点（见图7-12）。

图7-12 2019年7月棕榈油01合约走势

类似情况也出现在白银 12 合约上。在 3600 点附近建仓后，我们在 3900 点附近选择止盈，之后白银继续上涨至 4200 点（见图 7-13）。面对多个品种在止盈后继续保持着流畅的上涨行情，我们开始反思如何改进止盈手法，获取更多的利润。

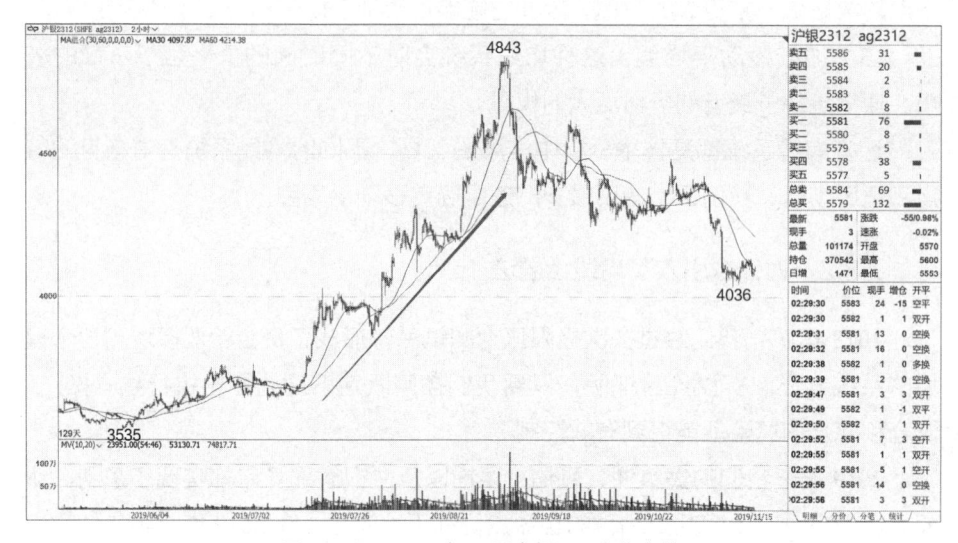

图 7-13　2019 年 8 月白银 12 合约走势

如图 7-14 所示，这张在很多投资微信群流传的漫画非常真实地反映了我们当时的心态：研究和建仓环节细致严谨，但离场止盈环节却过于草率。

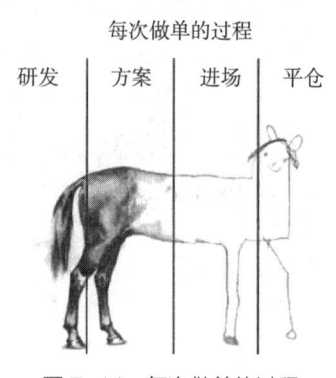

图 7-14　每次做单的过程

起初，我们认为盈利头寸拿不住，问题可能出在思维和心理层面。当时我们踏入期货市场只有半年时间，对期货交易缺乏深入理解和大局观，导致我们盈利的多单总是过早止盈离场。

在当时的交易日志中，我记录：

"本周开始第二遍读《褚时健传》，也在看《一百个人的十年》和《习近平的七年知青岁月》。商品基本面和宏观经济的分析属于基本的储备知识。不同品种具有不同特性的基本面，这些交易层面的事情会随着交易经验的增加把控得越来越好。

但是从心理层面，人的定力，遇到复杂事情是否能以"inner peace"的态度去面对，则需要不断修炼和提升。《褚时健传》《苏东坡传》都是对心理层面有启发的书籍。

'竹杖芒鞋轻胜马，一蓑烟雨任平生。回首向来萧瑟处，也无风雨也无晴。'苏东坡很多诗词所表现的豁达精神，对我们交易也有帮助和启发。盈亏都是暂时的，只要方法正确，恪守坚持，财富一定会持续增长。"

然而，过去的投资经验又提醒我们，任何一个好的交易模块和系统不仅需要我们思维层面具备足够的认知，也需要在工具层面进行突破。如果缺乏具体交易工具辅助我们交易，那么所有的理论都只是空中楼阁，无法落地生根。在复盘多个多头品种的走势中，看着单边上涨趋势的K线图，如何把握这种上升趋势困扰了我半个月之久。部分原因在于我们过往的工作主要放在基本面的研究上，很少从技术分析的角度寻找答案；另一部分原因在于，距离大学期间学习证券分析时接触移动平均线的概念已过去整整10余年，在这10多年的时间里，我几乎没有通过均线辅助判断过行情。

所以，当我重新关注这个简单有效的技术分析工具时，顿悟之感油然而生。通过调试，设定好适合自己的均线周期参数，复盘以后，更加胸有成竹。就这样，一个看似普通的技术分析工具，解决了困扰我已久的问题。所以，在2019年8月9日的周报结尾，我写道："无论哪根周期的均线，都不可能完美。然而，无论如何，均线止盈方法的引入，必将极大提高我们持有头寸的盈利水平。"

这种发自内心的畅快感，在我们整个交易体系的创建中出现过三次：

第一次是在2019年1月初。当我们在2018年12月完成资金管理模块，布局燃料油合约以后，燃料油从底部迅速被拉起，我在朋友圈兴奋地写道：

"今天燃油反弹以后，两个账户都如预期翻红，上个月梳理了股票、碳排放、期货的交易机制后，就知道自己以后做期货很难亏钱，挣钱多少，盈利快慢都只是时间问题。

想明白期货的三把刀，就不会被刀刺中：

杠杆——股票亏损是温水煮青蛙，期货保证金制度放到最大九倍资金，死得更快；

多空——空看起来多了一个方向，其实两边打脸，做空行情涨，做多行情跌；

T+0——资金交易的灵活带来了更多的进进出出机会，每一次进出就是一次选择，金融市场的大多数选择都是错的，这项制度增加了犯错的机会。"

第二次是2019年8月7日，我们引入均线止盈法后，通过判断均线的形态，确定止盈的位置，极大地提高了我们的止盈效率。

第三次则是2021年11月底，我们的期权老师朱老师基于我们现有的交易系统特点，将期权功能嵌入交易系统。在当年的年报中，我对新的交易系统进行了梳理，总结道：

"价值投资的理念寻找期货标的；会计谨慎性原则做好资金管理；贸易商虚拟库存调节建仓节奏；期权策略减少持仓的不确定性。"

因此，资金管理模块的建立、均线止盈法的引入以及期权模块的嵌入，都是我们交易系统发展历程中的里程碑事件。

那么，我们具体是如何通过均线止盈法确定趋势、增厚利润的呢？

7.3.3 均线系统在止盈中的妙用

均线系统的组合类型较多，从数量上可以分为单根均线和多根均线；从周期角度可以分为长周期、中周期和短周期，分别对应日线、小时线和分钟线。

关于均线周期的选择，不同的交易员有各自的喜好，有的人喜欢根据黄金分割，使用斐波那契数列的2、3、5、8、13、21、34、55、89、144、233来设定均线周期。而很多专注短线和日内交易的朋友，则会选择5分钟或者15分钟作为周期参数。

在均线止盈法中，我个人更习惯使用两根均线：选择2小时周期的30日和60日均线作为判断趋势的依据。

无论选择什么样的周期，我们设定均线都应遵循两个原则：

（1）尽量提高均线系统与趋势的贴合度。

如果我们选择较长周期的均线去捕捉一般行情，均线追踪行情时，会有明显的滞后性，甚至可能在行情回调超过 20% 以后，均线才开始掉头回落。所以可以根据品种走势特征，缩短周期。

如果选择太多短的周期，均线对行情的反应可能过于敏感，也就是所谓的"毛刺"过多。行情的小幅波动可能会被均线识别为趋势反转，导致止盈过早。因此，许多人选择两根或多根均线相互验证，并结合不同的均线方向分批次进行止盈和仓位调整。

（2）一旦确定了一套均线周期，就不要再进行更改。

在选择均线系统的初期，我们可以行情走势的形态来设定均线参数，确定一根或者两根均线跟踪趋势的发展。不同品种对应不同的均线周期是一种灵活的设置方法。

但是，一旦确定好均线周期就需要一直遵守，不能因为趋势的加速发展或转向而去随意修改均线的参数指标。即使均线可能会有误判，也需要坚定执行。如果在行情中后期更改均线参数，就改变了均线的使用初衷。

均线的形态大致可以分为三类：

当行情处于下跌趋势，均线向下，均线越陡峭代表空头的力量越猛烈；

当行情处于震荡时，均线保持水平状态；

当行情处于上升趋势，均线向上，均线越陡峭代表多头的力量越猛烈。

均线止盈法的应用通常是跟踪均线的方向，同时结合均线斜率的变化，判断趋势的方向和力度。表 7-1 是均线止盈法的使用方法，主要是配合我们底部做多的策略进行使用。

表 7-1　不同均线和斜率的操作建议

均线方向	趋势	斜率变化	建议操作
向下	空头趋势	斜率变大	空头力量集中释放，此刻多头不宜入场，持币观望
		斜率变小	空头力量得到释放，密切关注斜率变化趋势，择机轻仓介入多单
平行	底部横盘		结合基本面，制订建仓计划
	顶部横盘		结合基本面，确定止盈计划
向上	多头趋势	斜率变大	多头情绪加强，保持持仓
		斜率变小	多头情绪减弱，关注多单的止盈机会

操作案例：股票飞荣达（2019年）

2019年，中美贸易战升级，中方削减了从美国进口大豆的数量。与此同时，美方对华为等高科技公司的制裁也在不断加码。当时，我们圈定了一批与华为产业链密切相关的通信制造类公司，飞荣达就是其中之一。我们判断飞荣达可能会承接部分华为业务，增量业务将会推动公司发展从而提振业绩和股价。

因此，从2019年4月底开始，我们在16元开始建仓飞荣达，之后在14~16元的区域分批次买入（见图7-15）。

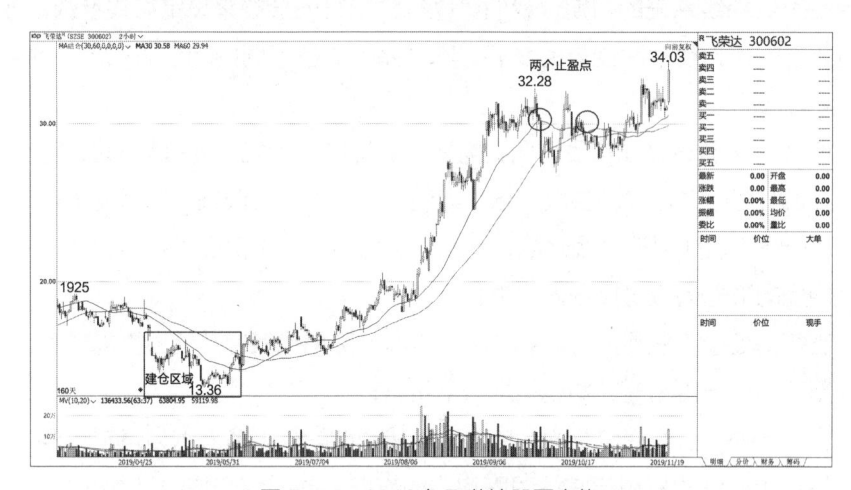

图7-15 2019年飞荣达股票走势

按照传统的止盈方法，我们会在25元或30元设定一个止盈目标区域。但随着均线止盈法的引入，我们设定了2小时的30日和60日均线来跟踪股价走势。通过对比我们发现，30日均线更加贴合飞荣达从8月开始的主升浪趋势，因此始终密切关注30日均线的走势。

9月20日前后，30日均线的斜率从之前的陡峭60度逐渐放缓。到了9月25日，30日均线出现了掉头的迹象。考虑到国庆节长假休市时间较长，我们决定在32元附近锁定部分利润，节前止盈了大约60%的头寸。进入10月中旬后，60日均线的向上斜率也出现了平缓迹象，我们在30元附近陆续止盈了剩余头寸，确保利润落袋为安。

在整个过程中，均线止盈法为我们带来了有效的实时反馈，使得我们在市场震荡中实现了理想收益，飞荣达也是我们第一只通过均线止盈法获取利润的股票。

操作案例：止盈白银（2020 年）

2020 年的金融海啸期间，除了原油，我们也关注白银持续调整以后的机会。当白银跌破 3100 点后开始介入多单，在 3100 点、3000 点和 2950 点的价格区间内分批次布局。白银在我们买入后不久就出现强势反弹，一个月的时间，价格从 3000 点附近上涨至 3800 点附近。当我们发现 2 条均线从上涨转变为横盘并且相互交织时，我们决定止盈（见图 7-16）。

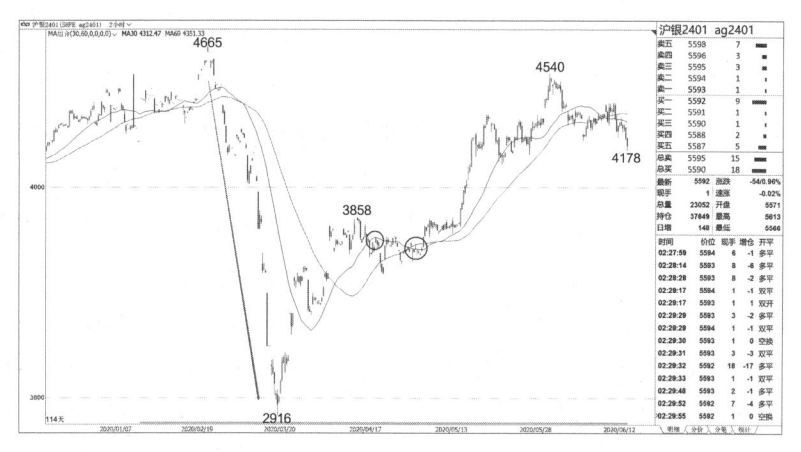

图 7-16　2020 年 3 月至 5 月白银 01 合约走势

回过头看，白银后来出现了一轮气贯长虹的大牛市，均线也在横盘胶着后又再次向上发展。经过长达 2 年的大牛市，白银从 3800 点附近的平台上涨至 6888 点（见图 7-17）。

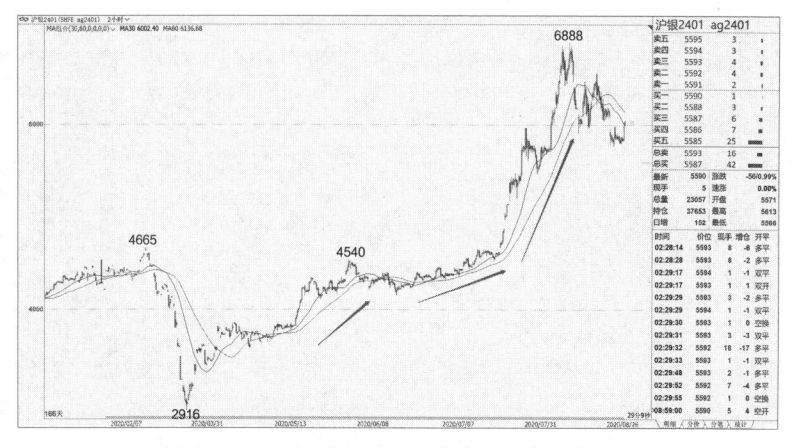

图 7-17　2020 年至 2022 年白银三波上涨行情

但如果回到 2020 年 5 月，我们依然会选择在那个时间节点进行止盈：

（1）均线已经给出止盈信号；

（2）原油在 4 月 19 日跌至负数，在当时市场整体比较恐慌的氛围下，我们无法确定白银是否会出现类似原油的二次探底，价格从 3800 点回落至 3000 点。因此，结合当时大的宏观背景和趋势，选择及时落袋为安是一个比较稳健的策略。

操作案例：止盈金属镍（2020 年）

2020 年 5 月，锁定白银多单的收益后，我们决定继续寻找一些底部品种，在底部横盘的金属镍进入了我们的视野。镍是新能源行业必不可少的金属，过去 5 年的需求一直保持强劲，这也符合我们选择底部品种的逻辑：市场需求不断增长的品种，如果能够回落到底部，往往会成为理想的布局机会。

5 月 21 日，镍价出现暴跌，我们在 98000~100000 点的区间购入了第一批底仓。后来由于镍价并未继续下跌，这成了我们唯一的底仓。对于底部筹码，尤其是持有数量不多的底仓，一定要好好珍惜，并且耐心等待均线的上扬。在底部区域进行网格交易可能会增加底部阶段的利润，但很有可能在底部丢失筹码从而得不偿失，所以我们一直持有镍的底仓，等待经济面的好转。

5 月过后，镍一直保持着上涨趋势，镍的价格攀升至 9 月中旬。2020 年 9 月 7 日，镍的 30 日均线出现掉头迹象后我们止盈了 60% 仓位，止盈价格大约在 119200 点附近，相比 9 月 3 日的 123730 点回落了接近 4500 点。到了 9 月 10 日，价格进一步回落至 115000 点附近。由于我们前期已经止盈了 60% 仓位，所以面对价格的回调我们心态比较平稳（见图 7-18）。

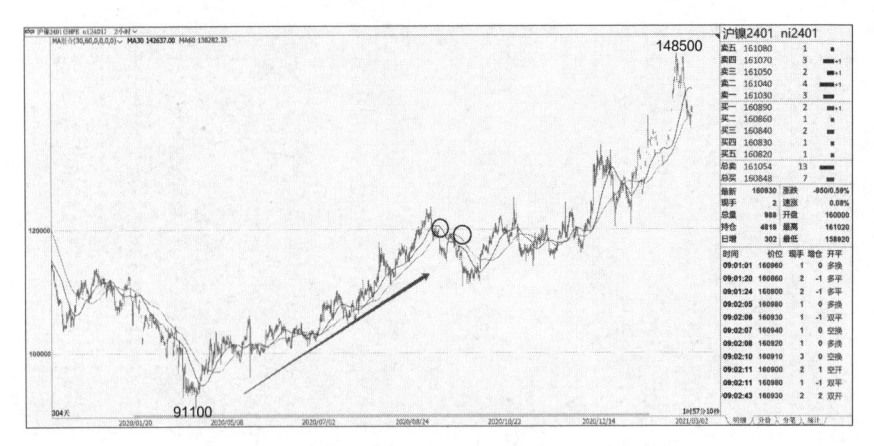

图 7-18　2020 年 5 月至 9 月金属镍 01 合约走势

第 7 章　期货盈利的终极之道：止盈与止损

9月14日以后，60日均线也出现了掉头的迹象，我们利用反弹，在120000点附近止盈了全部头寸。

从底部算起，4个月时间把握了20%的上涨空间，符合建仓的预期。

操作案例：光迅科技（2023年）

2022年下半年，武汉通信行业的朋友建议我关注光迅科技这只股票。作为武汉烽火集团旗下的第二家上市公司，公司业务发展一直比较稳健，所以有良好的业绩支撑，同时公司之前的股权激励成本在20元之上。诸多迹象表明，随着行情回暖，光迅科技将会得到市场的关注。

我们在17元附近建仓后，光迅科技的股价在大盘的带动下一路走强。到了2023年3月，光迅科技在25元的价格区间横盘整理了一段时间，30日均线开始变得平缓。于是，我们决定卖出一半的仓位。随后，当光迅科技的股价继续上涨至30元，且30日均线再次平缓并出现掉头迹象时，我们决定全部止盈。

2023年6月15日之后，光迅科技出现了急速拉升的行情，但由于我们之前已经兑现了全部利润没有头寸，所以我们一边欣赏着光迅科技的一骑绝尘，一边寻找下一个处于底部的品种（见图7-19）。

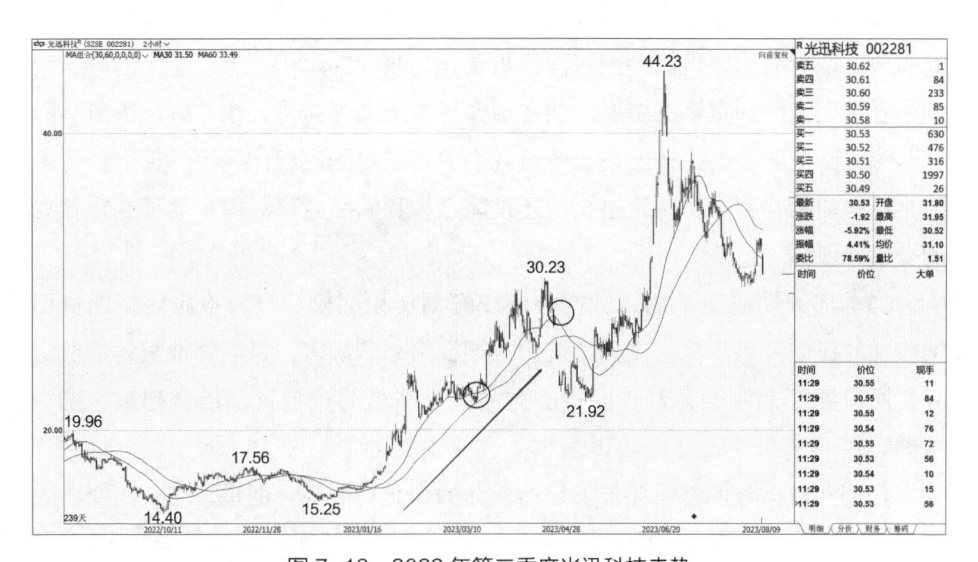

图 7-19　2023 年第二季度光迅科技走势

7.3.4 止盈和仓位管理的协同作用

无论是静态止盈工具"六脉神剑",还是动态止盈工具中的均线止盈法,我们在应用中都需要与持仓情况相结合。在止盈环节,需要有两个基本的认知:

首先,需要接受没有任何止盈工具能做到完美的现实。但只要有止盈操作,就能对账户产生正向影响,这是应该被肯定的操作行为。

其次,几乎所有的止盈工具都需要和账户的仓位配合使用。市场始终处于一个不断变化的状态,无论是建仓阶段还是止盈阶段,一步到位往往难以实现。选择分批止盈可以锁定大部分利润,剩余头寸可以等待看看是否能够继续冲高,获得更好的止盈价位。

下面这些是关于止盈和持仓关系的一些思考:

(1)仓位比较轻的时候,珍惜底部的筹码。由于仓位较轻,有足够的资金作为账户的安全防护,所以即使出现利润回撤甚至行情再次击穿成本线,我们依然可以从容地继续布局底部多单。如果在底部区域刚刚上涨的时候就尝试止盈,会导致本来就不太充足的头寸进一步减少,甚至在底部区域丢失所有筹码。

(2)每个品种都应该有独立的交易计划。当某个品种的账面利润比较丰厚的时候,期货的结算机制会把账面浮盈转化为账户的可用资金。这个时候,我们很容易因为账户宽裕的资金,而在操作风格上变得激进,用"春风得意马蹄轻"形容此刻的心态比较贴切。一旦我们放宽了对账户整体风控的标准,可能就会马失前蹄。因此,无论是止盈还是建仓,我们都应该对单个品种制定独立的交易计划。

(3)加入期权策略后,我们应该统筹期货和期权持仓,不应该将期货和期权头寸孤立开来。我们交易系统引入期权策略的初衷,是更好地服务期货头寸,所以要把期权的盈利、期货的盈利以及两者的资金管理结合起来,统一管理。

任何头寸,我们都希望能够进行止盈操作全身而退。但是,在充满变数的市场中,也会面临止损的问题。这个时候,我们应该如何看待止损?止损后,又该如何自我调节、消化负面情绪呢?

7.4 如何提前规避止损

7.4.1 为什么我们很少止损

本章开头我们提到过在交易系统建立之初并没有止损模块，这不是我们刻意忽视了止损的重要性或为了标新立异以吸引眼球。实际上，从 2018 年 10 月开始，我曾尝试过两个月的日内交易，按照书上的指导以及朋友的经验，对持仓的亏损进行严格的控制，对于需要止损的头寸绝不拖延。

那么，为何在设计自己的交易系统之初，并未设计止损模块呢？

在经过反复复盘和对自己性格的剖析后，我发现频繁的止损操作对我的心态造成了较大的影响，这也是我放弃右侧交易、选择左侧交易的一个重要原因。

自 2008 年踏入股市接触投资以来，一直受到巴菲特价值投资的影响，选择有价值的投资标的买入并长期持有，比较符合自己的投资理念。10 年后，也就是 2018 年开始构建商品交易系统时，我依然采用了左侧建仓的策略。左侧建仓最易引起质疑的一点就是，"怎么确定现在就是底部？"尤其在 2020 年原油价格跌至负值的情况发生后。

实际上，早在 2018 年底，我就考虑过这类情景。因此，我设计了一套量化资金管理体系，并在底部建立多头仓位时尽量选择中长期合约——这样的策略可以规避近期合约出现逼仓等极端行情，从风险管理的前端就限制了止损的概率。

从 2021 年开始，我们的交易系统影响力逐渐增大，与外界的交流也越来越频繁。很多朋友在交流时都分享了他们抄底过早或建仓过急导致止损的案例。相较于开仓后发现持仓过重的被动止损，事前做好规划可以在很大程度上降低止损的概率。

尽管在前端进行了比较充分的风险控制，我们依然有几次止损经历。

7.4.2 我们的止损故事

案例 1：2020 年 3 月：止损橡胶

2020 年 3 月，全球疫情急剧恶化，大宗商品全线下挫。橡胶 09 合约从月初的 12000 点附近降至中旬的 10300 点附近（见图 7-20）。在 3 月 20 日的周报中，对当周主要跟踪的品种跌幅进行了比较，发现与原油相关的品种虽然在前期已经做了充分调整，但跌幅依然领先（见表 7-2）。

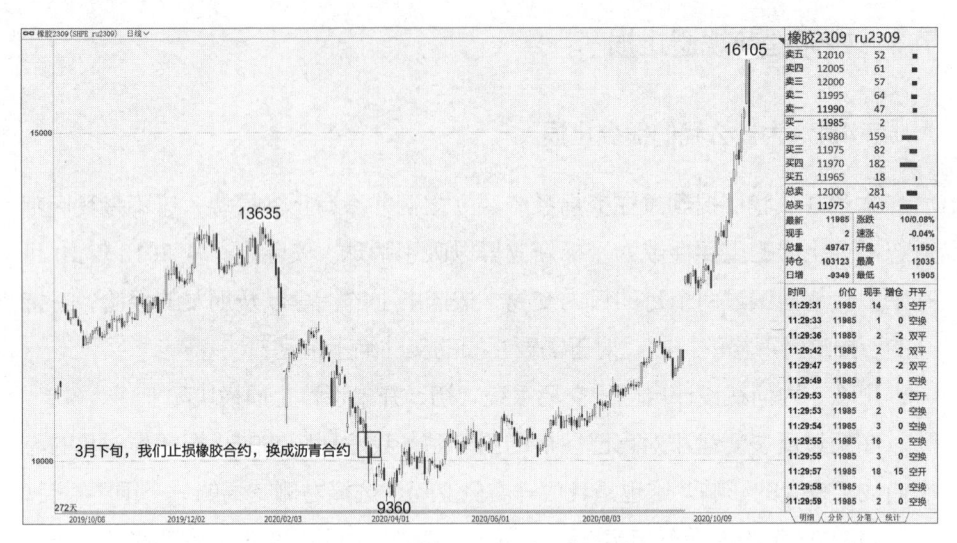

图 7-20　2023 年 3 月，橡胶走势

表 7-2　3 月中下旬，重点关注品种走势对比

板块	品种	3 月 13 日收盘	3 月 20 日收盘	跌幅（%）
重点关注品种	沥青 12	2366	2128	10.06
	燃油 09	1729	1621	6.25
	白银	3812	2979	21.85
	棉花 09	12245	11435	6.61
	橡胶 09	10810	10055	6.98
	沪镍 01	100200	97670	2.52

因此，我在后续的操作中做出了规划，写道：

"面对市场的持续下行趋势，本周我对所有账户做出了调整，逻辑如下：

（1）将跌幅小的品种替换为跌幅大的，将弹性弱的品种替换成弹性好的。我清仓了所有的农产品合约，换成了沥青或燃油合约。虽然农产品合约相对抗跌，但是如果市场见底，反弹的力度不如工业品。

（2）将大合约换成小合约。由于沥青和燃油合约每手价值在 1.5 万~2 万元，而橡胶是 10 万元，棉花为 6 万元，因此将大合约换成小合约，可以迅速降低账户整体的合约价值，即使沥青再跌 30%，我们也依然有加仓的余地。"

所以，我们止损橡胶以后将账户的空间留给了沥青和燃料油，逐步增加了原油化工板块的仓位。随后的走势证明，这种调仓策略增强了账户的业绩弹性，取得了理想的效果。

小结：这次橡胶的止损，是为了降低账户的总合约价值，压缩账户整体的杠杆比例，为后续布局其他弹性更好的品种腾出空间。

案例2：2021年3月，止损苹果

2021年2月底，我们在6800~7000点布局了苹果多单。每年春季，都会有一些资金尝试炒作"倒春寒"天气，通过渲染苹果减产的新闻做多苹果期货，我们当时建仓多单，也是寻求抓住类似机会。

尽管郑州商品交易所在年初已经公布了扩大苹果交割标准的政策，意在通过降低部分交割标准来增加苹果的可交割数量。但市场对此政策反应相对平淡，所以我们判断市场可能已经充分消化了该政策。

然而，到了3月22日，我们并未等到预期中关于"倒春寒"的市场炒作，反而等来了苹果期货10合约392点的暴跌。到了次日，市场还在继续下跌，跳空低开后更是下挫了389点。短短两个交易日，苹果10合约从6898点跌至6245点（见图7-21）。

图7-21　2021年3月苹果10合约走势

收盘后，我开始反思最近几天苹果期货行情以及相关新闻对市场的影响：随着期货价格的下跌，有关苹果交割标准变化的消息在舆论中被不断渲

染。根据过往经验，我认为这可能是空头资金在借助媒体营造的空头氛围，从而打压苹果价格，引起下一步下跌。

我开始担忧6000点这一关口可能很难维持，当时和一位朋友交流后市的看法，他坚定地认为6000点是苹果的底部，如果跌破甚至愿意在微信群直播吃键盘。

3月24日，我们利用市场震荡的机会，逢高将所有的苹果多单全部平仓，确认了亏损。随后苹果价格继续走低，在3月底跌破了6000点大关。那位声称吃键盘的朋友，也在6000点附近止损了他的多单。

小结：地方性的品种，可能会由于信息获取比较困难，调研不足，影响我们对行情判断的准确性。所以止损苹果后，我们缩减了交易品种的数量，尽可能选择一些全球性流动性好的大宗商品进行投资。

案例3：2022年6月，止损玻璃

2022年上半年受到俄乌战争的影响，大宗商品普遍处在高位。在这样的环境下，我们在5月底察觉到玻璃走势与其他大宗商品的表现有较大差异。玻璃期货自2021年7月从3000点高位开始调整后，一路下跌至1850点，相比其他大宗商品，我们认为它有一定的估值优势。

因此，2022年6月初我们在1850点附近布局了玻璃多单。然而，到了6月9日，由于文华商品指数开始大幅下跌，几乎所有的大宗商品都受到冲击，包括玻璃（见图7-22）。

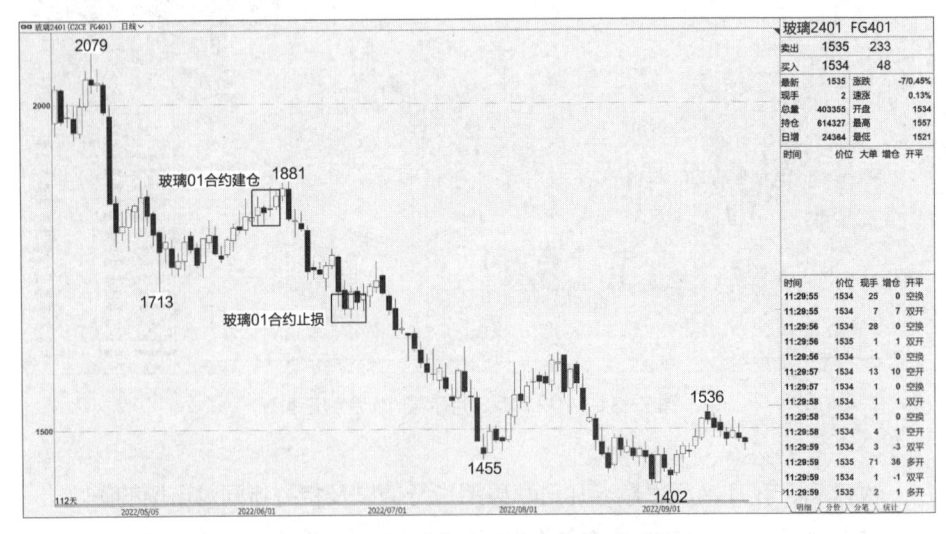

图7-22　2022年6月玻璃01合约走势

6月21日，玻璃的价格更是跌破了1700点的关口。在这样的市场环境下，我们决定在1699点止损玻璃合约以降低账户的杠杆。然而，止损并没有给我们带来轻松和解脱，因为前期卖出了很多看跌期权，这些卖方期权正在从虚值期权变为实值行权，如何处理这些期权成了一个"烫手的山芋"。关于期权的止损故事，我会放到本书期权章节详细介绍。

小结：我们此前对玻璃产业不算熟悉，布局玻璃产品只是因为其他品种已经处于高位，本着比价优势的机会打算短线操作一把。很多时候，交易顺利的时候我们就容易忘记谨慎性的原则，心中不禁萌发念头：试试看吧，万一涨了呢？

做投资如果想取得长期盈利，不仅需要依靠一次次利润的积累，更需要避开各种陷阱：犯错的次数减少了，成功的概率自然就会增加。选择止损，不仅可以降低账户的杠杆使用比例，更重要的是减轻了我们的精神压力。

7.4.3 止损的本质：自由与掌控

止损不仅有助于保护我们的资金安全，提高生存概率，也会在精神层面为我们带来一种释然和自由。

许多做交易的人，尤其是股票交易员，经常面临的一个问题是亏损的单子拖得太久，而盈利的单子却守不住。对于盈利单子无法保住的问题，一个重要的原因是缺乏合适的止盈工具和纪律。如果我们能够合理地利用止盈工具并坚持止盈纪律，这个问题在很大程度上可以得到解决。

而对于亏损单子不愿放手的问题，这通常源自我们内心深处的侥幸心理。在股票市场除非股票退市，否则即使股价持续下跌也不会引起账户爆仓，股票扛单就像温水煮青蛙，虽然账户权益在不断缩水，但只要我们一直持有就有可能等到黎明。

然而，在期货和期权市场，如果没有养成及时止损的习惯，就比较容易出现爆仓等极端情况，因此，衍生品市场对止损的要求更高。

不过，无论是股票市场还是衍生品市场，止损行为都能在精神层面给我们带来如释重负的自由。这种精神层面的自由使我们能更加客观地接受亏损的现实，而不是抱着遥不可及的幻想，憧憬着行情的回暖。投资的初衷是通过财富增值来获取幸福感，而长期的亏损会加重我们的心理负担，降低我们的决策质量，甚至影响我们的身心健康。

赚钱应该是一种快乐的体验，如果结果不尽如人意，我们应及时止损，认真思考这个游戏是否真的适合自己，然后选择退出还是重新来过。

漫漫人生路，无论是事业、感情，还是投资，勇于止损，既是人生的智慧，也是对命运的尊重。

7.4.4 减少止损频率的秘诀

要想减少止损的频次，除前面提到的一些技巧，例如做好交易计划，做好前端风控外，还有一个简单有效的交易秘诀：降低投资预期。

在投资领域，如果我们能够主动调整收益预期至一个比较低的水平，年复一年地稳健获利其实并不难。以我自己的经验为例，自2014年开始涉足碳市场，已经连续9年获利；自2018年起，我开始参与衍生品市场，也连续4年盈利。尽管我的年收益率保持在18%~40%，与很多动辄十倍百倍的高手相比不算惊人，但如果持续10年、20年甚至更久，这将会形成惊人的复利效应。随着时间的推移，这个"雪球"会越滚越大，增长的速度也会越来越快。

以价值投资为代表的巴菲特和量化交易代表詹姆斯·西蒙斯为例，看一看他们的年化收益，并不惊人。巴菲特的年化收益为21%，而西蒙斯的年化收益为35%。我相信许多投资者都曾经实现过这样的收益，然而能够以此收益持续3年、5年甚至10年的投资者却寥寥无几。

降低收益预期，会让我们不再为一夜暴富的幻想所困扰，反而可以更容易轻装上阵、更专注于实际操作。

仓位决定心态，心态决定脑袋。当我们主动降低交易频次和仓位，交易胜率提升后，止损的频次自然也就减少了。

7.5 止盈与止损之后：前进之道

商品走势，均值回归是永恒的定理。

当我们完成止盈后，需要耐心等待价格回归到一个比较合理的区间。面对已经变现的头寸继续上涨，要抱着平常心去看待。在大牛市行情中，那些选择继续持仓甚至在高位进一步加仓的投资者，此刻，我们应给予他们赞扬和祝福：即使他们最后能够全身而退，他们所承担的风险也会比我们在低点建仓时承担的风险要大得多。持仓成本的不同，持仓体验的不同，会带来不同的幸福感。

止盈以后，我们可以选择看书、出行旅游，从事一些和交易无关的事情。如果一个人只沉迷于交易，可能会渐渐失去对市场敏锐的感知力。

止损以后，很容易出现急切想挽回损失的心态，导致盲目下单，错上加错，亏损进一步扩大。所以止损以后，尤其是亏损比较大的时候，最好停一停，反思看看哪个环节做得不够好。对于没有计划地随意下单、仓位控制不当等因素导致的被动止损，需要格外警惕。

每次止损后，我都会用文字详细记录操作中存在的问题，以此提醒自己不要在同一个坑里摔倒两次。正如古人所说，"秦人不暇自哀，而后人哀之；后人哀之而不鉴之，亦使后人而复哀后人也"。

在本章我反复强调，只有通过止盈操作才会令我们账户的资金增加。但接触期权以后，我们之前的投资观发生了重大的改变：原来投资还可以这么玩！

第 8 章

巧用期权，让理财更轻松

8.1 巴菲特的期权智慧

在前面章节，我提到了在 2021 年有幸遇到了我的期权老师朱老师，愿意将自己耕耘 10 年的期权经验传授给我们。

作为一名 985 高校的理工研究生，朱老师为何在读书期间就会对期权产生浓厚兴趣？ 10 多年前，国内还没有那么多期权出版物，朱老师阅读英文原版期权书籍时，发现了一个让他眼前一亮的期权应用的故事：巴菲特通过期权建仓可口可乐。

也正是缘于这个故事，开启了朱老师的期权"寻宝之路"。

8.1.1 巴菲特与可口可乐期权

巴菲特和可口可乐期权的故事，可能是巴菲特众多衍生品交易中，最耳熟能详的一个投资案例。

1993 年春季，巴菲特卖出了 500 万份可口可乐的看跌期权，行权价为 35 美元，这些期权的到期日在当年的 12 月，每份期权价格约为 1.50 美元。那个时候，可口可乐的股票交易价格大约为每股 39 美元。巴菲特通过出售看跌期权，预先获得了 750 万美元的权利金收益。无论后续的行情如何发展，他都已经提前锁定了收益。

如果到期日，可口可乐的价格高于 35 美元的执行价格，他就无须购买这些股票；如果可口可乐的价格跌破 35 美元，巴菲特只需以 35 美元（即他的期权执行价格）买入可口可乐股票即可。

许多具有金融专业背景或通过 CFA 考试的朋友在和我讨论期权策略时，当我提到主要以期权卖方策略为主时，经常被问到同样一个问题：期权卖方的风险不是很大吗？为何要选择做卖方呢？

这个时候，我都会把巴菲特和可口可乐期权的故事讲给他们听。

巴菲特之所以愿意在1993年，当可口可乐价格在39~40美元附近时卖出500万份可口可乐，根本原因有两个：

（1）巴菲特计划增持可口可乐股票。事实上，自1988年起，巴菲特就已经开始大量买入可口可乐的股票。传统的股票买入行为是直接通过股票市场的经纪商指定价格和数量进行买入。通过出售可口可乐期权，一旦股价跌破35美元的执行价，巴菲特就有义务购买期权对应份额的可口可乐股票，从而达到增持的目的。

（2）巴菲特在1993年并不急于增持可口可乐公司的股票。假设巴菲特对可口可乐公司的发展前景极为看好，并且在底仓不充裕的情况下，他更可能直接在股票市场进行买入，而不是选择出售看跌期权，否则就可能出现后来现实中发生的情况：由于可口可乐的股价未跌破35美元，巴菲特仅收到了期权费，未能完成增持。

有意思的是，正因为这笔看跌期权没能达到执行价格，导致巴菲特未能增持可口可乐的股票，所以巴菲特在1994年上半年，通过股票市场直接购入价值3亿美元的可口可乐股票。

在1994年下半年，可口可乐公司的股票价格从低位区间震荡中脱颖而出，开始步入稳定上升的阶段（见图8-1）。

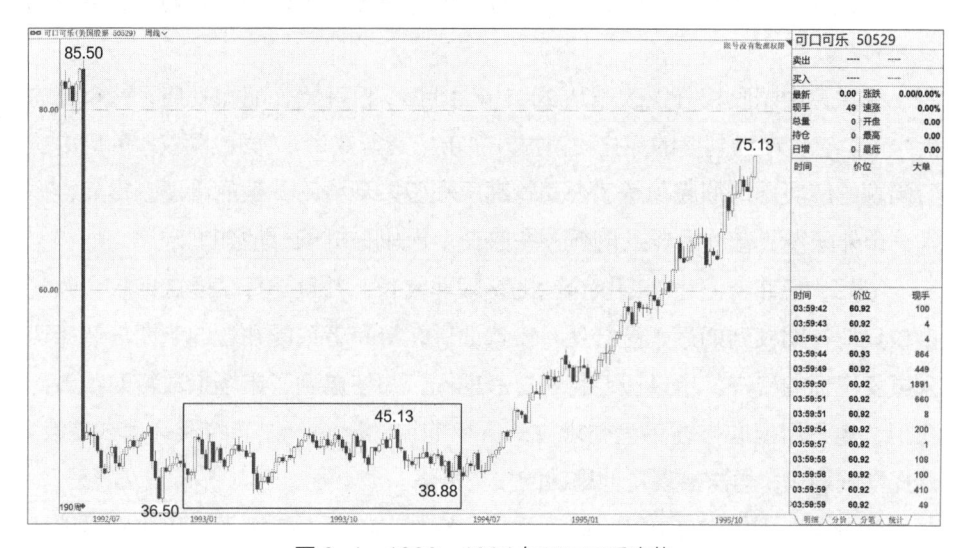

图8-1　1993—1994年可口可乐走势

8.1.2 巴菲特和股指看跌期权的故事

2008年的全球金融危机，很多人认为CDS（高收益债券信用互换）是罪魁祸首之一。当监管机构披露主要交易商的时候，名单中巴菲特赫然在列。巴菲特虽然称CDS为"大规模毁灭性武器"，但是也不妨碍他利用CDS赚钱——他的伯克希尔·哈撒韦公司共卖掉了54家CDS合同，获取了32亿美元的保险金。这在当时引来了一些争议。

不仅如此，巴菲特从2004年开始陆续出售超过300亿美元的全球主要发达经济体股票市场的指数看跌期权合约，并收取了49亿美元的权利金。这些看跌期权合约包括美国的标准普尔500指数、英国的富时100指数、欧洲的泛欧50指数以及日本的日经225指数。

我们应该如何看待巴菲特出售发达经济体金融市场指数的看跌期权行为呢？

首先，巴菲特对发达国家的证券市场表现抱有更大的期望。相较于新兴市场，巴菲特选择欧洲和日本股票市场有一个共同特点：它们都具有鲜明的西方市场特征。无论是公司治理还是法律层面，巴菲特对这些市场都有着更加深入的理解。虽然巴菲特一直公开唱多中国经济的发展潜力，并在2002—2003年购买了中国石油的港股，2008年又投资了比亚迪，但他并未选择出售与恒生指数或上证指数挂钩的看跌期权，而是选择布局发达国家的市场指数。这也在一定程度上表明，比起评估市场的整体表现，巴菲特更擅长评估公司的内在价值和发展潜力。

其次，中国股权分置改革从2005年4月29日开始，随即开启了两年半的大牛市。这种市场制度的深化改革提升了市场运行效率，"同股同权"的历史遗留问题的解决，也彻底化解了公司管理层和股东利益不一致的问题。然而，作为一个外国投资者，很难去判断这些变革对中国股市的长期影响。

最后，巴菲特出售的期权合约的期限非常长，并且选择了欧式期权。欧式期权只能在期权到期后才能行使。换句话说，持有者只能在合约到期日选择买入或卖出标的资产。所以巴菲特在持有期间，即使遇到了市场指数暂时跌破行权价，也不用担心被对手盘要求立即行权的被动局面。巴菲特避开美式期权，选择欧式期权，再次展现了他稳健的投资风格。

2008年，他在2007年的伯克希尔·哈撒韦年报中披露了关于这些看跌期权的信息。他指出，这些期权的起始期限不是 15 年就是 20 年，只能在到期时执行。到期时，只有当股票指数水平低于行权指数时，他们才需要付钱去接受对方的行权。他相信，这些合约总的来说将会盈利。并且，他们还会利用这些期权收入进行再投资，从而获取丰厚的收益。

8.1.3 巴菲特是表里不一的投资人吗

巴菲特对于金融衍生品的态度和评论，一直偏保守和警惕。

根据《财联社》的报道，巴菲特在 1982 年给美国一位国会议员的信件中提到了对股指期货及其他与股市挂钩的金融衍生品的担忧。在这封信中他指出，巴菲特警告美国证券业协会不要推出与标准普尔 500 指数相关的股指期货。巴菲特指出，投资者可以做空合约以对冲短期波动，但他警告称，几乎每个购买这些衍生品合约的人都在押注近期股票上涨，而不是押注标的公司的长期表现。

同样，巴菲特在 2002 年的伯克希尔·哈撒韦年报中，对金融衍生品的评价如下：

"金融衍生品的精灵现在已经从瓶子里完全跑出来，这些工具几乎肯定会在某种事件清楚地显示出它们的毒性之前，以各种各样的形式和数量增加。它们的危险性已经渗透到电力和天然气业务中，重大问题的爆发导致衍生品的使用显著减少。然而，在其他地方，衍生品业务继续无法抑制地扩张。中央银行和政府迄今未找到有效的方式来控制或监控这些合约带来的风险。

查理和我认为，伯克希尔应该是一个金融实力的堡垒。为了我们的所有者、债权人、保单持有人和员工的利益。我们努力警觉于任何类型的大灾难风险，这种立场可能使我们对于不断增加的长期衍生品合约数量以及随之增长的大量无担保应收款过于担忧。然而，在我们看来，衍生品是金融毁灭性武器，潜伏着现在尚未显现，但潜在致命的危险。"

这就是很多评论的来源——巴菲特认为金融衍生品是 2008 年金融危机的来源，并且在 2003 年他已经预见到了这样的衍生品风险。但是，如果我们把 2002 年的年报通读一遍，就可以发现这个段落：

"许多人声称衍生性金融商品交易可以有效降低系统风险，通过这类交易让原本无法承担特定风险的人可以将风险转移到他人身上，这些人相信衍生性金融商品会成为稳定经济的力量、让商业交易得以遂行同时降低个别参与者的变量。就个体层面而言，他们的说法或许确是事实，就像是在伯克希尔，我有时也会搭配一些大规模的衍生性金融商品交易好让某些投资策略得以遂行。"

确实，巴菲特在 2002 年就承认了他们会使用衍生品，甚至是大规模的衍生品策略进行交易。在巴菲特看来，金融衍生品是配合价值投资的一种工具，无论是卖出可口可乐的个股看跌期权，还是卖出发达国家"一揽子"指数的看跌期权，其核心目的都是服务于价值。

但是，金融市场中更多的衍生品交易，可能是用于达到投机的目的，或在巨大的利益链条诱惑下将风险包装成收益，然后出售给投机者。这些衍生品可能引发金融系统的安全隐患，就像高杠杆下的期货交易充满了风险，如果没有节制地大规模使用期权、CDS 以及更加复杂的金融衍生品进行投机，甚至会给全球金融系统埋下重大的安全隐患！

工具本身是中性的，风险的来源实际在于使用工具的人以及最终的策略和目标。不同的工具使用者，对同一工具常常会有完全不同的理解和使用方式。

在现实中，有不少人会批评期货交易，但很少有人会质疑期权交易，同样是中性的金融工具，为什么会有如此大的差异呢？不是因为前者容易亏钱后者容易赚钱，而是因为后者的门槛相对更高，所以参与者更少。很多投资者在市场耕耘多年，并没有静下心来思考各个金融工具的设计初衷，或者在不同行情中应该如何挑选和应用这些金融工具，他们把很多时间精力都用于分析品种和行情的走势。

查理·芒格在股东大会接受采访时说过："Bless our stupid competitors, they make us rich, that is my philosophy."

翻译：我的哲理是保佑我们的竞争对手愚蠢，是他们让我们富裕。

因为市场充斥了各类投资策略和不同性格的投资者，才有了市场的不规则波动，为我们的盈利创造了机会。作为市场的参与者，深刻理解市场工具和对手盘，一直都是稳定盈利的重要前提。

8.2 期权本复杂，如何简化它

期权很复杂！

2014 年接触碳排放交易，我差不多花了 2 年时间，掌握了碳市场的分析框架。

2018 年我开始涉足商品期货市场，用了 3 个月时间，基本掌握了左侧交易的建仓节奏和资金管理。

2020年我接触期权市场，购买了很多书籍，参加了很多课程，仍没能入门。

2021年9月，当朱老师跟我们介绍了如何用期权组合策略模拟期货多单，我们决心拜师学艺，才算慢慢入门期权领域。

历经两年多的学习和实践，我们认为自己只触及期权领域的冰山一角。这并非因为朱老师的授课有所保留或者我们自身投入不够，而是由于我们原有的期货交易系统具有一定的"排他性"。为了提高我们交易系统的胜率和稳定性，我们制定了一系列操作原则，如轻仓操作、避免做空、底部做多等，而我们的期权策略也是服务于这些原则。最终，经过筛选后，许多丰富的期权策略被我们排除在外，没有机会去实践。

无论是书籍、教程还是视频，市面关于期权的资料已经相当丰富。然而，无论是普通投资者还是金融行业人员，能够真正理解期权的人依然非常有限。而那些能够通过期权实现稳定收益的交易员，更是凤毛麟角。导致这一现象的原因，跟期权自身的复杂程度有关。期权是一种金融衍生品，而且属于比较复杂的衍生品范畴。

若不是在2021年有缘结识华登投资公司的朱老师，我们在期权市场可能仍然无法取得进展。朱老师的学科背景并非金融，而是华中科技大学自动化专业的硕士。相对大多数金融专业，这样的学科背景在研究期权上更有优势，因为理解期权的复杂性需要较强的逻辑推理能力。也是基于这样的要求，金融衍生品的交易员岗位更倾向于招聘理工科专业人才，例如计算机科学。即使具有比较强大的数理能力，朱老师也花费了10余年时间来学习和研究，才实现了期权的灵活应用，这足以证明期权的复杂程度。

期权的基础知识、主流策略以及应用案例，如果面面俱到一定需要独立成书才可以表述详尽。在有限的篇幅里，我们会尽力以简明扼要的文字，把我们对期权策略的理解深入浅出地传递给读者。对期权感兴趣的读者，可以阅读更多期权相关的著作，以加深对期权的理解。

8.2.1 期权的类型和命名规则

期权如果按照买卖的方向区分，可以分为：

买方期权（也称认购期权或权利仓）：这种期权赋予持有者在特定日期以

特定价格购买或出售某资产的权利。例如，可能存在一种期权，它赋予在未来某个日期以设定价格购买一只股票或商品的权利。如果在到期时，股票或商品的市场价格高于行权价格，可以行使期权，以较低的价格购买股票或商品，然后以市场价格出售，从而获利。

卖方期权（也称认沽期权或义务仓）：这种期权赋予持有者在特定日期以特定价格出售或买入某资产的权利。例如，可能存在一种期权，它赋予在未来某个日期以设定价格出售一只股票或商品的权利。如果在到期时，股票或商品的市场价格低于行权价格，可以行使期权，以较高的价格出售股票或商品，从而获利。

上面的描述主要针对欧式期权，欧式期权只有在到期日才可以进行行权。

期权的报价体系比较复杂，例如常见的 T 形报价（见图 8-2）。

标的 铁矿石 i2310 …… 到期日 20230907（剩余29天）

合约名称	最新	涨跌	涨幅%	成交量	持仓量	日增仓	开盘	最高	最低	昨收	昨结算	期权成交量	期权持仓量
铁矿石2310	775.5	-1.5	-0.19%	50757	155979	3719	764.0	780.0	762.0	770.0	777.0	179417	178446
铁矿石VIX	30.10	-0.63	-2.05%	230247	383884	26092	30.47	30.53	29.68	30.44	30.73	230247	383884

杠杆比率	隐含波动率	内在价值	时间价值	持仓量	成交量	卖价	买价	涨跌	最新	看涨	〈行权价〉	看跌	最新	涨跌	买价	卖价	成交量	持仓量	时间价值	内在价值	隐含波动率	杠杆比率
6.61	0.00%	115.5	1.9	26	0	125.5	109.5	0.0	----	C	660	P	1.2	0.7	1.1	1.2	3359	4337	1.2	0.0	33.19%	646.25
7.19	0.00%	105.5	2.3	52	0	113.1	102.7	0.0	----	C	670	P	1.5	0.6	1.5	1.6	2548	2397	1.5	0.0	31.99%	517.00
7.89	0.00%	95.5	2.8	21	0	103.8	93.3	0.0	----	C	680	P	2.0	0.6	2.0	2.1	4011	4765	2.0	0.0	31.01%	387.75
8.71	0.00%	85.5	3.5	19	0	96.7	86.0	0.0	----	C	690	P	2.8	0.7	2.7	2.9	4312	3230	2.8	0.0	30.75%	276.96
9.69	0.00%	75.5	4.5	57	0	84.6	76.7	0.0	----	C	700	P	4.0	0.9	3.9	4.0	16245	15594	4.0	0.0	30.98%	193.88
10.77	32.20%	65.5	6.5	23	17	72.4	67.0	0.7	72.0	C	710	P	5.2	0.8	5.1	5.2	2929	3691	5.2	0.0	30.39%	149.13
11.80	34.88%	55.5	10.2	343	469	63.5	61.5	2.7	65.7	C	720	P	6.8	0.7	6.5	6.7	3099	2955	6.8	0.0	29.79%	114.04
15.51	21.68%	45.5	4.5	108	38	55.3	53.3	-5.2	50.0	C	730	P	8.4	0.2	8.3	8.6	7710	4198	8.4	0.0	28.97%	92.32
16.33	29.77%	35.5	12.0	256	70	47.8	46.0	-0.4	47.5	C	740	P	11.0	0.1	10.9	11.1	9602	7687	11.0	0.0	28.95%	70.50
19.58	27.94%	25.5	14.1	665	549	40.1	39.3	-1.5	39.6	C	750	P	13.9	-0.2	13.8	14.1	12837	10048	13.9	0.0	28.30%	55.79
23.64	27.49%	15.5	17.3	740	555	33.3	32.6	-2.1	32.8	C	760	P	17.1	-0.8	17.0	17.2	8238	4653	17.1	0.0	27.80%	45.35
29.15	26.50%	5.5	21.1	949	2442	26.9	26.2	-2.7	26.6	C	770	P	20.7	-1.7	20.5	20.8	5186	3195	20.7	0.0	26.42%	37.46
36.58	26.18%	0.0	21.2	1594	4205	21.3	20.9	-3.2	21.2	C	780	P	25.1	-2.3	25.0	25.3	3454	3029	20.6	4.5	25.98%	30.90
47.29	25.17%	0.0	16.4	1438	4332	16.7	16.3	-3.7	16.4	C	790	P	29.4	-3.7	30.2	30.8	562	2144	14.9	14.5	24.24%	26.38
62.04	24.85%	0.0	12.5	6968	15046	12.7	12.5	-3.8	12.5	C	800	P	37.0	-2.3	36.2	37.0	2101	7291	12.5	24.5	25.62%	20.96
84.29	24.32%	0.0	9.2	4520	7891	9.2	9.1	-3.9	9.2	C	810	P	43.5	-2.6	42.8	43.5	2132	2121	9.0	34.5	24.96%	17.83
117.50	24.22%	0.0	6.6	4145	6533	6.7	6.5	-3.8	6.6	C	820	P	50.3	-3.1	49.8	51.4	104	475	5.8	44.5	23.61%	15.42
168.59	23.61%	0.0	4.6	2135	3943	4.8	4.6	-3.6	4.6	C	830	P	58.2	-2.9	57.7	59.4	45	502	3.7	54.5	23.10%	13.32
242.34	23.61%	0.0	3.2	2049	3525	3.3	3.2	-3.1	3.2	C	840	P	62.8	-6.5	66.3	68.0	16	319	-1.7	64.5	23.02%	12.35
337.17	23.61%	0.0	2.3	7999	6656	2.3	2.2	-2.5	2.3	C	850	P	85.7	7.9	75.1	77.1	7	129	11.2	74.5	40.56%	9.05
484.69	23.61%	0.0	1.6	3623	3276	1.6	1.5	-2.1	1.6	C	860	P	85.6	-1.0	83.8	88.8	189	257	1.1	84.5	23.99%	9.06
775.50	23.23%	0.0	1.0	2336	2590	1.1	1.0	-1.7	1.0	C	870	P	----	0.0	87.0	108.9	0	127	1.2	94.5	0.00%	8.10
969.38	24.23%	0.0	0.8	5377	3576	0.8	0.7	-1.2	0.8	C	880	P	----	0.0	96.7	118.7	0	30	0.5	104.5	0.00%	7.39
1292.50	24.67%	0.0	0.6	2660	2408	0.6	0.5	-0.9	0.6	C	890	P	----	0.0	106.4	128.5	0	----	-0.1	114.5	0.00%	6.78

全部 看大涨 看大跌 看小涨 看小跌 看不涨 看不跌

图 8-2 铁矿石期权 T 形报价

以铁矿石为例，对于 09 合约，每 10 个点位就有两个方向的报价，不同点位的铁矿石期货，在不同时间段，对应的价格也会有所不同。

图 8-3 展示了 2022 年某账户的持仓组合，“义务：i2205-C-700”代表着：

（1）“义务”：这代表了期权的卖方，相应的“权利”代表期权的买方。

（2）i2205-C-700：i2205 是 2022 年 4 月到期的铁矿石 05 期权合约，C（CALL）表示这是一种认购期权，与之对应的是 P（PUT）表示认沽期权，“700”对应的是铁矿石期货的行权价格为 700 元。

合约	持仓/可用	开仓均价	逐笔盈亏
空头 i2205-C-700 2022-4-11 剩余95天	1/1	70.10	560.00
多头 铁矿石2209	1/1	577.50	10250.00
空头 i2209-P-560 2022-8-5 剩余211天	1/1	50.20	1740.00

图 8-3　铁矿石 09 期货持仓、卖出看涨期权、卖出看跌期权

因此，这个合约的含义是：在 4 月 11 日之前，我们有义务在买方行权的情况下，以 700 元的价格卖出一手铁矿石 05 合约。同时，我们在开仓时就已经收到了 70.10×100=7010 元的权利金。这笔权利金是我们在开仓交易完成时就已经入账，无论对方是否行权，只要我们一直持有这一手期权合约，这笔 7010 元的权利金就会一直在我们手中。

（3）期货交易有保证金制度，期权的卖方因为有履约义务，也需要缴纳保证金。通常，保证金的金额和我们选择的行权价格有关系。我们交易的保证金在大多数情况下基本为期货保证金的 0.7~1.5 倍，对于特别深度的实值和虚值期权，则保证金变化范围将会扩大。

（4）无论我们持有的期权合约的价格如何波动，CTP 结算系统的账面利润不会更新这部分的盈亏。但是，如果我们此时选择平仓期权，我们预收的 7010 元权利金会消失，账户权益会立即减少 7010 元。另外，如果账户是浮盈，比如 560 点，那么我们的账户总权益将减少：7010-560×10=1410 元。如果账户是浮亏，比如 700 点，我们的账户总权益将减少：7010+700×10=14010 元。

8.2.2　期权方向的认定

期权包含了看涨期权（CALL）和看跌期权（PUT），投资者对这两种期权都可以进行买入和卖出操作，所以，我们总共有四个交易方向：买入看涨、卖出看涨、买入看跌、卖出看跌。

对于认购期权，买方拥有在未来某个时刻购买相关商品期货的权利，而卖方在未来买方选择行使权利时，承担交付义务。同理，对于认沽期权，买方可以在未来选择卖出商品期货，而卖方则需在买方决定行使权利时，履行购买义务。

这里有一个小技巧帮助大家更好地记住期权的交易方向：我们可以将

"call"和"买入"看作"+"，将"Put"和"卖出"看作"–"，然后通过乘法关系来理解：

"+" × "+" = "+"

"+" × "–" = "–"

"–" × "–" = "+"

"–" × "+" = "–"

在这里，"+"代表多头方向，"–"代表空头方向。因此，如果我想通过期权做多，通常会选择卖出认沽期权或买入认购期权；反之，如果我想做空，就会选择买入看跌期权或者卖出看涨期权。

经典的金融教科书上都会强调这一点：卖方只能获得有限的权利金收入，却需要承担无限的履约义务；而买方只需支付有限的权利金，却有可能获得无限的收益。

那么，为什么大型资产管理机构通常都选择将卖方策略作为它们的主要策略呢？原因就在于概率。卖方策略更像是一种"大概率赚小钱"的策略，而买方策略更多的情况是"小概率赚大钱"。

过去的几年中，内地的交易员已经出版了许多优秀的期权书籍。相比2000年至2018年引进的外文教材，这些内地作者的书籍更贴近当下的市场情况，他们将投资理念、交易策略和金融工具融为一体，对交易的启发更大。

需要强调的是，本章的有关期权的策略和理解，主要服务于我们自身的交易系统。所以，我们基本上放弃了买方策略，只保留了卖方策略。期权策略博大精深，只要愿意沉下心来不断钻研，每个人都可以在里面找到适合自己的策略。

8.2.3 波动率：期权交易的关键

标的物的波动率是影响期权价格极其重要的因素。通常来说，波动率越高，期权价格越贵，对卖方策略越有利。

关于波动率的研究有四个关键点：

（1）波动率存在均值回归现象。一个标的物的波动率不可能永远维持在高位，也不会在高位长时间运行。作为卖方策略，我们应尽可能在高波动率阶段且标的物价格具有安全边际的区域执行卖出操作。围绕波动率回归构建的波动率交易是一种常见的期权交易方式。

（2）波动率达到峰值时，往往预示着这空头力量宣泄完毕，市场可能即将触底。关于这个问题，大家可以参考本书止盈章节的相关内容。

（3）波动率包含了历史波动率、隐含波动率和未来实际波动率，这些信息在许多行情报价软件中都可以找到。不同行权价格的波动率可能有所差异，为了简化，我们通常会使用各个品种的加权 VIX 作为主要参考指标。

（4）市场参与者的交易行为是引起市场波动的"因"，而波动率的变动则是"果"。正是由于在少数时刻市场恐慌或贪婪情绪的作用，才有了波动率的异动。因此，虽然波动率的涨跌可以指导我们选择卖出期权的时机，但我们更应该关注的是其背后的逻辑和市场情绪的变化，因为这些因素才是导致波动率变化的真正驱动力。

8.2.4 期权和标的物价格的微妙关系

无论是商品期权还是金融期权，我们都可以根据期权行权价格和标的物价格关系，将其分为三类：虚值、平值和实值。

行权价格是指可以买入或者卖出对应标的物的特定价格。

看涨期权：

（1）当标的物价格低于行权价格时，此时期权处于虚值状态；

（2）随着标的物价格的升高，当标的物价格与行权价格相等时，期权变为平值状态；

（3）当标的物价格高于行权价格时，期权则为实值状态。

看跌期权，情况则恰好相反：

（1）当标的物价格高于行权价格时，期权是虚值的；

（2）随着标的物价格的下降，当标的物价格与行权价格相等时，期权为平值；

（3）当标的物的价格低于行权价格时，期权为实值状态。

期权价格可以分为两部分，一部分是内在价值，另一部分是时间价值：

$$期权价格 = 内在价值 + 时间价值$$

内在价值即为当前期权价格和标的物价格的差额。若我们查看期权的 T 形报价图，会发现虚值期权合约没有内在价值。

时间价值是一个非常奇妙的概念，甚至可以说是期权的精髓之一。

著名的期权专家麦克米伦在他的著作《期权投资策略》中，有一段关于时间价值的精彩见解：

"许多刚从事期权交易的人都认为，只要他们卖出的是虚值期权，他们需要做的就是坐着等时间流逝而收取权利金。然而，在卖出期权至期权到期的时间段内，有可能会发生许多事情。股票可能会大幅度波动，隐含波动率也可能会涨到天上去，这些都对期权的卖出者不利。期权的卖家必须考虑在期权的存续期内会发生些什么事，而不是简单把它看作一种将期权持有到期的策略。把期权价格中不是其内在价值的那部分称作'时间价值'，这并没有什么不对，不过有见识的期权交易者都知道，波动率和股票价格的变动对这部分价值的影响，要比时间流逝对其影响大得多。"

8.2.5 到期日：期权交易的时限

期权的英文是 option，中文翻译为期权，和期货的"期"一致，都代表了一种时间维度，不仅准确而且传神。

期权的到期时间可长可短，非常灵活。就场内期权来说，通常以月为周期进行划分。比较常见的到期日包含 1 个月、2 个月、3 个月、6 个月、9 个月。

国内期权市场，商品期权都是美式期权，到期以前如果行权价和标的物价格偏离太多，就可能被提前行权。而国内的金融期权则是欧式期权，到期摘牌以后才会进入行权阶段或者以现金结算。

关于期权到期日，有三点值得注意：

（1）在波动率和行权价格保持一致的前提下，距离到期日越远，期权价格越高。徐正平老师在其著作《期权：衍生品与对冲》中描述道：

"对于单个期权来说，卖出期权的人考虑的是从交易的那天到合同到期日可能的波动有多大，即期权被行权的概率有多大。这个可能的波动（也称为不确定性）是由时间和波动率决定的。距离期权到期的时间越长，可能的波动越大，卖出期权的人所面临的风险越大，那么期权当然卖得比较贵；波动率越大，期权卖得也越贵。"

读到这一段，有一种茅塞顿开的感觉。很多金融产品定价背后，都与经济逻辑密切相关。徐老师对期权到期时间的描述，与经济学中关于"长期利率通常高于短期利率"的原理基本一致。因为长期借款存在较大的不确定性，使得资金出借方需要更高的收益来补偿这种不确定性。

（2）临近到期日，期权的时间价值加速衰减。期权的时间价值并不是随时间线性衰减。通过观察发现，期权的时间价值衰减有两个关键的时间节点：28天和18天。当到期日进入21~29天时，虚值上下两档以外的期权时间价值开始加速衰减；进入到20天以内，衰减速度会变得更快。针对这个规律，许多卖方更倾向于优先出售近月期权合约，以便在短时间内享受时间价值快速衰减的红利。

（3）如果期权的到期时间无法满足自己的交易策略，那么可以考虑和开展场外期权业务的期货公司进行沟通，看是否可以提供定制化的场外期权业务。场外期权的优势在于具有较好的灵活性，可以提供符合客户需求的期权品种和到期时间。

但是，场外期权由于没有统一的报价体系，各个期货公司的期权报价可能存在较大差异。相比之下，场内期权的报价机制会更加公开和透明。

8.2.6　期权的流动性考量

国内期权市场的中远期合约流动性一直不太理想。

许多中远期合约的买卖价差相当大，尽管我们可以通过软件询价功能获取相对公允的报价，但存在一定的滑点，影响成交效率和质量。

不同于股票和期货的对手盘交易，期权的交易机制以做市商报价为主。做市商的主要工作是提供连续的交易价格，为市场提供流动性，使投资者能够随时参与期权买卖交易。这种机制有助于保障市场的有效性，降低交易成本。做市商通过不同期权合约的组合，构建尽可能平衡的策略来实现持仓风险对冲。

由于期权的专业程度非常高，散户的参与程度相对较低，因此无论是交易报价还是挂单，都比股票和期货市场要冷清得多。

以甲醇为例，图8-4是甲醇期权合约在2023年8月初，甲醇2023年10月合约到2024年1月的期权T形报价。任何月份的甲醇期权报价，都包含了多个价位的看涨和看跌期权，大约有50组的报价。这也就意味着在最近的6个月内，按照每月50组的报价计算，约有300组报价对应600个甲醇期权价位可以选择。所以，为了降低运营成本，做市商并不会主动对所有期权合约进行实时报价。

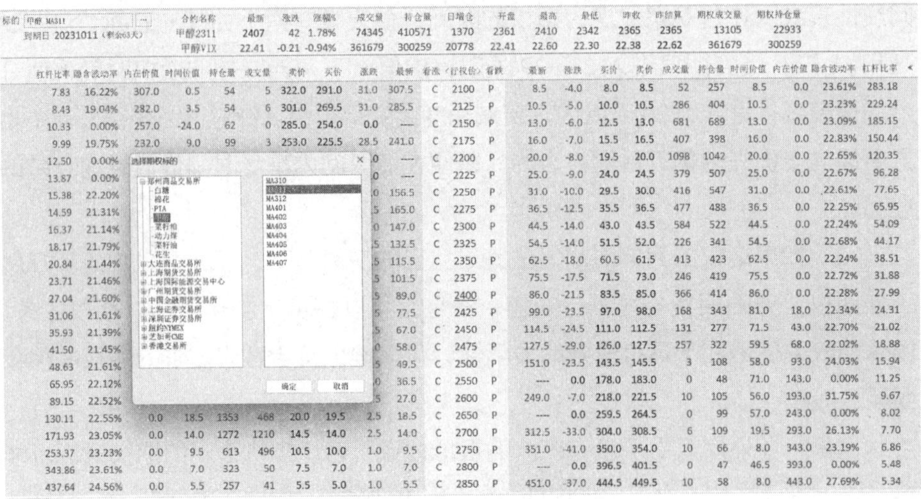

图 8-4 甲醇期权 T 形报价

场外期权的出现，在很大程度上可以解决期权流动性的问题。但是，场外期权的开户通常要求公司法人户，对于个人投资者来说，场外期权业务的参与门槛可能会比较高。

8.3 期货期权一相逢，便胜却单打独斗

我们对期权的定位，始终是服务于之前的期货交易系统。确实，一些成熟的期权交易员，可以熟练地应用期权的各种策略组合，实现非常惊人的收益。但这些成绩也是建立在他们对期权深刻理解和灵活应用的基础之上。不同风格，只要有其合理的底层逻辑作为支撑，都可以在这个市场找到自己的立足点。

8.3.1 卖出看跌期权，"汉堡"结构建仓

在众多期权策略中，我们目前使用频率最高、收益最多的策略就是卖出看跌期权。蒋瑞老师在其著作《高胜率期权交易心法》中，把纷繁复杂的期权策略总结归纳为六种基础策略，其他策略都是以这六种为基础展开的。在书中他描述道：

"我会用比较大的篇幅介绍这六个基础策略，而其中又以卖出看跌期权策略为重点，希望大家注意无处不在的非对称性。我甚至觉得，对于期权交易来说，如果要掌握一种策略，那只能是卖出看跌期权策略，因为它占尽了天时

（时间价值衰减）、地利（卖方胜率更高）、人和（优质公司长期上涨）。"

卖出看跌期权的优势在于，该策略具有双保险机制：既可以获得权利金，又具备接货的可能性。所有的卖方期权都可以获取权利金，但根据行权价格和数量的不同也需要承担与之对应的行权义务。

因此，我们的卖出看跌期权风控底线始终围绕"卖出看跌期权以后，做好接货准备"这一原则。在我们刚刚接触期权的时候，朱老师几乎在每节课上都强调了这个观点。但是直到我们遭遇很大亏损的时候，才深刻理解这段话的含义。

同样，徐正平老师在《期权：衍生品与对冲》中，也提到了类似观点：

"对于基本面投资者来说，在有接货意愿的前提下可以做认沽策略。一般是行情跌到底部区间，这时候行情不会立马涨上去，而是不断震荡筑底。但要想价格卖得好，可能恰恰是行情趋势疯狂的末期，这时候敢于卖出认沽期权是需要勇气的，所以一般只适合基本面投资者，因为这些人对行情有信仰、拿得住。这样的交易机会很少，因为值得接货，必然标的资产的价格就必须跌到很便宜的位置。"

这段话引出了三个卖出看跌期权的要点：

（1）商品的价格足够吸引人，我们愿意被行权以后持有多单；

（2）这样的机会并不多见；

（3）基本面的投资者更喜欢通过卖出看跌期权的方式来建立多单。

但在实际操作中，特别是在2021年之后，随着文华商品指数的重心不断攀升，从150点上升到170点，甚至在2022年之后在180~230点的高位区间震荡长达一年时间。多数商品的大幅上涨，使得同时满足以上三个条件的机会变得越来越少。

当市场无法满足上述条件时，我们可以耐心地等待市场的调整。一旦市场出现调整，我们可以通过下面的操作，分步骤卖出认沽期权：

首先，耐心等待部分商品的回调。尽管文华商品指数在历史高位持续横盘整理，但也有部分商品出现了超过20%的调整空间。例如，铁矿石05合约，在2021年11月初下跌至520点附近，2022年11月初下跌至550点附近；橡胶长年维持在11000~14000点区间震荡。因此，即使面对前所未有的商品整体长牛格局，仍有部分商品会出现大幅度调整，价格跌至底部区域。

其次，构建"期权—期货—期权"的"汉堡"结构。以甲醇为例，判断甲醇在某个价位有布局机会，并希望分批建仓，那么构建"期权—期货—期权"

的汉堡结构可能会是一个比较灵活的做多策略。

当我们判断甲醇价格高于2500点时有可能会出现下跌，但不太确定下跌的幅度。此时，我们可以考虑在2400点以内，轻仓卖出甲醇的近期看跌期权，收取权利金（见图8-5）。

如果甲醇价格一直维持在2400点以上，我们的看跌期权没有进入行权范围，期权不会被行权，我们通过该策略实现的权利金收入，可以视为一笔理财收益。

当甲醇价格运行至2000~2400点时，我们在2400点附近卖出的看跌期权将会被行权，拿到期货多单，顺势完成了第一次建仓。与此同时，随着甲醇价格跌破2200点以后，我们可以直接买入期货，从而达到批次建仓的目的，同时摊薄期货多单的持仓成本。

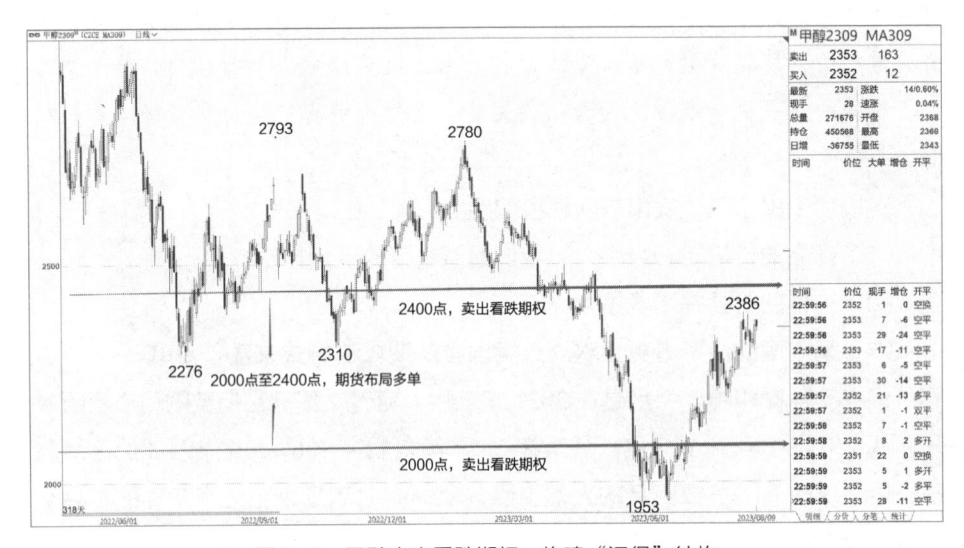

图 8-5　甲醇卖出看跌期权，构建"汉堡"结构

当甲醇价格跌破2000点以后，我们可以再次卖出2000点以内的甲醇看跌期权，收获权利金的同时保留了继续接货的可能性。

相比全部卖出认沽期权或者全部通过期货进行多单布局，这个策略的优势在于：

（1）无论市场是下跌还是横盘，期权卖方都能提供现金流收入。

（2）当市场出现反弹时，期货的线性结构特征会为账户带来进攻性收益。

（3）近期的期权合约到期后，我们可以通过滚动展期操作，转卖次月或者下季度的期权合约，继续收获权利金收入。

有些精通期权的读者会认为，通过其他期权结构也能构建期货多头，甚至占用更少的保证金。但是在实操过程中，我发现存在以下几个问题：

（1）场内期权存在流动性问题。有时候做市商的报价滑点很大，交易流畅度不够理想，会付出比较多的滑点成本。

（2）由于我们有着较为完善的资金管理体系，在账户拥有大量可用资金的状态下，对保证金的占用不是特别敏感。

（3）持有期货多头合约对账户的管理会更加直观和简洁。

另外，在执行该策略的时候我们还需评估"权利金/保证金"收益率。这个比率与行权价格、到期时间、波动率关系密切。

通常我们建议，以建仓为目的看跌期权，行权价尽量选择平值到虚值3档以内的看跌期权进行卖出。如果选择虚值过多并且临近到期日的期权，可能获得的权利金较少，将会导致权利金/保证金的收益率较低。

如果接近平值进行卖出操作，可能存在较大的被行权概率。一般选择平值卖出期权的投资者，都是基于对当前点位比较看好，愿意以当下期货市场价格进行接货，而大部分投资者更愿意选择虚值价位的看跌期权。

8.3.2　卖出看涨期权，备兑比例控制好

当我们讨论卖出看涨期权时，通常只会在持有标的物的多头合约时考虑这种策略，作为备兑策略进行操作。裸卖看涨期权，在很大程度上和做空类似，我们很少考虑裸卖看涨期权。对于裸卖看涨期权的风险，大家可以参照本书中"当宽跨策略遇到俄乌危机"的内容，其中记录了我裸卖铁矿石期权的失败案例。

在持有多头合约的前提下卖出相应品种的看涨期权，我们可以稳定地收取权利金。一旦标的物的价格上涨至行权价，如果对手方选择行权，我们将会持有对应价格的空头合约，从而完成期货多头的被动止盈操作。

我们以甲醇建仓为例，来介绍卖出看涨期权策略的操作：

（1）当甲醇的价格高于2400点，因为它没有触及行权价，我们可以通过持有看跌期权赚取权利金，但是不持有甲醇多单。

（2）当甲醇的价格在2000~2400点，如果我们之前持有的2400点附近的看跌期权被行权后，我们将会持有行权价为2400点的多头合约，以及在市场上购买的价格在2000~2400点的多头合约。

（3）在没有期权策略的情况下，我们通常会使用之前介绍的止盈工具，对

甲醇多头合约进行分批止盈。但引入期权备兑策略后，我们可以选择在满意的止盈价位卖出甲醇的看涨期权。假设甲醇多头合约的成本大约是 2300 点，我们设定的止盈位在 2600 点附近，那么可以在 2600 点附近卖出看涨期权，行权点位可以布局在 2550/2600/2650 三档，收取对应的权利金。如果甲醇价格没有上涨到这个区间，我们会继续持有多头合约。

（4）如果甲醇在期权到期日价格上升至 2550~2650 点，我们的看涨期权被行权，将会持有对应价格的空头合约。这时，被行权的甲醇空头合约与我们之前持有的多头合约进行了对冲锁仓，从而实现了被动止盈。

相较于传统的止盈策略，卖出看涨期权的止盈策略可以额外赚取一笔权利金。

采用卖出看涨期权时，有哪些需要注意的地方？

（1）关于看涨期权的期限选择，可以选取不同月份进行布局。和我们在建仓环节所介绍的思路不同：我们通常会持有中长期的期货多单，而在卖出看涨期权的时候，我们会选择近月甚至当月的看涨期权进行卖出。

这种做法的优势在于：

1）当月的期权时间价值衰减最快；

2）当月的价格变动相对可控。如果我们卖出超过半年的看涨期权进行备兑，可能会面临中长期价格变动的巨大不确定性。以甲醇为例，如果我们在 2023 年 7 月卖出 2024 年 4 月的看涨期权，行权价格选择 2800 点。那么在这段时间，假设甲醇冲高至 3000 点然后回落至 2300 点。由于我们已经持有了 2800 点的看涨期权，所以原则上没有办法进行主动止盈的操作。即使我们认为 3000 点是高点，如果选择了主动止盈期货多单，则剩下的看涨期权面临裸空局面。

（2）尽量不要将所有的期货多头合约都进行备兑。期货多头合约的备兑比例由市场走势来决定，通常不会超过 70%。如果将所有的期货多头合约用于备兑，可能对网格交易策略会造成影响。

当然，也有很多期权交易员，会直接对看涨期权进行网格交易，通过对看涨期权的高抛低吸操作来降低持仓成本，这也是一个不错的策略。不过我们的习惯，还是更喜欢直接对期货多单进行网格交易。

（3）尽量在价格冲高时进行备兑。如果在底部完成备兑操作，可能会面临权利金收入过低的问题。所以，备兑的行权价格，尽量靠近目标止盈位。同时，也不建议将备兑止盈目标定得过高，否则标的物冲高回落后，虽然我们收取了权利金，但没有拿到高位被行权的空头合约，从而错过了多单的止盈时机。

（4）不要轻易裸卖看涨期权。裸卖看涨期权几乎等同于做空，一旦遇到极端行情，将会变得非常被动。

卖出看涨期权的备兑策略是止盈的辅助工具，用来给期货多头合约降低持仓成本和增加收益，而我们的主要盈利来源依然是多单的上涨。所以在使用这个策略的过程中，要注意避免本末倒置、买椟还珠的情况。

8.3.3 构建多样化持仓组合的必要性

许多刚接触期权卖方策略的朋友都认为卖方收益率不如期货单边策略。这种认知源于卖方期权策略的收益率计算方式：账户收益率 = 权利金 / 合约名义价值，收益率自期权卖方开仓后便已经确定。

而在期货交易中，账户收益率 = 合约名义价值 × 合约涨幅，因此单纯从收益率角度来看，直接做期货的收益率一定会更高。那么，我们为何仍然坚持把期权卖方策略作为我们投资组合的重要一环呢？

当我把这个问题抛给CHATGPT，AI在5秒钟内就生成了以下答案，这些答案也基本是大学金融教材中的标准答案：

持仓组合，是指投资者在不同的时间点选择不同的金融产品进行投资并持有，以达到多样化、分散风险的目的。这种投资策略有以下几个优势：

（1）分散风险：通过投资不同的金融产品，可以有效地降低整个投资组合的风险。即使某些投资产生亏损，其他持仓可能会有收益，抵消部分损失。

（2）增加收益：持仓组合可以使投资者获得更多收益机会。不同的投资品种各自具有不同的收益特点，其中一些投资品种的投资回报率更高，同时也伴随着相应的风险。但是通过持仓组合，投资者可以实现收益最大化和风险最小化的平衡。

（3）长期收益：持仓组合着眼于长期收益，避免了短期冲动性投资的局限。通过长期持有多种投资品种，投资者可以更好地抵御市场波动和周期性变化对投资组合的影响，规避短期投资带来的风险和不稳定性。

总之，持仓组合投资是一种比较成熟的风险管理和配置资产的方法，在实践中得到广泛应用。投资者可以通过选择适当的投资品种和持有时间，建立多样化的投资组合来达到资产保值增值的目标。

除了上述解释，我想结合自身的投资经历和最近的实盘操作来谈一下持仓组合的意义。

2007年，在大学期间我首次接触股市，当时股票数量不足2000只，相较于现在的5000只选股难度小了许多。即使选择一只中等资质的股票，在大盘走势好转时也有可能获得收益。但自2020年起，随着注册制的推进和股票数量的迅速增加，选股难度也大大增加。

2014年，我接触到碳市场，就像发现了新大陆。由于碳市场的封闭性和独立性，影响碳市场配额价格因素比股票市场要少得多，所以在我看来，碳市场的赚钱难度要小于股票市场。更重要的是，这两个市场的相关性几乎为零。即使在2015年的股灾阶段，或者2018年A股市场熊市期间，碳市场的表现依然强劲。这两个市场截然不同的走势，让我开始重新审视大学课本中关于持仓组合的理论。

2018年，我们开始创建商品期货的交易体系。那段时期，农产品、有色金属、能源等商品期货市场的相关性相对较小。因此，我们通常会在某个商品的低位建仓，待价格回归后卖出变现再转向其他低位商品，利用商品的周期波动进行资产配置。

作为一个底部做多的策略，2021年至2023年，文华商品指数一直在180点以上的高位运行（见图8-6），我们通过引入股指期权的卖出看跌期权策略，产生稳定而安全的现金流，有效提升了我们资管产品的收益率。所以在2023年第二季度市场展望的时候，结合对后市的判断，我也做出了如下交易计划：

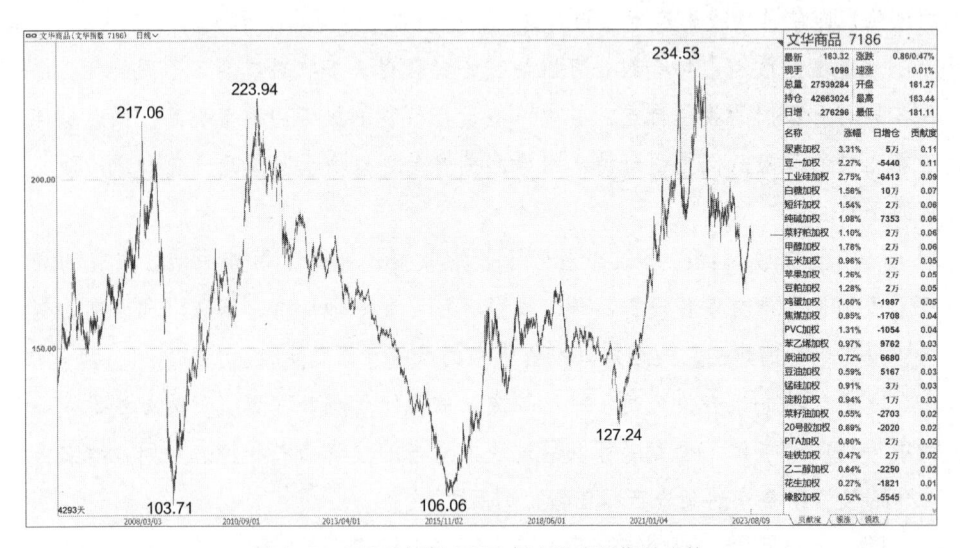

图8-6 2006年至2023年文化商品指数走势

我们在构建 2023 年第二季度乃至全年的持仓组合中，可能会遵循以下原则：

（1）继续坚持股指期权展期策略，但在持仓数量方面，可能会比前期有所减少。释放一定的仓位比例留给商品市场。

（2）甲醇、铁矿石等品种的卖出看跌期权布局已经慢慢开始，同时也开始持有甲醇期货。最上层搭建期权、中间层搭建期货、最底层搭建期权的"汉堡"构架，可以让我们在风险可控的情况下获得较为确定的收益。

（3）保持足够的建仓耐心。此次下跌会让我们见到自 2021 年 4 月以来很多商品的低位。面对越来越多的便宜货，在保持克制的情况下，井井有条地进行布局。

（4）资金管理依然是我们能否持续稳定盈利的基石。不能因为见到便宜货就杀红眼，资金永远比机会珍贵。

回到文章开头，构建一个符合自己风险偏好的持仓组合，在某种程度上会限制我们的盈利能力，但是也可以在遇到市场疾风骤雨之时，为我们的账户安全保驾护航，这大概就是持仓组合的意义吧。

介绍完期权卖方最基础也是最重要的两种卖方策略，我们再来重新审视期权卖方策略：为什么我们认为卖期权是门好生意。

8.4 卖期权是门好生意

8.4.1 卖方策略，概率为伴

卖期权是一门好生意。著名的期权交易员小马老师和明达老师，他们合著了一本期权卖方的实操类书籍，书名就叫《卖期权是门好生意》。在书中，两位老师描述道：

"作为期权卖方，如果能持之以恒地运用正确的策略进行交易，则可以获得长期回报。笔者从 2016 年开始做期权卖方，在近 4 年的交易中，尽管经历过'熔断闪崩'，也经历过 2016—2017 年的'白马股'行情，以及 2018 年'黑天鹅'不断的行情，也实现了交易资本的稳健增值，年化收益率超过 30%。如果投资者能够在这个市场中坚持 10 年以上，且不被'黑天鹅'的行情击倒，那么在复利的作用下就可以迎来交易资本的大幅增长。"

虽然我们在 2022 年六七月因为期权卖方策略损失近 200 万元的利润，但是依然坚定地认为卖期权是一门好生意。

在良好风控的前提下，我认为期权卖方很像是开了一个小卖部：各个期货品种是小卖部琳琅满目的商品，而权利金则是小卖部的利润。我们需要做的，就是筛选确定哪些商品具有安全边际，在风险可控的前提下收获权利金。

我们卖出期权的步骤通常为：

（1）寻找希望建仓的底部标的物，一般建议长期跟踪3~5个底部品种。

（2）观察这3~5个标的物的恐慌指数VIX，越大越好。

（3）计算账户在不加杠杆的前提下，最大可以持有多少期权数量，行权价建议以平值时的保证金为准。

（4）计算近期单月（25~35天）的到期收益率，一般不低于6%。

图8-7是甲醇09合约在2144点的时候，甲醇2100点的看跌期权的权利金收入和保证金支出，权利金/保证金=330/3659=9%，对应收益率为9%。以10万元账户计算，不加杠杆的前提下，最多可以开立5手甲醇的看跌期权，假设每手平均权利金在25点，对应250元，则5手合计权利金为1250元，单月权利金收入为1250元，单月账户收益率为1.25%，对应年化收益率为15%。

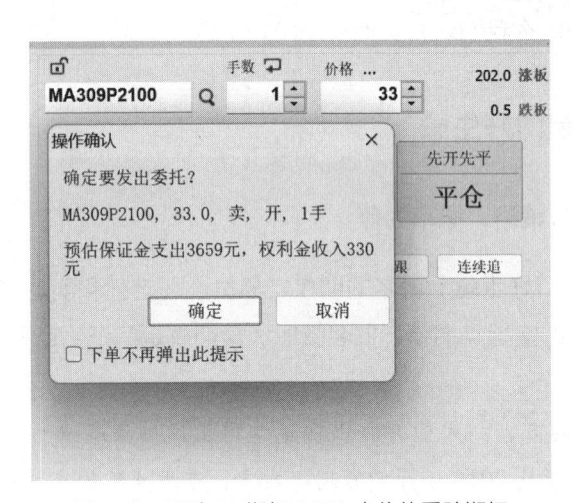

图8-7 甲醇09期权2100点位的看跌期权

所以用期权卖方进行理财，我们需要重点考虑被行权的概率有多少，就像小卖部需要考虑下个月哪些商品会好卖一些。

基于上述操作，我们可以通过期权卖方策略来组建一个固收类的理财产品。

8.4.2 用期权打造固收理财产品

这篇文章是我们投研团队期权实战策略中的一部分。将期权策略设计为固收理财产品有以下三个重要的操作原则，无论是我们在初期学习，还是已经可以熟练应用期权卖方策略，都应该一直遵守：

（1）标的为王：期权属于高阶金融衍生品，由于期权"非线性、多维度"的特征可以衍生很多组合，但都是围绕"标的物价格走势"和"标的物波动率"这两个最核心的要素展开。

在我们的交易系统中，期权主要是服务于我们的建仓和止盈操作。市面常见的"升波"买入、"降波"卖出的主流策略，我们日常交易中用得极少。我们交易系统的核心是通过分析商品供需和宏观情绪对市场的影响，判断未来 1~3 个月标的物的走势，通过期权服务于我们的投资策略。所以对标的物走势的预判是交易中最重要的环节之一。

（2）资金管理：无论什么时候，资金都是我们在衍生品市场赖以生存的根基。既然是"标的为王"，2022 年商品都处于历史高位，恪守轻仓原则短期来看可能会拖累业绩。一旦市场反转掉头，出现一个月甚至一个季度以上的单边下跌，保守的资金管理风格会为我们后续的布局提供足够的安全边际和弹药库。

（3）坚持耐心和定力。观察身边一些新手使用期权策略的时候，都会尽量在第一时间把可用资金的上限用完，这样的心态比较容易理解，因为期权的权利金会随时间的推移而不断衰减，尽早卖出期权会收取相对较多的权利金，比较符合期权的运行规律。

但通过几个月的实操我们发现，绝大多数品种在临近到期的 2~3 周时间，几乎都会出现至少 2~3 天的持续下跌，而这个时候看跌期权的权利金会迅速增加。任何强势的品种都有可能出现调整，我们不妨保持耐心和定力，长期来看期权卖方策略一直都遵循着"卖得早不如卖得巧"的原则。

理解了以上三点原则后，我们就可以着手将自己的期货期权账户打造成理财账户了。具体操作主要围绕以下三个步骤：

（1）确定收益率目标。我们以 20 万元的账户本金为例。来看看单月权利金收入对账户收益率的影响（见表 8-1、表 8-2）。

表 8-1 权利金收益率为 8% 情景下，不同杠杆系数的账户月收益率

账户本金（元）	合约价值合计数	保证金比例（%）	动用保证金（元）	账户杠杆系数	期权月收益率（%）	权利金收入（元）	账户月收益率（%）
200000	50000	15	7500	25%	8	600	0.30
200000	70000	15	10500	35%	8	840	0.42
200000	100000	15	15000	50%	8	1200	0.60
200000	150000	15	22500	75%	8	1800	0.90
200000	200000	15	30000	100%	8	2400	1.20
200000	250000	15	37500	125%	8	3000	1.50
200000	300000	15	45000	150%	8	3600	1.80

表 8-2 权利金收益率为 12% 情景下，不同杠杆系数的账户月收益率

账户本金（元）	合约价值合计数	保证金比例（%）	动用保证金（元）	杠杆系数	期权月收益率（%）	权利金收入（元）	账户月收益率（%）
200000	50000	15	7500	25%	12	900	0.45
200000	70000	15	10500	35%	12	1260	0.63
200000	100000	15	15000	50%	12	1800	0.90
200000	150000	15	22500	75%	12	2700	1.35
200000	200000	15	30000	100%	12	3600	1.80
200000	250000	15	37500	125%	12	4500	2.25
200000	300000	15	45000	150%	12	5400	2.70

（2）品种的跟踪和确定。我们日常关注了大约15个商品期权标的，主要从安全边际、单品种收益率、资金管理几个维度去选择标的。无论期货还是期权，都建议分散投资，各个品种之间处于一个弱相关，会是比较理想的持仓状态。

（3）确定最大的开仓数量。通过计算杠杆系数，可以确定名义合约价值的合计数，从而倒推最大可持有的看跌期权数量。卖出期权时，也建议采取分批次建仓的节奏。

如果能够遵循以上几点原则并且操作时机得当，卖方期权策略在90%的操作中都可以实现稳定盈利。不过，天有不测风云，人有旦夕祸福，我们也曾经在期权卖方的策略上摔过跟头。

回顾那些年我们在期权的亏损案例，总结原因，将有助于提高这门生意的成功率。

8.5 让好生意能持续

在本书第 1 章，我们归纳了期货亏钱的六个原因。

同样，为了让期权卖方策略能够一直源源不断地为我们贡献利润，我们对自己亲历的期权亏损案例也进行了详细的总结。

无论什么品种的交易，赚钱可能是运气，可以一笔带过，但是对于亏损的投资案例一定要认真反思、总结，形成自己的投资"错题集"，如此一来，好生意便能持续。

8.5.1 期权交易"赚小钱、亏大钱"的三个原因

从做期权开始，身边很多参与过期权交易的朋友都有过类似感触：期权卖方容易赚小钱、亏大钱。我当时对这个结论不太理解，抱着试试看的态度便开启了期权交易之路。

我们尝试过双卖策略，也经常使用卖出看跌虚值期权策略建仓。当市场风平浪静的时候，岁月安好。市场出现小幅下跌的时候，可以通过期权展期移仓来降低行权目标价。当市场出现剧烈调整"泥沙俱下"的时候，我们持有的看跌期权面临着大量被行权或者行权以后期货多单大面积亏损的情况：这个时候如果选择接货，会导致账户的仓位陡然上升，同时期货端出现亏损；如果放弃接货，又会面临期权止损的问题。

无论如何选择，前期积累的利润都将被吞没，从而证明了"期权卖方容易赚小钱、亏大钱"的结论。

所以我也在反思，是什么原因导致类似的现象？在今后的交易中，应该如何尽量避免这样的问题？

我总结了三个原因：

（1）期权保证金制度的迷惑性。之前看期权教材中提到期权卖方策略，资金使用率建议控制在 30% 以内，都是比较安全的。但是期权保证金变动规律表明，如果期权是虚值合约，那么保证金占用比例会比较低。但随着期货价格下跌到接近实值或者进入实值范围后继续下跌，保证金的占用 = 期权保证金 + 期

权行权以后的亏损额。一旦标的物价格出现大幅下跌，深度虚值期权变为实值期权，则期权保证金会大幅提高。

假设开仓保证金维持在25%左右，随着期货价格的持续下跌，保证金比例将从25%上升至30%~45%。虚值和实值保证金的巨大差异，容易让期权卖方在建仓时，被建仓阶段相对较低的保证金比例迷惑。一旦期货标的出现剧烈下跌，与期货对应的期权保证金比例将会大幅增加，导致账户整体仓位的被动提高。

（2）建仓节奏感的缺失。我们的期货交易一直采用分批次建仓，通过边跌边买的策略来控制仓位和降低建仓成本。但是在期权建仓的过程中，由于深度虚值的权利金比较少，如果采用分批卖出虚值期权，权利金收入会非常少，甚至可以忽略不计。因此，我们会考虑在某个可以接受的价位多卖一些看跌期权来收取一个比较理想的权利金。然而，一旦市场步入极端杀跌行情，前期建仓阶段看似安全的虚值期权也很有可能会进入实值甚至深度实值，导致我们后续建仓的被动局面。

（3）权利金的绝对金额偏小，为了获得一个比较理想的收益，可能会提高期权的持有数量。一旦期货价格下跌进入行权价甚至跌破行权价，期权将会亏损。

针对上述现象，总结了下面几个应对策略：

（1）严格控制期权卖方的绝对数量：把之前期货交易中的轻仓策略应用到期权中，把每一个虚值卖方期权都当作未来的实值期权去规划布局。

（2）控制期权卖方的建仓节奏：通过"汉堡"结构来平衡期货和期权的持仓关系。

（3）控制期权的持仓占比：卖出看跌期权的建仓策略，持有的期权数量应该低于整体持仓的60%，期权卖方备兑策略低于期货多头持仓的70%。这样的比例设置，无论在建仓环节还是止盈环节，都会给我们的持仓带来灵活性和业绩的弹性。

也有朋友指出，可以通过期权交易中一系列成熟的对冲策略来解决大量虚值期权进入实值后给账户带来的风险冲击。经过评估后，我们认为自己的期权策略从一开始的定位就是服务于我们的期货策略。对比很多金融工程的思路、交易期权的策略，我们更愿意回归到商品价值本身，这样的思路更符合我们的底层交易逻辑和过往10余年的交易经验。

8.5.2 不要轻易裸卖看涨期权

卖出"宽跨"期权是一种被广泛使用的卖方策略，投资者会同时卖出标的物的看涨和看跌期权。宽跨策略与普通跨式期权策略类似，不过其风险可能相对较小。因为宽跨策略的看涨期权和看跌期权的行权价格价差较大，看涨期权的行权价格通常会高于当前的市场价，而看跌期权的行权价格则低于当前市场价格。

该策略比较适合震荡市的箱体运动，投资者卖出箱体顶部以上和底部以下的期权合约，只要标的物价格一直在箱体区间运行，无论是卖出看跌期权还是看涨期权，都不会被行权，可以稳定收获权利金。

以 PTA09 为例，我们可以选择在箱体底部约 4500 点以下开立卖出看跌期权，同时在 5700 点以上卖出看涨期权。只要 PTA 的价格保持在 4500~5700 点的范围内震荡，我们持有的卖出期权便不会被行使，理论上我们可以持续收取双边权利金（见图 8-8）。

图 8-8　2021 年 4 月至 2022 年 2 月 PTA 箱体震荡走势

在震荡市中，这是一个理想的策略。然而，朱老师在教授期权时反复强调避免裸卖看涨期权，尤其是在标的物处于相对低位时，裸卖看涨期权风险更大：

（1）裸卖之后，标的物价格可能会持续上涨，被行权以后拿到空单。如果期权持有数量较多行情继续上涨，不及时止损，会面临爆仓强平的处境。

（2）期权到期前，如果标的物价格达到看涨期权的行权价，之前卖出的看涨期权价格也会水涨船高，这个时候无论建立多单对冲还是止损期权，都会比较被动，导致账户动弹不得。

由此可见，使用宽跨策略的最大风险在于标的物价格运行到箱体上方，进入看涨期权的行权价位置。

2022年2月下旬，俄乌冲突爆发。俄乌战争对全球的能源和粮食的供给都产生了重大影响，其持续时间之长，波及范围之广超出了很多人的意料。

图8-9、图8-10展示了2022年2月26日至3月9日的文华商品指数走势。其中2月26日开始的暴跌行情，是由于发展改革委等相关部委联合整治铁矿石等商品集中涨价的行为，随后商品市场开始出现回落。然而，由于俄乌战争的突然爆发，西方对俄罗斯的制裁力度加大，开启了3月2日的商品暴涨模式，其中外盘原油更是出现了急速拉升。

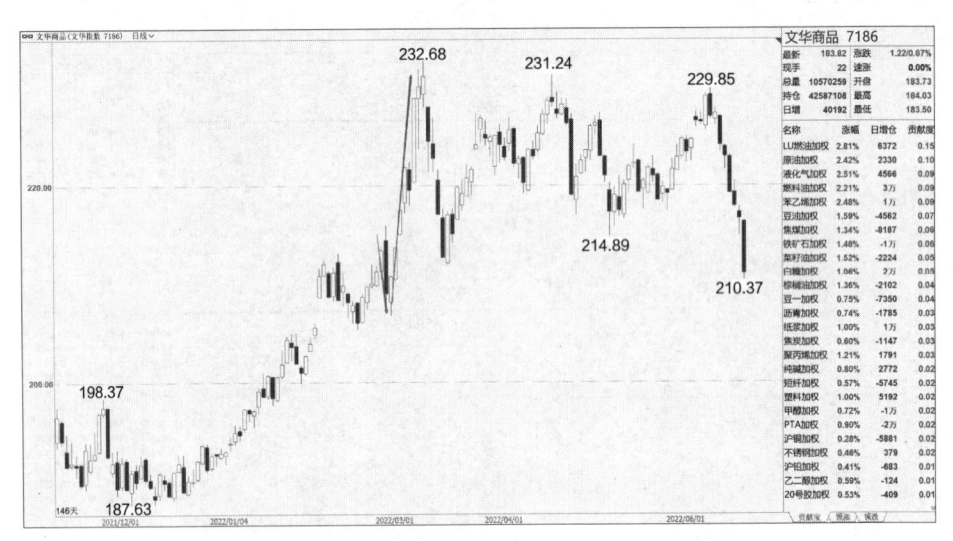

图8-9　2022年2月26日至3月9日文华商品指数走势

从2022年2月初，我个人账户开始尝试运用宽跨策略操作棕榈油合约，恰好经历了2月26日的看跌期权面临行权和3月3日的看涨期权面临行权的问题。

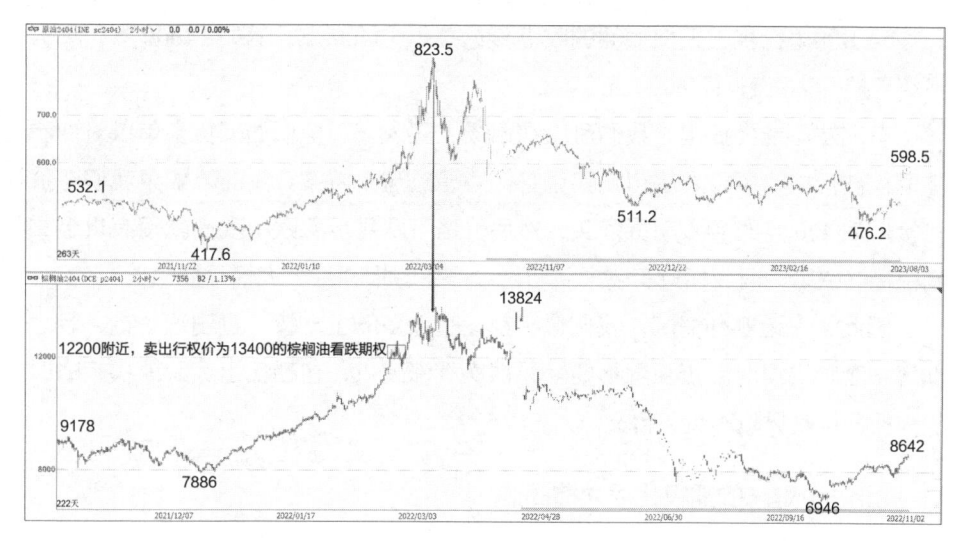

图 8-10　2022 年 2 月下旬至 3 月上旬，原油和棕榈油走势对比

2 月 25 日，棕榈油价格一直维持在 12200 点附近，我注意到棕榈油 04 期权将在 3 月 7 日到期，预计不太可能出现大幅上涨的情况。因此，我在 13400 点执行了卖出看涨期权的策略，同时在 11000 点附近卖出了看跌期权——尽管这违背了朱老师的原则，但我认为相对于现价 12200 点，13400 点仍有相当大的安全边际。

2 月 26 日上午，俄罗斯开始空袭乌克兰，周末紧张气氛进一步升温，不过当时舆论认为，俄罗斯可能在一周内就会结束战斗，所以我并没有对宽跨策略过于担心。然而，到了 3 月 2 日，市场再次陷入紧张，棕榈油价格持续上涨，3 月 3 日上午，棕榈油价格封在涨停板 13350 点，04 期权还有 4 个交易日才到期，即 3 月 7 日。

所以，最后的博弈焦点就围绕 3 月 7 日收盘价和 13400 点之间的关系展开：

（1）如果我直接在现价止损期权，期权价格大约在 300 点，权利金收入约为 60 点，相当于净亏损为 –240 点，即 2400 元。

（2）如果到期收盘价低于 13400 点，看涨期权不会被行权，账户也没有棕榈空单，这对我最为有利。

（3）如果价格恰好为 13400 点，将拿到空单后，晚上立即在市场上平仓，只要晚上不出现跳空高开的局面，将不会产生太大亏损。如果跳空低开，还有一定的盈利空间。

241

（4）如果行权当天棕榈油的收盘价远高于13400点，例如14000点，那么我将亏损 –600点，即6000元。

有朋友可能会提出，我们可以在市场上买入一手棕榈油期货多单以对冲看涨期权被行权的风险。起初，我也曾经考虑过这个方案。然而，如果我们在价格接近13400点时买入期货多头，然后价格下跌甚至急跌，我们就没有机会拿到棕榈油空单，而我们持有的多头可能会产生亏损，甚至大幅亏损！

因此，无论哪种情况，我们似乎都没有太多的主动权。直到这一刻，我才理解朱老师讲课时反复强调不要轻易裸卖看涨期权，包括卖出宽跨期权策略时也需要警惕其风险的真正含义。

8.5.3 难忘的期权止损之棕榈油

2022年6月，由于棕榈油期权合约的止损，我们遭遇了期权交易的第一笔大额亏损。在棕榈油这个品种上，无论是宽跨策略还是卖出看跌期权，我们都经历了止损。一方面，这和我们的策略选择不无关系；另一方面，棕榈油由于主要来自印度尼西亚，印度尼西亚政府联合资本频繁更改棕榈油的出口政策，也导致了这个品种异常活跃，并且容易出现极端行情。

经过这次止损以后，我们基本放弃了棕榈油品种的交易。

6月8日，随着我们之前卖出的期权全部到期，我们的仓位达到了历史低位。除了之前布局的铁矿石、菜粕和橡胶合约，我们决定将棕榈油期权作为新的资产配置标的。选择把棕榈油作为配置标的，主要考虑了以下几个因素：

（1）棕榈油的现货在2022年持续强势，保持在14000点以上。基于基本面分析，我们预计农产品的牛市将会贯穿全年。此外，夏天即将来临，全球将迎来用电高峰。中东地区以燃油发电为主，所以预计石油需求的增长也会导致油价在夏天保持坚挺，大幅下跌的可能性不大。

（2）与市场价格13000点相比，10800点的行权价格具有较大的安全边际，需要下跌约17%才可能进入行权范围。

（3）320元（权利金）/7000元（保证金）=4.5%，在一个月内实现4.5%的近乎无风险收益，也是一个可以接受的投资。

然而，到了6月底，这笔棕榈油期权交易却成为我们的噩梦。

6月8日，我们在市场价格约13000点时卖出了行权价格为10800点的看跌期权，之后棕榈油的价格就开始了流畅的单边下跌。短短两周时间，棕榈油下跌了近 4000 点，08 期棕榈油合约最低跌至 9200 点，比我们的 10800 点的行权价格低了 1600 点，每手期权对应约 16000 元的亏损（见图 8-11）。当时，我们合计持有大约 80 手棕榈油看跌期权，理论上账面亏损达到 128 万元！

图 8-11　2022 年 6 月上旬至 7 月中旬棕榈油暴跌近 5000 点

除了棕榈油，其他商品也出现了暴跌。结合当时美联储超预期加息后的市场氛围，我们认为棕榈油短期内难以出现有力的反弹行情，决定止损棕榈油期权。在棕榈油从 9200 点慢慢反弹到 10000 点的过程中，我们将 80 手 08 期棕榈油看跌期权全部止损平仓，最终实际亏损超过 90 万元。

这是我们 2018 年从事衍生品交易以来最大的单笔亏损！

反思此次棕榈油的亏损，有以下几点感触。

这笔棕榈油期权的卖单违背了之前期货建仓的原则。期货建仓阶段，我们都是采用底部分批次建仓，并且坚持轻仓的原则。由于 2022 年前 5 个月的交易过于顺利并且 6 月 8 日的仓位太低，所以需要寻找别的板块布局，作为账户新的利润增长点。棕榈油在历史高位仅仅调整了一天，我就贸然冲进去开仓。

选择在棕榈油历史高位时开仓，已经违背了我们期货交易中的底部建仓原则，是什么原因导致在高位卖出看跌期权呢？

（1）棕榈油卖出点位当月是在 13000 点，按照从高位 13088 点计算，下跌 20%，对应 13088×80%=10470 点，一个品种单月下跌 20% 基本就能出现反弹。所以当时有朋友在棕榈油跌破 10400 点以后出现了恐慌，我却乐观地认为棕榈油到了 6 月底会涨回 11000 点以上——因为当时棕榈油的现货价格在 14000 点上下，即使现货跟随期货下跌，也很难跌破 10000 点。所以当 6 月 20 日，棕榈油价格跌破我们期权的行权价格 10800 点以后，我还是很乐观地认为棕榈油会在月底被拉回来。

（2）我们需要一个大合约价值的商品来复制橡胶期权展期的盈利模式。从 4 月到 6 月，我们通过期权移仓，在橡胶和甲醇这两个品种上实现了不错的收益。每笔橡胶期权移仓能带来 1000~1600 元的单月利润。基于此，我们希望能将这种模式应用到棕榈油上。

然而，我忽视了一个关键因素：橡胶处在历史低位，具有强烈的底部支撑，底部环境有利于我们的移仓操作。棕榈油虽有基本面支撑却位于历史高位。棕榈油从 13088 点调整至 9188 点，仅用了 3 周时间。进入 7 月价格跌至最低（8042 点），不到一个月的时间，跌幅达到了惊人的 38%。如此巨大的调整幅度和剧烈程度，在商品期货市场都很罕见。

但如果换一个角度看，棕榈油从 2019 年 8 月的 4118 点上涨至 6 月调整后的 9118 点，仍然有惊人的 121% 的涨幅，因此，此次棕榈油期权的巨大亏损，最根本的原因还是我们违反了低位建仓的原则。

除了违反低位建仓的原则在高位卖出看跌期权，止损机制的缺失也是导致这次亏损的另外一个重要原因！这个问题我们自己一直没有意识到，直到有位学员指出来。

这位学员是计算机专业出身，交易年限并不算很长，但是由于其出色的学习能力和学习意识，现在已经成为我们基金的策略总监。他在棕榈油跌破 9800 点以后，指出我没考虑止损的根本原因：过往 3 年的交易胜率太高了，所以基本不会有止损的意识。在这次棕榈油投资中，没有将止损作为一个初始选项。

回顾自己的风控之路，进行期货交易时，我们可以通过资金管理来提高容错率。引入期权模块后，我们不仅有资金管理，期权交易中的时间价值进一步提升了我们的容错率。因此，在"资金管理"和"期权策略"的双重保障下，我们几乎忘记了止损的重要性。

到了 6 月 24 日前后我们开始陆续止损。一个高位商品一旦持续下跌，不仅会对上半年的利润造成影响，还可能会导致本金的损失，同时也会占用账户的空间。如果出现更好的投资机会时，一直持有亏损的头寸可能会影响我们后续的布局机会。

最后一个原因，就是自身心态的变化。心态的转变是一个复杂的过程。一方面，我们在过去的几年中，期货交易始终处于盈利状态，没有出现过年度亏损，所以对止损概念已经变得比较模糊；另一方面，在之前的 6 个月中，期权卖方策略能够顺利获利。即使期货价格偶尔接近或一度跌破行权价格，也都能再次上涨，从而顺利收获所有权利金，这使得我们对风险的感知程度大大降低。

尤其是在俄乌战争之后，3 月、4 月、5 月，美联储的加息利空政策都被市场消化了，所以当 6 月美联储再次加息 75 个基点时，我们依然认为市场经过短暂的调整后能够恢复平静。然而，真正的风险来临时，随着虚值期权大量进入行权范围，账户的资金使用率不断被动升高时，我们才意识到需要止损并降低仓位。

除此之外，对盈利的渴望也使得我们的心态变得急躁。自 2019 年开始，连续 3 年，我们的年化收益率都达到了 25% 以上。然而，由于俄乌战争导致大宗商品在 2022 年上半年一路上涨，我们在期货市场几乎没有获得任何布局的机会。因此，面对账户低于往年的收益率，心态难免会变得焦躁，对提升收益率的渴望也变得愈加强烈。特别是时间过半，我们的收益率还停留在 8%~10% 的时候，如何才能达到 25% 以上的收益率，成了我们焦虑情绪的主要来源。

这也是很多交易员会遇到的一个问题：是先设定盈利目标，然后去寻找相应的策略以及制定合理的仓位，努力完成盈利目标；还是遵守交易系统来进行客观交易？事后我们反思，市场变化无常，如果市场走势不符合我们的交易系统和交易原则，我们宁愿耐心等待，也不能因为业绩压力而改变自己的交易原则和初衷。

经历了棕榈油期权的亏损后，我们回归到布局底部品种的交易原则。回顾过往，在阅读期权专业书籍时也曾看到过关于卖出看跌期权的潜在风险的案例介绍。但是从理解到真正的领悟，却付出了 90 万元的昂贵代价。

8.5.4 难忘的期权止损之橡胶

2022 年 6 月底，刚刚处理完棕榈油期权的止损，还没有回过神来，橡胶的暴跌又给了我们一记重击。

2022 年第一季度，当橡胶 09 合约价格在 14500 点左右时，我们卖出了 12500 点位的橡胶 09 看跌期权。当时我们认为，12000 点可能是橡胶价格的底部，因此，即使价格跌破 12500 点也应该较为安全。

事与愿违。到了 7 月 13 日，橡胶的价格从当日最高点 12635 点跌至收盘时的 12190 点，跌幅达 445 点。接下来的两天，价格分别下跌了 135 点和 350 点，跌至 11705 点（见图 8-12）。

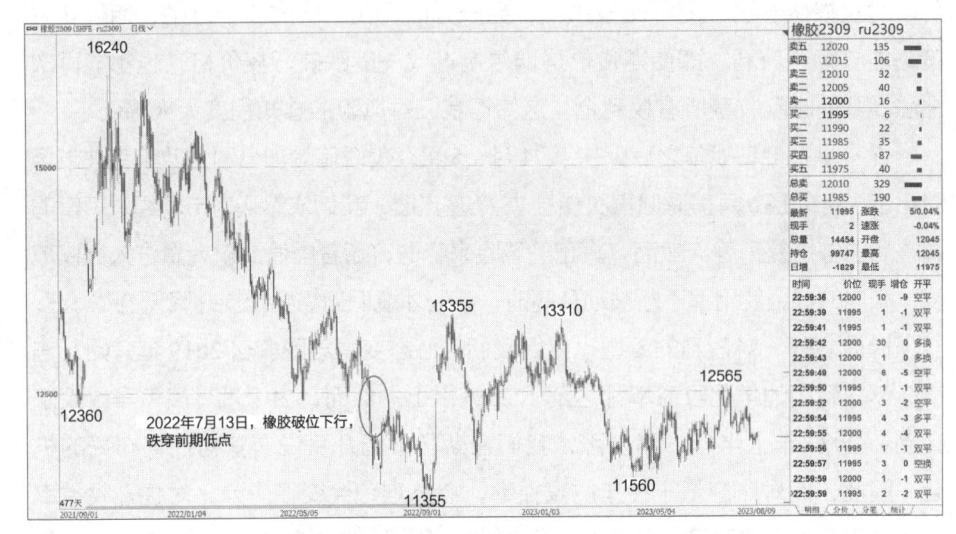

图 8-12　2022 年 7 月 13 日橡胶 09 合约破位下行，跌穿前期低点

这正是卖出看跌期权的一个矛盾之处：当标的资产在高位时，我们认为是可以去接货的价格，等到真正跌破行权价并且持续下跌以后，我们是否还会有勇气去继续接货？

面对这样的情况，我们有两个选择：

（1）将橡胶 09 合约期权进行移仓展期。我们注意到，橡胶在 11 月之后的挂牌合约会有一次大幅度的升水，价差在 600~800 点。而橡胶的 09 合约和 01 合约价差甚至接近 1000 点。橡胶长期的升水结构会吸引许多橡胶现货的持有者在盘面进行高位套保，给橡胶期货提供源源不断的下跌动力。如果我们选择将期权移仓至远月，可能会面临 01 橡胶再次下跌的风险。

（2）对橡胶进行止损，这也是我们最后选择的方案。橡胶期权的这次止损使我们损失了近 100 万元。我们清空账户休整了近 3 个月，直到 10 月才开始布局弹性更好的铁矿石。

通过橡胶的止损，我们又学习了一课：底部做多，无论采用什么金融工具，都要尽量避开连续升水的品种。有些品种常年在底部可能不是被"错杀"，而是对手盘的诱饵，入场前需要想明白谁是刀俎，谁是鱼肉。

8.5.5 期权策略引入后的反思与完善

2022年6月中旬至8月中旬，我们的交易出现了罕见的大幅回撤。这次回撤导致上半年的利润全部回吐。从8月到9月，我们暂停了所有操作，在不断复盘和反思出现回撤的根本原因是什么。

首先，行情剧烈而持续的调整是回撤的重要原因之一。如果文华商品指数没有在20天内出现接近50个点的下跌，账户不大可能出现如此大的回撤。同时，我们交易系统的漏洞和缺陷也不会充分暴露。

其次，持仓结构出现了问题，尤其是卖方期权仓位占比较大，造成了下跌以后账户的被动局面。

暂停交易后，我带着迷茫的情绪翻看参与衍生品市场以来的投资笔记和其他经典投资著作，慢慢地有了一些头绪：

（1）引入期权策略以后，没有引入定量的资金管理体系。我们原有的资金管理体系主要针对期货的多单头寸，没有将期权头寸纳入统一管理。这种各自为政的管理模式，让我们付出了昂贵的学费。

（2）之前年份业绩比较稳定，所以主观上总想着复制过往20%~40%的收益率，尤其之前期权策略运行得比较顺利，对仓位的控制开始松懈，没有严格遵守轻仓原则。仓位的提升叠加极端行情的冲击，导致了账户的重大回撤。

（3）商品市场一直处于历史高位，渐渐失去了建仓的耐心。俄乌战争对商品的影响，从2月底一直持续到6月初，商品指数一直高高在上。2022年3月到6月，美联储虽然经历了3轮加息，但是市场调整幅度有限。这也导致我们对市场的警惕性在不断下降，直到"狼来了"的故事开始上演，打得我们措手不及。

梳理了以上三个原因后，陆陆续续花了一个月重新构建了我们的资金管理体系，把"耐心"和"轻仓"这两个定性原则进行量化。

轻仓原则。账户期货和期权总的杠杆系数控制在1.5倍以内，期权卖方下单和期货建仓一样分批次操作。

耐心原则。对于一个月以内到期的期权，权利金/保证金收入≥8%，同时期权卖出的节奏尽量平均分布在每个月的上旬、中旬、下旬，不能为了获得权利金就降低开仓标准，或者在月初就把期权的额度用完。

一位跟随我3年的学员在2022年5月大跌前对我们交易系统的总结，客观地道出了我们过往业绩稳定的一些原因。

我想把这几条总结放在本书的结尾，希望大家通过本书，让衍生品工具成为自己家庭理财的好助手。

（1）只选择一种方法为主。低位做多全球品种，无论是期权和期货，都采用低位做多，低位做多本身具有很大的安全边际，同时分散品种，策略整体胜率也能大幅提高。

（2）对自己约束力强或纪律好，不做空。虽然很多学员多空都做，但是没有方法论，且普通技术不如老师。这样老师比大家少一半的机会亏损。不频繁开仓，再胜一筹。

（3）有耐心和预期管理好，不求暴富。宁可错过不可做错，不乱开仓，品种不到价位不开仓，很多学员不到价格也开仓，导致后续被动，仓位头重脚轻。而老师建仓时，往往在更好的位置。又占尽一层优势。

（4）资金管理好。这包含三层意思：老师建仓位置合理不重仓，可用资金较多，即使被套还可以加仓或者换品种，整体资金量大，自身还有场外资金驰援。

此四者相乘以后，就比一般人胜率提高非常多。亏钱不是不可能，但亏大钱还是有难度。

从大学时代开始涉足股票市场至今，已有十五载时光。随着年龄的增长，我渐渐领悟到投资是一个"知、止、智"的过程。初入市场，勤奋学习各类分析方法，复盘各种策略，了解各种新闻，以提升自我的认知。经过三五载甚至更长时间的磨炼，慢慢意识到自己能力和视野的局限性，开始离开一些市场，终止某些策略。尽管有些策略他人可以实现稳定盈利，但未必适合自己。同样地，有些策略或许他人不一定赞同，但是通过演绎法和归纳法的交叉验证，行之有效，则可以作为自己的"雪球"，实现复利的增长。所以"有所为，有所不为"的减法，是投资修行的第二步。最终，知行合一是通往"智慧"境界的最后一步，也是最关键的一步。

作为普通人，面对传说中高风险的期货市场，只要我们不苛求暴富，不想着凭借自己的"天赋异禀"挑战市场，坚守平常心，把商品市场看作一门"低买高卖"的寻常生意，并且遵循市场规律和交易原则，那么把期货工具作为家庭理财助手，实现稳定而持续的盈利就不再是一件遥不可及的事情了。

参考文献

[1]〔美国〕彼得·考夫曼.穷查理宝典：查理·芒格智慧箴言录[M].李继宏,译.北京：中信出版社，2016.

[2] 岳跃.ETF狂飙[N].财新周刊，2023-06-12.

[3]〔美国〕欧文·约翰森.全球大宗商品作家指南[M].朱哲颖，译.杭州：杭州大学出版社，2022.

[4]〔美国〕马克·道格拉斯.交易心理分析[M].刘真如，译.北京：电子工业出版社，2011.

[5]〔美国〕麦克·米伦.期权投资策略[M].郑学勤，译.北京：机械工业出版社，2015.

[6] 徐正平.期权：衍生品与对冲[M].北京：电子工业出版社，2017.

[7] 蒋瑞.高胜率期权交易心法[M].北京：机械工业出版社，2021.

[8] 小马，明达.卖期权是门好生意[M].北京：电子工业出版社，2020.

[9] 沈良.一个农民的亿万传奇[M].北京：中国经济出版社，2013.

[10] 沈良.交易之道：傅海棠观点集[M].北京：中国经济出版社，2020.

[11] 沈良.投资真相：傅海棠演讲集[M].北京：中国经济出版社，2020.

[12] 周金涛.涛动周期论[M].北京：中信出版社，2017.

[13] 孙武.孙子兵法[M].北京：中华书局，2022.

[14] 青泽.澄明之境[M].北京：北京联合出版公司，2017.

[15] 周桦.褚时健传[M].北京：中信出版社，2022.

后　记

为什么在相对年轻的人生阶段，写一本关于自己交易系统的书籍？

2014年，我踏入湖北碳排放权市场，距今刚好十年。在求学阶段，我曾拜读清泽老师的《十年一梦：一个操盘手的自白》，这本书埋下了我参与商品市场的种子。然而，真正让我有勇气踏入期货市场的，是参与碳市场的这段经历。

从最初的会计工作到参与碳排放权市场，再到后来如履薄冰地进入期货市场，接触期权，每一段经历都是这十年宝贵的收获和财富。

用价值投资的理念寻找期货标的；以会计谨慎性原则做好资金管理；用贸易商虚拟库存调节建仓节奏；以期权策略减少持仓的不确定性。

关于我们交易系统的这四项原则，我认为不仅适用于当下的市场，甚至等到我们的孩子长大，翻开本书的时候，也依然适用。所以撰写本书最大的动力，是希望我们家小朋友长大以后翻开这本书，依然能够有所启发。

回顾过去的十年，我深感机会和运势的重要性，它们对事物发展的影响力可能占到七成甚至更多。许多行业和产业需要社会和时代发展到一定阶段才能崭露头角，然后迅速进入快速发展的阶段。很多人容易将运气和时代的红利归功于个人的努力和实力，然而，正如巴菲特所言，只有在潮水退去的时候，我们才能真正知道谁在裸泳。

个人发展的天花板，短期来看取决于选择或者把握机会的能力，但长期来看则在于个人的后劲。当才能暂时无法发挥的时候，或者市场走势在某个阶段不配合我们交易系统的时候，是否愿意埋头默默耕耘、坚持阅读、持续学习显得尤为重要。不怨天尤人，少抱怨不利因素，一个人的性格和世界观在某种程度上可以决定一个人的命运。

一山更比一山高，即使在自己熟悉的领域取得了一些成就，也要保持对世界的敬畏心和好奇心。生命有限，精力有限，大部分的世界对于我们而言，依

后 记

然是未知的领域。

在此，我要衷心感谢我的父母和妻子。虽然爸爸妈妈不炒股，但是在大学阶段他们通过真金白银的资金支持，让我有机会参与证券市场实践。这不仅满足了我的好奇心和求知欲，也让我在年轻时就深刻理解了"风险"二字的含义。同时，感谢妻子小芸对我事业的支持：2018年秋天，当我面临"考研"和"期货交易"两个选项时，她和我共同选择了后者。回头看，这个决定不仅孵化出了一套比较稳健的交易系统，也改变了我们的家庭生活。

同时，我还要感谢在求学和职业生涯中一直鼓励和指导我的老师、我的资管客户、兴发集团的领导同事、"碳圈"和金融市场的同行们。

投机和贸易是古老的事业，与之共存的还有"贪婪"和"恐惧"的心理。作为一个普通人，在没有彻底离开市场成功上岸之前，难言胜利。所以本书既是对交易系统的记录和回顾，也是对未来投资之路的展望。

在牛熊不断转换的金融市场，我所理解的最好的投资心态恰如苏东坡在《定风波》中所言：

"料峭春风吹酒醒，微冷，山头斜照却相迎。回首向来萧瑟处，归去，也无风雨也无晴。"